KB138481

한국 현대건축의 지평 1

The horizon of Korean contemporary architecture

건축가론 · 문화비평

한국 현대건축의 지평 1
건축가론 · 문화비평

초판 1쇄 2013년 1월 15일 찍음
초판 1쇄 2013년 1월 21일 펴냄

지은이 | 임석재
펴낸이 | 강준우
기획 · 편집 | 김진원, 문형숙, 심장원, 이동국
디자인 | 이은혜, 최진영
마케팅 | 박상철, 이태준
인쇄 · 제본 | 대정인쇄공사

펴낸곳 | 인물과사상사
출판등록 | 제17-204호 1998년 3월 11일

주소 | (121-839) 서울시 마포구 서교동 392-4 삼양E&R빌딩 2층
전화 | 02-325-6364
팩스 | 02-474-1413
www.inmul.co.kr | insa@inmul.co.kr

ISBN 978-89-5906-229-4 94610
978-89-5906-228-7(전 2권)

값 15,000원

한국 현대건축의 지평1

The horizon of
Korean contemporary
architecture

건축가론 · 문화비평

임석재 지음

서문

나는 한국 현대건축의 황금기를 1990년대로 보고 싶다. 물론 시대적 상황까지 함께 고려한다면 요즘의 2세대 건축가들의 작품은 이른바 1세대를 대표한다는 김중업, 김수근, 이희태 등에 못 미치는 것이 사실이다. 그럼에도 1990년대는 다양한 실험을 시도했다는 점에서 그 중요성이 매우 크다. 선배 스승 세대의 힘든 노력을 바탕으로 다양한 건축 논의가 있었다. 실제 지어진 건물 자체는 아직 아쉬운 점도 분명히 있었지만 이때 있었던 다양한 논의 자체는 이제 한국 건축계는 물론이고 문화예술계, 더 나아가 한국 사회 전체에도 귀중한 문화적 자산으로 저축되어 있다.

1990년대는 우리 사회가 소득이 향상되면서 궁핍에서 벗어나 작품으로서의 건물에 대한 관심을 본격적으로 나타내던 시기였다. 그러면서 그 이전 시기의 거대 담론이 아직 살아 있던 시기이기도 했다. 이 둘은 자칫 상쇄적인 제로섬이 되기 쉬운데 1990년대의 한국 건축은 둘의 가능성을 합해내는 데 일정하게 성공했던 것으로 보인다. 빈곤 탈출과 거대 담론의 소멸이라는, 위아래의 양극에서 시작해서 반대편으로 진행하는 두 그래프 곡선이 중간에서 만난 지점이 1990년대였다.

이 시기에 있었던 이런 시도들이 충분히 세련되지 못하고 일부는 모방의 문제를 내비치기도 하는 등 아직은 미숙한 점이 많이 보이는 것은 분명한 사실이다. 하지만 다양성을 향한 의욕은 상당했다. 이는 한국 건축계가 다원주의라는 현대 문명의 특징에 독자적으로 대응하기 시작했음을 의미하는 점에서 중요한 시대성을 갖는다. 1세대 선배 건축가들의 다소 무거운 강박관념 같은 것에서 벗어나기 시작했다. 가요에 비유하자면 1970~1980년대의 '나 어떡해' 혹은 '난 참 바보처럼 살았군요' 에서 1990년대 서태지의 '난 알아요' 로 나아가는 현상과 유사하다. 우리가 주체가 되어 독립적으로 다양한 현대 양식을 창출하고 구사하려던 노력의 시기였다. 물론 동시대에 이런 양식을 이끈 서구 선진국의 대표 건축가들 작품과 직접 비교하면 여전히 많이 부족한 것이 사실이지만 건축 전개의 방향에서 이런 전환이 일어났다는 점만은 분명히 중요한 의미를 갖는다.

안타깝게도 2000년대 들어와서 한국 건축은 오히려 자본의 논리에 심하게 귀속되면서 후퇴하게 된다. WTO 가입, IMF 외환위기, FTA 체결, 글로벌 금융위기 등 일련의 초대형 경제 사변을 겪으면서 일단 문명 활동과 국가 운영의 모든 기준이 경제 논리 하나로 획일화되었다. 하물며 건축은 더 말할 필요도 없게 되었다. 경제 논리에 가장 민감할 수밖에 없는 것이 또한 건축이기 때문에 건축에서는 부동산 투자를 낀 대형 개발 사업이 거의 독식하다시피 되었다. 작품으로서의 건축은 '밥그릇 싸움' 에서 점차 밀리기 시작했다. 부동산 건축과 작품으로서의 건축이 기본적으로 영역이 다르기 때문에 처음에는 이런 현상이 큰 문제가 되지 않았으나 점차 시간이 지나면서 작품으로서의 건축은 존재 자체를 위협받을 정도로 크게 위축되었다.

이 책은 이런 배경 위에서 1990년대를 전후한 시기에 있었던 다양한 양식적 실험에 대해 해석한 두 권짜리 비평서이다. 유행이 급하게 진행되는 현대 한국 사회에서 2013년에 1990년대의 작품에 대한 비평서를 출간하는 일은 시차가 있어 보인다. 하지만 2000년 이후의 한국 건축은 오히려 1990년대만 못해 보인다. 유행의 변화에 따라 좀 더 세련되어 보이고 첨단으로 보이는 작품이 등장한 것은 사실이지만 2000년 이후의 건축은 앞에 얘기한 대로 부동산 개발이 99퍼센트를 차지해버렸으며 그 옆에서 힘들게 작품이라고 나오는 건물들도 패션 유행처럼 너무 가벼워진 것이 사실이다. 시대에 대한 진지한 탐구를 바탕으로 한 실험정신이라는 기준에서 보면 이 책에서 소개하는 1990년대의 예들이 한국 현대건축, 나아가 현대 한국 사회 전반을 이해하는 데 더 합당해 보인다.

1권에는 건축가론, 인터뷰, 건축문화비평 등을, 2권에는 개별 건물에 대한 비평을 각각 실었다.

1권의 전반부는 건축가론이다. 차운기, 김인철, 임재용, 원도시건축(변용)의 4인을 소개하고 있다. 이들의 건축적 생각과 경향을 볼 수 있는 작품 비평과 함께 자신들의 작품에 대해서 건축가가 직접 얘기하는 내용을 인터뷰 형식으로 싣고 있다. 4인 모두에 대해서 여러 개의 작품 비평과 함께 인터뷰 원고를 실었다.

젊은 나이에 안타깝게 세상을 떠나 지금은 고인이 된 차운기는 김중업 사무소에서 일한 경력을 바탕으로 스승 김중업의 뒤를 이어 한국의 비정형 건축을 다진 건축가이다. 지금은 비정형 건축이라 하면 대부분 컴퓨터를 이용해서 초고층 건물을 특이한 형태로 뒤트는 경향을 의미하지만 원래 비정형주의는 정형과 추상이 이끄는 형식주의에 반대하는 자연주의의 한 분파로 시작되었다. 한국에서는 한국적 곡선의 미를 비정형의 기반으로 삼았던 김중업이 대표적인 예이며, 차운기가 이를 이어받았다. 양식 사조로 분류하자면 신표현주의를 바탕으로 삼아 한국의 전통미를 현대적으로 표현한 것으로 볼 수 있다.

김인철은 작품 경향에서는 차운기의 반대편에 서는 전형적인 추상 계열의 건축가이다. 노출 콘크리트 애호가이며 단순한 기하 형태를 조형의 출발점으로 삼는다. 하지만 부지를 읽어서 개별 상황에 적응하려는 노력도 함께 보여준다. 이른바 '외국 물을 먹지 않은' 순수 국내파로서 그의 작품 저변에는 한국적 정서가 일정 부분 흐른다. 양식 사조로 분류하자면 기하주의, 미니멀리즘, 네오 모더니즘에 걸쳐 있다.

임재용은 이와 반대로 미국에서 배운 건축을 가지고 들어와 한국에 적용하려는 건축가이다. 미국의 비정형주의를 대표하는 모스Eric Owen Moss의 사무실에서 일한 경력이 있다. 모스의 비정형주의는 굳이 양식 사조로 분류하자면 엥포르멜, 네오 바로크, 조각주의 등을 혼합한 복잡한 경향을 보인다. 같은 비정형주의지만 곡선과 자연 재료를 바탕으로 한 김중업-차운기와 달리 전적으로 직선과 기하 파편에 의존한다. 한국에서는 낯선 경향인데 임재용은 이것을 한국에 적용하려는 시도를 하고 있다.

원도시건축은 한국적 대형 설계사무소의 효시 가운데 한 곳이라 할 수 있다. 1990년대까지는 국제주의 양식에 기초를 둔 모더니즘의 전형을 추구한 사무소이다. 정합이 잘 맞는 효율적이고 정형적인 디자인을 추구하며 탄탄한 디테일 처리로 이를 뒷받침해준다. 이후 1990년대 후반부터 후기 모더니즘으로의 변화를 모색하게 되는데 동아방송대학 캠퍼스가 이런 변화의 중요한 전환점을 이루는 작품이다. 한국 건축계에서 대형 설계

사무소가 차지하는 비중이 크기 때문에 이런 변화의 의미를 해석하는 일은 의미가 있을 것이다.

후반부는 1990년대 이후의 한국 현대건축에 나타난 여러 양상을 문화비평 관점에서 분석한 글이다. 큰 방향은 한국 현대건축의 부족하고 아쉬운 점에 대해서 비판적 태도를 견지했다. 세부 주제는 외국 사조의 모방과 한국적 양식, 대중과의 교감, 기술의 횡포와 그에 대한 대응, 고층 건물의 수직선이 지배하는 대도시의 문제 및 그에 대한 대응으로서 수평선 운동, 후기 자본주의가 낳은 하이테크 양식과 대형 공간 등이다.

이런 주제는 한국 현대건축이 가장 취약한 부분이라 할 수 있다. 일부 비판 내용이 다소 과격한 것으로 보일 수도 있겠으나 결코 괜한 시비를 걸거나 특정인을 미워해서 한 말은 아니다. 나 자신 역시 이런 비판에서 자유롭지 못한 것을 너무도 잘 알고 있다. 건축계에 종사하는 한 사람으로서 우리의 건축계가 조금이라도 좋아졌으면 하는 바람에서 잘해보자고 던진 자기반성 같은 화두이다. 내 스스로 이런 위험에 빠지지 않기 위해서 하는 다짐과 각오 같은 것일 수도 있다.

이런 주제는 또한 건축에만 국한되지 않고 인문사회학과 문화비평에서도 중요하게 다루는 내용이다. 건축적 내용을 바탕으로 건축 이외의 시각을 더해서 폭 넓고 다양하게 해석하려 노력했다. 건축을 다른 분야와 연계해서 그 범위를 넓히려는 이런 시도는 다작을 하는 나의 작업이 지향하는 중요한 목표 가운데 하나이다. 후기산업사회에 들어오면서 이제 건축은 단순히 현장에서 물리적 구조물을 짓는 데에 국한되지 않고 문화 현상의 하나로 큰 관심을 받기 시작하고 있다. 이런 새로운 시대적 흐름에 나의 작업이 작은 도움이나마 되었으면 하는 바람이다.

2권은 두 부분으로 나눌 수 있다. 1장에서 16장까지는 스물한 명의 건축가가 남긴 스물한 채의 건물을 통해 미니멀리즘, 회화추상주의, 원시형태주의, 도시 건축 운동, 상대주의 공간, 대중 색채주의, 구조 미학, 현대 합리주의, 전통 해석 문제, 맥락주의, 모더니즘의 진정성 문제 등과 같은 다양한 주제를 다루었다. 이런 주제는 모두 현대건축을 이끌어온 핵심적 내용인데 놀랍게도 1990년대 한국 현대건축에서도 이런 다양한 시도들이 종합적으로 있었던 것이다.

마지막 두 장인 17장과 18장에서는 '정림건축' 이라는 대형 설계사무소의 2003년 완공 작품을 통해 한국 현대건축의 무게중심이 점차 대형 건물로 옮겨가는 현상을 추적했다. 당시 정림건축은 표면적으로는 대형 설계사무소 체제를 갖추었으나 내부적으로는 이른바 '작품' 도 같이 해보려는 욕심을 가지고 있었다. 대형 설계사무소이기 때문에 아틀리에 사무소에서 다루는 소형 건물 위주로 가지는 못했지만 다른 대형 설계사무소에 비해 상대적으로 작은 규모의 건물을 많이 남겼다. 크기에서는 '중규모' 정도라고 부를 수 있으며 여기에 일정한 작품성을 실으려는 노력도 많이 기울였다.

말하자면 소규모 아틀리에 사무소와 대형 설계사무소의 장점을 취하려는 중간적, 통합적 태도라 할 수 있다. 작품성을 추구하되 대형 설계사무소 운영에 적합한 '시스템에 의한 디자인' 이라는 양면성을 엿볼 수 있는 것이다. 나는 이런 '시스템에 의한 디자인' 에서 제2 후기 모더니즘의 다섯 가지 특징인 '기하 형식주의', '재료 혼성-회화다움과 산업 재료의 연성화', '수평-수직과 오피스 창', '일상성-풍경과 상징', '안과 밖-출입구와 실내 중정' 등을 읽어냈으며 이를 바탕으로 열두 채의 완공작을 분석, 비평했다.

이 책의 일부는 1998년에 출간된 『한국 현대건축 비평』을 고쳐 쓴 것이다. 재출간이라고 하기에는 많이 고쳤으며 원래 분량보다 훨씬 많은 내용을 새로 추가해서 두 권으로 정리했다. 개인적으로는 44번째와 45번째 책에 해당된다. 다작은 물론 자랑거리가 아니겠지만 나름대로 다작이 갖는 위험성에 빠지지 않고 꾸준하게 집필 · 저술 활동을 해왔다고 자평하고 싶다. 남의 표절, 자기 표절, 내용의 가벼움 등이 다작의 저술가에게서 일어나기 쉬운 위험성인데 여기에서 백 퍼센트 자유로울 수는 없겠지만 다작치고는 확실한 자기주장과 창의적 사고를 보여주고 있다는 평가를 받는 편이다.

나 개인적으로도 내 작업의 성격을 '건축의 경계와 범위를 확장' 하는 것으로 정의하고 싶다. 지금까지 한국 건축계는 현장에서 물건을 만드는 fabrication까지만 건축으로 여겨왔다. 하지만 건축에 대한 인문사회학적, 예술적, 문화적 해석 또한 이에 못지않게 중요하다. 건축을 이렇게 보기 시작하면 할 수 있는 얘기와 확장 가능성은 무궁무진하게 다양해진다. 지어진 건물에 대해서 다양한 시각에서 해석과 비평이 가능해진다. 반드시 고급 건축가가 설계한 작품만이 그 대상은 아니다. 사람이 짓고 사는 조형 환경 전체가 해석과 비평의 대상으로 확장된다. 꼭 지어진 건물일 필요는 없다. 건축을 둘러싸고 일어나는 모든 행위와 현상 역시 해석과 비평의 대상으로 확장된다.

건축에 대해 행하는 이렇게 확장된 작업 자체가 건축의 중요한 독립 장르이다. 이 자체가 창작 활동이며 작품 활동이다. 이 자체가 비록 미약하기는 하지만 그 나름대로 하나의 시장까지 형성해가고 있다. 이 과정에서 나온 수많은 다양한 얘기는 거꾸로 건축가에게 아주 소중한 창작의 소재와 방향타가 될 수 있다. 이번 책 역시 이런 나의 작업에서 중요한 부분을 이루는 나만의 작품이다.

마지막으로 이 책을 출간해주신 인물과사상사에 깊은 감사의 마음을 전한다. 사랑하는 나의 가족(두 딸과 애들 엄마)에게 진심으로 사랑과 감사의 마음을 전한다.

■ section 2. 문화비평

9. 한국 건축에 예술적 전문성은 있는가

10. 카스바와 홍등가 기계문명시대와 미로의 교훈

11. 팝 건축과 대중문화 소비산업사회와 건축의 대중성 문제

15. 기술 이상과 약식 하이테크 건축

16. 대형 공간과 참아야만 하는 존재의 가벼움

한국 현대건축의 지평 2

1. 박서보 주택과 미니멀리즘 건축의 가능성
2. 밀알학교와 건축적 회화다움
3. 심곡부활성당과 알의 상징성
4. 샘터화랑과 프레임 부수기
5. 공공 공간의 동선과 공간의 평등 문제
6. 국립현대미술관, 전쟁기념관, 통일전망대
7. 대중문화 시대의 즉흥적 환경과 장난감 건축
8. 중곡동 어린이집, 상봉 어린이집, 사파정동 주민회관 및 어린이집, 샛별 초등학교
9. 가구식 구조와 벽체 구조
10. 한겨레신문사 사옥, 배-다리 건물, 동숭동 J.S. 빌딩, 두레빌딩
11. 환기미술관과 건축적 리얼리즘의 가능성
12. 하지파지와 전통의 잡동사니 - 경기도박물관과 여의도 KBS 신관에 나타난 새로운 전통 논의의 가능성
13. 경기도박물관과 여의도 KBS 신관
14. 일산교회와 다질 맥락주의
15. 현암사와 은유적 맥락주의
16. 신도리코 공장과 진정성의 문제
17. 제2 후기 모더니즘과 다섯 가지 주제
18. 정림건축 2003년 완공작 리뷰

■ section 1

건축가

1.

탈자연과 친자연

차운기의 당연한 건축이 실험적인 이유

1. 탈자연과 친자연

차운기의 당연한 건축이
실험적인 이유

'육적'인 건축 |

차운기의 건축은 '당연'하다. 그렇기 때문에 '실험적'이다. 지독한 역설이지만 그와 동시에 우리 건축이 그만큼 모순에 허덕이며 잘못된 방향으로 나아가고 있음을 증명하는 지표이기도 하다. 차운기의 건물이 당연한 한 가지 이유를 들라면 그것은 그의 건물이 육적肉積이요 동시에 육적肉跡이라는 점이다. 손으로 직접 쓴 원고가 육필 원고요, 진짜 내 목소리가 육성이듯이 건물 중에도 건축가가 직접 몸을 던져 만든 건물이 있다. 차운기의 건물이 그런 건물이고 나는 이것을 '육적'(肉積이든 肉跡이든)이라 부르며 실험적이라고 정의하고자 한다.

태초에 인간이 땅 위에 터를 잡고 건물을 지을 때 두 가지 목적을 세웠다. 하나는 비바람을 막아 인간에게 편리한 삶의 공간을 마련해주려는 공리적 목적이었다. 여기에서도 정신적 가치를 찾을 수 있으니 바로 존재의지의 표현이라는 것이다. 인간은 건물을 통해 기술 이상을 실현하고자 항상 한 시대의 첨단 기술을 동원해 끊임없이 자연을 재단하며 조금이라

1-1 중광스님 주택 – 육적 1 (肉積이건 肉跡이건)
1-2 택형이네 집 – 육적 2 (肉積이건 肉跡이건)

도 더 편리함을 얻고자 했다. 다른 하나는 건물을 자연에 대한 순응의 문제로 이해하며 조금 불편하더라도 인간의 원초적 감각을 절실하게 실어내는 존재의 장으로 삼으려는 목적이었다.

전자는 인간의 선인 직선을 즐겨 사용한 점에서 포르멜formel, 정형적하다고 불린다. 후자는 자연의 선인 곡선을 즐겨 사용한 점에서 엥포르멜informel, 비정형적하다고 불린다. 인간의 주거는 이 두 가지 상반되는 경향 사이에서 적절한 견제와 보완을 유지하며 발전해왔다. 그러나 산업혁명과 모더니즘을 거치면서 기계문명으로 무장한 인류는 자연의 영역을 넘나들

1-3 곤지암 스튜디오 – 엥포르멜 1
1-4 퇴촌 아꼴에 – 엥포르멜 2

기 시작했고 자연과 본격적인 경쟁을 벌이게 되었다.

건물은 이전부터 간직해오던 자연의 때깔을 벗고 대량생산을 상징하는 기계문명의 이미지로 새 단장 하기 시작했다. 직선의 효율과 표준화된 수직 공간이 곧 더 많은 재화를 의미하는 신기한 돈 셈 놀이에 맛 들인 인간은 자연을 닮은 건물 모습을 거추장스러워하며 이것을 벗어대기 시작했다. 그 대신 자연과 교감할 수 있는 본능적 능력을 잃는 대가를 치러야 했고 몸짓의 흔적과 정을 다스리는 능력도 따라서 잃게 되었다.

서구의 모더니즘 문명을 강요받은 제3세계권에서는 이것을 '조국 근대화의 역사적 사명'으로 분장해내는 과정에서 더 큰 대가를 치렀다. 사람끼리 정 나누고 살 부비며 그럭저럭 살 만하던 세상이 아무도 모르는 사이에 돈이 정을 앞서가다 못해 정마저 사버리는 세상이 되었다. 건물은 혁명적 발전을 수행하는 핵심 역할을 담당했다. 마을 사람들은 들꽃 같고 산꽃 같던 마음을 내다 팔며 잘게 나뉜 큰 콘크리트 박스 속의 한 칸을 차지하곤 이제 잘살게 되었다며 좋아서 밤새 울었다.

대부분의 건축가는 이처럼 자신을 옥죄는 현대 기계문명의 거대한 현실이 과연 타당한 것인지 한 번쯤 되물어볼 용기를 잃어버린 지 오래다. 이미 신앙보다 견고해진 돈과 기술에의 믿음을 거부할 위대한 불경不敬은 아무나 모의할 수 있는 병정놀이 같은 것이 아니었다. 이 정도 거룩한 불경은 기계문명 시대 이전에 통용되던 자연과 교감하는 원시 능력을 간직한 사람만이 꿈꿀 수 있는 현대판 십자군 전쟁 같은 것이었다. 그리고 차운기는 10년도 넘게 퇴촌 뒷동과 곤지암 자락 밑에서, 때로는 텐트 속에서 움막 속에서 감히 그러한 불경을 만들어내고 빚어내고 있었다.

차운기의 건축은 기계문명의 혜택에 반대하는 전형적인 반反기계 미학을 추구한다. 이미 기계문명 초창기부터 일단의 선각자들은 신문명이 가져다줄 편리함의 크기에 비례해서 그 폐해의 크기도 엄청나리라는 사실을 간파하고 경고했다. 기계문명은 절대로 우리의 욕심을 채워주기만 하는 도깨비 방망이일 리 없다. 세상만사에는 항상 반대급부가 있다. 하나를 얻으려면 하나를 내어놓아야 한다.

반성장 제일주의와 도시의 기억 |

만약 대가를 치르지 않으려면 반대편의 지혜를 빌려 균형을 잡고 화해를 유지해야 한다. 기계문명은 이전과는 비교도 안 될 정도의 강력한 포르멜 능력을 지녔기 때문에 이것을 운용하는 데에는 그만큼 엥포르멜의 지혜와 견제가 필요한 것이다. 그 결과 기계문명의 경연장 옆에는 이런저런 다양한 반기계문명의 건축 운동이 항상 있어왔다. 수평선, 친자연, 유기성, 수공예, 재래, 토속, 신화, 가정의 가치, 곡선과 비정형, 반反균질 등의 여러 가치와 미학이었다. 차운기의 건축은 이것을 집약해놓은 대표적 예에 해당된다. 우리나라에서는 참으로 드물고 용감한 경우다.

차운기의 반기계 미학은 기계문명의 편리함에 길들여져 퇴보해가는 우리의 자연적이고 원초적인, 그렇기 때문에 존재적인 감각을 건물을 통해 되살리려는 기본 전제에서 출발한다. 이것을 건물로 실천해내는 전략은 건물을 짓는 것이 아닌 '만든다'는 것이다. 그의 건물이 '육적'(肉積이든 肉跡이든)이라고 느껴지는 이유는 바로 이 때문이다. 그의 건물에는 디자인이나 공사라는 말이 어울리지 않는다.

사실 디자인(design 혹은 디제뇨disegno)이라는 말은 땅을 직선으로 재단하고 그 위에 인간의 성을 공사함으로써 지상의 질서를 세운다는 뜻이다. 그렇기 때문에 디자인이란 개념은 인간이 지상 세계의 주인임을 각성하기 시작한 르네상스 이후부터 인류 문명의 발전에서 핵심적 위치를 점해왔다. 특히 모더니즘 문명에 들어와서 철골과 철근콘크리트라는 새로운 공사 방법이 발명된 이후 디자인의 자연 재단 능력은 백 배 천 배 향상되었다. 그 결과 인간은 자연이 둥지를 틀어놓은 땅을 분양 면적과 재화의 크기로 환산해내는 위험한 게임을 시작한 것이다.

차운기는 건물을 디자인하거나 공사하지 않는다. 건물을 만든다. 마치 어머니가 아기 옷을 만들고 식구들 저녁밥을 만들듯이, 마치 도공이 피부와 지문의 감각으로 그릇을 만들듯이, 마치 조각가가 사지를 던져 혼을 실어 조각품을 만들듯이, 마치 암수가 살 냄새를 섞어 새끼를 만들듯이, 결국에는 농부가 자연에 의탁依託하여 땅을 일궈 양식을 만들듯이.

차운기가 건물을 만드는 이유와 방법은 여러 가지다. 재즈 스토리Jazz

1-5 중광스님 주택 – 걸레
1-6 재즈 스토리 – 다다

Story와 삼청동 아꼴에서는 도시의 기억을 남기고 싶어 했다. 건물은 우리가 살아온 흔적을 가장 자연스러우면서도 치열하게, 또 확실하고 분명한 모습으로 간직해준다. 이런 기억을 지킬 필요성이 있는지 없는지는 더 이상 묻지 말기로 하자. 더욱이 이것을 지우는 대가로 더 많은 집과 더 높은 건물과 더 많은 재화가 손에 들어올 경우 어느 쪽을 택하는 것이 더 좋으냐고도 묻지 말기로 하자.

1-7 퇴촌 아꼴에 – 팝 1
1-8 재즈 스토리 – 팝 2

사실 이런 문제는 건축가의 손을 떠난 지 오래다. 대부분의 건축가는 이런 돈 셈 놀이에 즐거운 마음으로, 사명감에 휩싸여 혹은 눈을 부릅뜬 채 참여하고 있다. 배짱이 부족하거나 고고한 체면을 중요하게 여기는 건축가는 추상이라는 예술 가치로 이것을 포장해서 우회적으로 참여한다. 이런 사람들도 논외로 치기로 하자. 이런 이들한테 도시의 흔적이 어떻고 하는 얘기는 너무 가혹한 '개념 폭력'일 뿐이다. 재래 공간을 허물면 더

1-9 삼청동 아꼴 – 도시의 기억

깨끗한 새집이 나오고 재산도 불어난다는데 거기에 추억이라니 이게 웬 잔소리인가.

문제는 이런 현실에 반대하는 소수의 건축가들이 자신들의 걱정을 주장하고 실현하는 방법이다. 이 가운데 일부는 개발 정책 자체를 막아보려는 사회운동에 참여도 해보지만 돈독 오른 세파에 그런 잔소리가 먹혀들리 만무하다. 나부터라도 그렇게 안 하지. 사실 많이 알려지지 않았을 뿐 이런 식으로 투쟁하는 건축가들의 역사는 우리나라에서도 꽤 오래된 편이어서 개발 제일주의 정책이 시작된 초기인 1960년대부터 소수이긴 하지만 반대 의견을 개진하는 건축가가 있어왔다. 그러나 그들은 잘해야 철부지 몽상가로, 심한 경우에는 반체제 인사로 몰려 야단맞고 해외로 쫓겨나기까지 했다.

차운기가 이 문제를 걱정하는 방법은 독특하다. 도시의 기억을 건물에 남기는 방법을 통해 작품으로 모든 항변을 한다. 작품에 모든 것을 거는 작가적 기질이 건축가 차운기에게는 다른 어떤 사회적 책임보다 우선시되어야 할 본분이라는 사실을 의미한다. 다른 한편 그는 참 약았다. 자신이 그토록 싫어하는 개발 제일주의라는 현실을 인정하고 그 범위 내에서 해결책을 찾는 것일 수 있기 때문이다. 게다가 같은 문제로 고민하는 다른 사람들이 좀 더 분명하게 반대 목소리를 내다가 혼나는 판에 차운기만 혼자서 실험적 건축가 소리를 들으며 잡지에도 소개되고 하니 말이다.

재즈 스토리와 전쟁의 기억 |

내가 대신 혼낼 심산으로 만나서 따지고 작품을 보고 다니다가 그의 치열한 작가 정신에 감복하게 되었다. 사실 우리나라 현실에서 이런 식의 작가의식을 10년 넘게 꺾지 않고 지키면서 돈벌이도 안 되는 집을 만든다는 게 얼마나 힘든지는 쉽게 짐작할 수 있기 때문이다. 차운기의 입에서 나온 10년 고생 이야기는 짐작과 크게 다르지 않았다. 결국 작가적 본분에 평생을 건 사람한테 사회참여를 하지 않는다고 탓하는 짓은 지독한 실례라는 평소 지론을 다시 한 번 확인하게 되었다.

재즈 스토리는 1950년대 전쟁의 기억을, 삼청동 아끌은 좀 더 일반적인 서울 동네의 오래된 기억을 담아내고 있다. 사람들은 전쟁의 흔적과 기억을 지우는 데 훈장 타기 경쟁을 벌이며 1950~1960년대를 지내왔다. 이 문제가 차운기의 작가적 감성을 거치면 전혀 다르게 해석된다. 그는 서울 한구석에 건물을 통해 전쟁의 기록을 남기고 싶어 했다. 재즈 스토리 앞에 서면 마치 6 · 25 기록영화를 보는 듯한 느낌을 받는다. 전쟁과 폭력을 고발하는 이런 식의 시도가 회화나 조각에서는 이미 1920년대 다다dada에서

1-10 재즈 스토리 – 전쟁의 기억 1, 폭격
1-11 재즈 스토리 – 전쟁의 기억 2, 폭격 후 수리

있었고, 제2차 세계대전 이후에는 실존주의 계열의 여러 반문명 예술 사조에서 폭넓게 나타났다.

건축은 장르의 특성상 이런 시도를 하기가 힘든 것이 사실이다. 차운기는 이 주제를 건축적으로 잘 다루어내며 더욱이 이것을 남이 흔히 하듯 심각한 고발이 아닌 기억 남기기 관점으로 해석한다. 이런 차이는 건축적으로 볼 때 매우 중요하다. 건물은 단순히 한 개인의 예술품이 아니라 사람이 들어가서 살아야 되는 구조물이기 때문에 대안이 생략된 극단적인 고발은 위험할 수 있기 때문이다. 전쟁의 흔적을 기억 남기기로 풀어낸 시도는 대안을 제시한 것으로 이해할 수 있다.

물론 재즈 스토리에도 폐허, 판자촌, 고철더미와 같은 다다적인 절규가 많이 배어 있다. 이런 어휘가 다다적 예술관의 단골 메뉴인 기계문명의 소외감이나 기계문명의 종말 등과 같은 고발 메시지를 담는 것 또한 사실이다. 그러나 재즈 스토리는 이런 이미지를 이용해서 유머적 상상력을 자극하는 묘한 승화 기능을 지녔다. 아마도 차운기가 재즈 스토리의 기본 개념을 '파괴' 가 아닌 '수리' 로 잡았기 때문일 테고, 이것을 공예적 감각으로 풀어냈기 때문일 것이다.

차운기는 이 집이 전쟁 통에 폭격 맞았다고 가정하고 집주인이 주변의 폐품들을 모아서 이것을 수리해냈을 모습을 상상하며 재즈 스토리를 만들었다. 이 때문에 반反조형 이미지가 부담 없는 유머적 상상력으로 느껴진다. 다다적인 주제를 다루는 문제와 관련해서 건축이라는 장르의 특성을 잘 이해해서 활용한 감각으로 볼 수 있다. 이런 점에서 재즈 스토리는 다다적인 느낌보다는 팝 건축의 느낌을 강하게 풍기는 것 또한 사실이다.

예맥화랑과 한국적 선 |

예맥화랑에서는 한국 전통 건축미의 재해석이라는 미제未濟의 주제를 다룬다. 차운기는 이 주제를 흔히 하듯 기둥의 공포栱包나 공간의 중첩 문제로 접근하지 않고 '한국적 선' 의 재현 문제로 해석한다. 이런 전통관은 시대를 초월한, 가장 공통적이고 그래서 가장 보편적인 한국적 건축미를 정의하려는 시도에서 출발하며, 차운기는 이것을 바로 자연스럽게 흐르는 곡선으로 본 것이다.

사실 기둥 공포나 공간 중첩 등의 개념은 목구조가 가장 보편적인 시공 기술이던 건축의 산물이다. 불교와 유교가 가장 보편적인 정신 체계였던 고려와 조선 시대에 형성된 것이다. 그런 건축 어휘는 건축 시공 기술과 정신 체계가 바뀐 이 시대에 굳이 되살릴 필요가 없다. 현대건축에서 이 문제는 좀 더 보편적 원형미를 찾는 방향으로 진행되어야 한다. 차운기는 한국인을 끝까지 한국인으로 정의해주는 원형미를 무아無我의 곡선으로 제시하며 이것을 이 시대의 어휘로 표현해낸다.

1-12 퇴촌 아꼴에 – 한국적 선 1
1-13 곤지암 스튜디오 – 한국적 선 2

예맥화랑의 지붕에 나타난 곡선은 여기서 온 것이다. 그는 이 곡선을 구체적으로 제시해준 선례로 어머니의 젖무덤과 자식 놈의 눈망울을 들었다. 곡선은 대물림 사랑이라는 한국인 특유의 가족 정서를 담아내는 상징적 매개이기 때문에 가장 보편적인 한국의 원형미일 수 있다. 예맥화랑의 지붕 곡선은 손님을 맞이하는 출입구의 겸손한 분위기와 어울려 편안한 환대를 느끼게 해준다. 오는 손님을 마음으로, 정성으로 대접하는 예절은 시대를 초월한 또 하나의 보편적인 한국적 정서일 수 있다.

사실 그의 대표작은 시골 땅에 박아놓은 건물들이다. 이 작품들은 매우 과격하고 분명한 친자연 메시지를 일관되게 제시한다. 이런 경향은 앞

1-14 택형이네 집 – 어머니 젖무덤 1
1-15 예맥화랑 – 어머니 젖무덤 2

1-16 택형이네 집 – 동산의 능선 1
1-17 중광스님 주택 – 동산의 능선 2

의 두 건물과 다르게 보일 수도 있으나 예맥화랑에서 시도한 한국적 곡선의 이미지는 바로 친자연적 메시지의 한 종류와 다름없다. 한국의 동산과 초가지붕 그리고 옷에 나타나는 헐렁하고 넉넉한 비작위非作爲의 곡선은 자연의 모습을 닮으려는 한국인의 멋을 상징한다. 곡선 모티브는 차운기의 과격한 엥포르멜 경향의 가장 기본적인 표현 매개로 남아 있게 된다.

고향과 자연 I

이후 택형이네 집, 퇴촌 아꼴에, 중광스님 주택, 곤지암 스튜디오 등 일련의 건물에서 차운기는 집약적이고 풍부한 친자연의 건축 개념을 완성시켜 보인다. 그 어휘는 실로 다양하다. 단순한 건축 어휘가 아니다. 건축 어휘를 포함한 매우 포괄적 미학을 망라한다. 돌과 흙, 나무와 풀, 너와와 모르타르, 장독과 옹기 파편, 빛나는 작은 조약돌, 대나무 돗자리와 가마 화로, 띠 잔디와 할미꽃, 여름날 마당 모서리 평상, 별똥과 산돌, 별님 달님, 바람 소리, 개울 소리, 흙냄새, 풀 냄새…… 참으로 끝이 없다.

이것들이 제시하는 반기계 미학의 이미지들은 더욱 확실하다. 고향, 농가, 초가, 가정의 평온함, 일상생활의 행복감, 사선, 곡선, 비정형, 반反균질, 재래, 토종, 수공예, 시골, 지역, 민족, 땅, 유기성, 자연 생명체, 수평선, 존재 의지, 동굴, 꿈, 동화, 신화, 노을, 저녁 짓는 연기, 내 친구들 보금자

1-18 중광스님 주택 – 고향 1
1-19 택형이네 집 – 고향 2

1-20 중광스님 주택 – 휴식 1
1-21 퇴촌 아꼴에 – 휴식 2

리, 뒷동산 무덤…… 더더욱 끝이 없다. 그러고도 차운기는 노파심이 안 가시는지 절절한 시구절로 자신의 건축을 설득하고 있다.

"…… 뒷동에 띠 잔디가 벌거벗도록 미끄럼질 하던 친구들은 다 어디 가고 없고, 고개 숙인 할미꽃, 다래 따던 아이들도 다아 도망갔다. …… 벌거벗고 빗물 맞던 초가지붕, 고드름 얼던 초가지붕은 빗물도 고드름도 없는 슬래브 집으로 변하고 …… 나지막한 언덕 자락 밑, 이곳에 내 꿈 실어 하나 만들어보네. 자네 맘에 들는지? 정성껏 차 끓여놓고 행여 하는 마음으로 자네를 기다리네 …… 몇 해 전 세상 버린 어머니 젖무덤도 생각나고 며칠 전 태어난 우리 꼬마 눈도 생각나고, 맞아! 둥글면 좋겠다 …… 소박하고 인간적인 정감이 있어 고향을 잊어버린 이에게 향수를 느끼게 하고 화려한 보물보다 하찮은 조약돌이라도 아껴져 빛이 나는 그런 소박한 집……."

이처럼 친자연적 재료를 사용하여 자연의 모습들을 드러내며 자연에 아양 떠는 차운기의 조형 전략은 건축의 통념에서 보았을 때 매우 비상식

1-22 중광스님 주택 – 정
1-23 예맥화랑 – 자식 놈 눈망울

1-24 택형이네 집 – 초가 공예
1-25 택형이네 집 – 추억

적이다. 일단 건축에 대한 생각부터 그렇다. 그의 주장들을 짜맞추어보면 그가 생각하는 건축이란 '작가 개인의 스토리를 손짓 몸짓으로 직접 만들고 이것을 집주인의 관상과 분위기 및 땅의 생김새에 맞추어 살 만한 공간으로 빚어내는 것' 쯤으로 정리될 수 있다.

건축가의 인생 얘기와 집주인의 인상 |

그가 직접 내린 건축에 대한 정의는 더 비상식적이다. '자신이 다루는 장르의 표현 어휘로 작가 개인의 인생 얘기를 해주는 것' 이라는 굳은 믿음을 갖고 있는데 이런 예술관은 사실 문학이나 회화에서는 진부한 이야기지만 건축에서는 흔치 않다. 건축은 시각예술 중에서도 객관화가 매우 심한 장르다. 특히 건축에서 핵심 매개가 기술과 부동산 가치로 바뀌어버린 모더니즘 건축 이후에는 작가의 마지막 남은 주관적 감성까지도 논리 구조와 도식, 심지어는 수치로까지 환산해서 검색 받아야 하는 지경에까지 이르렀다.

이런 상황에서 건축가가 건물을 자신의 개인 얘기로 풀어내려는 발상은 자신과의 치열한 싸움에서 이겨본 사람이 아니고서는 감히 상상도 못하는 위대한 불경不敬이다. 자신과의 기나긴 싸움을 잘 견뎌내며 한 사람의 작가로 태어나는 찬란한 희열을 맛본 사람은 자신의 인생 얘기를 주변 사람들한테 해주고 싶은, 말 못할 충동을 갖게 된다. 우리는 이것을 쟁이 기질이라 부르며 귀찮아하면서도 호기심을 갖고 그 얘기에 귀 기울이게 된다. 물론 이 지경에 이른 작가가 꺼내놓는 인생 얘기는 이제 더는 자신의 개인 얘기가 아니라 하나의 예술 얘기로 승화되어 있다.

차운기는 어린 자신의 손을 잡고 시골로 왕진 다니던 '아버지의 사랑 추억 얘기'며 그때 아버지 손잡고 둘레둘레 따라가며 보았던 '동산 자락의 풍경 추억 얘기'를 그럴듯한 예술 얘기로, 집 얘기로 그리고 절절한 자연 얘기로 바꿔서 풀어놓고 있다. 세상일 중에는 머리가 아닌 마음으로 기억해야만 되는 것들이 참 많기도 한 것이다. 이만큼 절실했기에 차운기는 7세 때 돌아가신 아버지에 대한 기억을 고스란히 간직하고 있다. 이외에도 그가 털어놓는 인생 얘기는 많다. 23세 때 돌아가신 어머니에 대한 미칠 듯한 추억 등등. 그러나 이 얘기는 더 이상 말기로 하자. 눈물밖에 더 나겠는가. 아니면 너무 진부하거나.

차운기가 털어놓는 인생 얘기는 이만큼 절실하기에 그것은 당연히 '육적'(肉積이건 肉跡이건)이어야 한다. 한번 생각해보라. 남의 절절한 인생 얘기는 오두막 속 전등불 아래에서 술잔이라도 기울이며 눈물 콧물 범벅되어 나지막한 육성으로 들어야 제맛이지, 그것을 소니표 전축으로 들을 것인가 아니면 엠피3의 랩송으로 들을 것인가. 그렇기 때문에 차운기는 자신이 만드는 건물에 손짓 몸짓의 흔적을 남기고 싶어 못 견뎌한다. 이것은 작가가 하나의 사람으로 남을 수 있는 최소한의 존재 조건 같은 것이다.

물론 이것은 예술이란 사람 사이에 얘기를 주고받는 것이어야 한다는 교과서 같은 그의 예술관을 정의해주는 전체 조건이며 나아가 건물도 그런 것이어야 한다는 그의 불경스런 고집을 상징하는 의외의 개념 같은 것이다. 차운기는 여차하면 공사판에 뛰어들어 진흙덩이 던져 담 쌓고, 개울가서 부러진 각목 주워다 기둥 박는다. 이런 기적奇蹟은 애써 건물에서 사람 냄새를 지워내려고만 하는 지금의 한국 건축계에 대고 내지르는 지독한 욕설 같은 것이다.

건물이란 사람이 들어가서 살 곳이기 때문에 사람 손으로 사람 땀으로 만들어야지 기계가 만들어서는 안 된다는 그의 외침은 안타깝게도 한 외톨박이 기인奇人에 관한 시빗거리로 내팽개쳐지기 일쑤다. 그는 앞으로 자신이 사람 흉내 내며 활동할 수 있는 얼마 남지 않은 기간을 세어가며 끝까지 건물은 건축가가 살 냄새, 입 냄새, 땀 냄새 섞어 온몸으로 만들어야 한다는 고집을 피우고 있다(차운기는 2004년에 46세의 젊은 나이에 세상을 떠났다). 이처럼 차운기는 희미하게 꺼져만 가는 인간의 존재 문제에 대한 질문과 해답을 건물로써 해내고 있다. 건물은 기계가 아닌 사람 몸으로, 마음으로, 정으로 만들어야 한다는 교훈이 차운기의 투덜거림 속에 숨어 있는 메시지이다.

차운기는 겸손한 작가다. 절실한 예술 얘기가 작가 개인의 자위 행위 같은 예술적 폭력으로 변질되는 것을 막아내는 기막힌 방법을 알고 그것을 실천에 옮기기 때문이다. 다름 아니라 집을 주인의 관상으로 풀어내는 그의 또 하나의 기행이 그것이다. 차운기에게는 집주인 관상을 보고 땅을 본 후 자신의 예술 얘기를 어떻게 이것들에 맞출까를 고민하는 기간이 가장 힘들고도 즐거운 시간이다. 주택을 집주인의 초상화쯤으로 여기고 싶어 하는 차운기의 건축관은 쉽게 얘기하면 집을 집주인에게 잘 맞게 해주고 싶어 하는 소박한 모성적 바람이다. 마치 도시락 싸면서 내 새끼가 좋아하는 반찬 넣어주는 어머니 마음 같은 것이다. 차운기의 가장 큰 바람은 집안에 여러 사람이 모여 있을 때 아무라도 집을 보고 그중에서 집주인을 찾아낼 수 있을 정도로 주인에게 잘 어울리는 집을 만드는 일이다. 이런 차운기를 보고 기인이라 하면 그 사람이 바로 기인이다.

이렇게 만들어진 차운기의 집은 이제 너무도 거뜬히 살 만한 공간이 될 수 있다. 애초에 집이란 것이 살 만한 공간을 만들자는 것이었는데 언제부터인가 이런 당연한 일을 하기가 이렇게 힘들어졌다. 기인 소리까지 들어가면서 말이다. 나는 차운기의 살 만한 집이 지니는 가장 큰 매력을 시간이 지날수록, 낡을수록 아름다워질 것이라는 점에서 찾고 싶다. 세월의 때가 앉아 아버지에서 아들로, 삶을 통해 정을 통해, 손으로 온몸으로, 신화로 옛날이야기로 그렇게 대물림하며 전해 내려갈 수 있는 얘깃거리 같은 집, 이런 집 한 채 갖기가 정말로 힘든 세상이 되어버렸다.

난로를 사이에 두고 아비와 새끼가 몸 부비며 한자리에 앉을 수 있는 집 같은 집, 이런 집 한 채 갖기도 또 정말로 힘든 세상이 되어버렸다. 집 값 100만 원에 자살하고 땅 한 평에 사람 쳐 죽이고, 엉덩이 붙이고 살 만하면 체인 달린 큰 기계가 와서 반나절 만에 10년 흔적을 뚝딱 부숴버리는 이런 놈의 세상에서 차운기는 뭣 하려고 그렇게 힘들게 집을 만드는 것일까.

모더니즘의 돈의 미학이 계속되는 한 차운기의 건축은 어차피 기행 섞인 비주류일 수밖에 없다. 특히 우리 같은 건축 풍토에서 차운기는 건축하기 힘들었을 것이고 외로웠을 것이다. 그런데도 그냥 내 좋은 집 짓기 위해 거지 생활을 했다는 한마디로 모든 불평을 대신하는 걸 보니 차운기는 혼자 지내는 법도 알고 작품에 몰두할 줄도 아는 사람인가 보다. 어려운 작가 생활을 즐길 줄도 아는 얄미운 여유도 지녔다. 이단 취급을 받았지만 당연한 고민을 해온 차운기에게 일거리가 조금씩 늘었단다. 차운기도 겉으로는 무관심한 척하지만, 내 다 안다. 속으로는 기뻐했을 것을.

2.

차운기 대담

■

비정형주의의 가능성과 한계

2. 차운기 대담

비정형주의의
가능성과 한계

임석재 바쁘신데 인터뷰에 응해주어서 고맙습니다. 차 소장님 건축이 '실험적' 이라는 기준에 의해 선정되었는데, 어떻게 생각하시나요?

차운기 글쎄요……. 그런 이야기를 가끔 듣기는 합니다만 명칭에는 신경 쓰지 않습니다. 나는 소중하지만 우리가 잃어버린, 혹은 잃고 사는 것을 되찾으려 하는데 사람들은 그것을 실험적이라고 부르더군요.

임석재 차 소장님의 예술관이 어쩌면 당연한 것인데도 당연한 것을 실험적이라고 불러야 하는 우리 건축계의 현실이 아이러니로 생각됩니다. 차 소장님 작품은 우리나라의 표준화된 건물들하고는 매우 다르죠. 어떤 건축 철학이나 건축관을 가지고 계십니까?

차운기 철학까지는 뭘……. 첫째, 건축은 재미있어야 합니다. 건축은 그 앞을 오가는 많은 사람들이 매일 보면서 본인들도 모르는 사이에 영향을 받게 되죠. 둘째, 건물은 예뻐야 합니다. 도시 내 건축 환경은 건물에 의해 아름다워질 수 있으니까요. 셋째, 건물은 의미가 있어야 합니다. 건축가가 건물을 무의미하게 만들면 보는 사람도 의미를 느낄 수가 없습니다.

임석재 의외입니다. 차 소장님의 작품은 매우 심각하게 느껴집니다. 직선과 대량생산 이미지가 판을 치는 한국의 요즈음 포르멜formel 경향에 반대되는 전형적인 엥포르멜informel 경향을 나타내죠. 나는 이러한 특징을 존재론적 고민과 자연 유기성의 추구를 통한 반反기계 미학으로 읽었습니다. 대중성도 그런 특징 가운데 하나가 될 수는 있지만 좀 약한 것 같고, 그보다는 자연회귀 경향 같은 것이 소장님 건축의 더 큰 특징 같습니다.

차운기 물론 그런 생각을 강하게 갖고 있습니다.

임석재 그것이 발전하면 반反자본주의 사상 또는 반反미제(미국 제국주의)까지 갈 수 있는데요.

차운기 그런 것까지는 생각해보지 않았고 그보다는 자연으로 돌아가자는 이야기가 가장 적합한 것 같습니다. 나는 아직도 컴퓨터를 모릅니다. 되도록 불편하지만 감각을 요하는 집, 기계가 배제된 집, 사람의 손길을 요하는 집을 좋아합니다. 리모컨 하나로 모든 것이 다 해결되다 보면 사람들이 로봇이 되어버리죠. 집만큼은 조금 불편하더라도 우리에게 감정을 불러일으킬 수 있으면 좋겠어요. 이런 것을 꼭 자연이라고 불러야 되는 것은 아니라도 좋습니다(이런 생각을 실현시킬 수 있는 방법은 여러 가지가 있을 수 있으니까요).

예를 들어 내 건축은 디테일이 많이 생략된 건축이에요. 나는 완벽한 디테일은 싫습니다. 기계 생산된 디테일을 쓰느라고 창이 밀폐되어 바람한 점 안 통하는 건물은 잘못된 건물이죠. 건축가가 디테일에 신경 쓰는 일은 쓸데없는 짓 같기도 합니다. 내 건물이 다소 거칠어 보일 수는 있습니다. 그러나 인공적으로 말끔하게 가공된 마감재는 결코 위안을 줄 수 없죠. 벽면이 마감 처리 안 된 상태로 남아 있더라도 공간이 우리에게 분명한 메시지를 줄 수 있는 것이 더 중요합니다. 값비싼 마감재를 붙인다고 해서 그것이 건축의 생명이 될 수는 없으니까요. 마감재를 인공 처리가 덜 된 거친 상태로 놔둘 경우 얼마든지 의상처럼 입었다 벗었다 할 수 있습니다. 이런 면에서 나의 건축 작업은 누드 작업 같은 것입니다. 마감을 입히지 않은 그 자체로서 아름다울 수 있는 방법을 찾고 있어요. 개인적으로는 좋은 옷을 입고 치장을 많이 해서 꾸며진 모습보다는 다 벗었을 때 아름다운 여인이 진짜 미인이라고 생각합니다. 집도 마찬가지죠.

임석재 소장님이 본인 작품을 소개하는 데 자주 쓰는 단어가 고향, 한국의 자연, 추억, 어머니 등입니다. 공통적인 이미지를 갖는 상징성이 강한 단어들이네요.

차운기 예술이란 작가의 살아가는 인생 이야기를 표현하는 것입니다. 인생 이야기가 다양한 작가는 장르에 상관없이 표현 영역이 다양해질 수 있어요. 다양한 인생 이야기를 가진 작가는 사람을 감동시킬 수 있습니다. 훌륭한 예술가 중에는 도회지에서 자란 사람들보다 시골 오지에서 자란 사람들이 많아요. 인간을 감동시킬 수 있는 것은 자연 이외에는 없습니다. 자연을 이해하고 자신의 인생 이야기를 예술 작업에 접목시킬 수 있으면 감동을 줄 수 있다고 생각합니다.

어려서 잘 모르고 아무 생각 없이 스치던 자연이 이제 마흔이 넘어가다 보니까 풍경이 되어 머릿속에 필름처럼 떠오릅니다. 아버지가 시골 의사셨는데 왕진 때마다 나를 데리고 다니셨어요. 그때 아버지 손 잡고 걸으며 둘러보고 느낀 자연의 추억이 지금 나에게는 가장 소중한 예술적 소재입니다. 자연이 주는 이런 감흥은 건축가인 나에게 가장 중요한 예술적 메시지입니다. 나에게 건축은 이런 메시지를 건물로 표현하여 사람들로 하여금 잃어버린 잠재력을 끄집어낼 수 있게 하는 것이에요.

임석재 소장님 작업 경력을 간단히 소개해주신다면요?

차운기 매우 어려웠을 때 설계 사무실을 내고 작업을 시작했어요. 지금이 11년째인데 그동안 거지 생활 하며 진짜 힘들었죠. 내 생각을 작품으로 해보고 싶었는데 무명이고 해서 일거리가 없었고 어쩌다 일거리가 와도 무척 일반적인 집을 원하는 겁니다. 작품은 해야겠고 안 되겠다 싶어 처음에는 집 한 채가 아니라 부분적으로 돈도 안 받고 그야말로 실험적인 일부터 시작했습니다.

예를 들어 경기대학교 옆에 있는 오래된 동네에 있는 집을 헐고 새집을 짓는데 창문에 빗물 받치는 차양을 만든 적이 있어요. 오래된 동네의 옛날 집들이 전부 헐리고 새집이 들어서게 되면 그 동네의 기억은 하나도 남아 있지 않게 됩니다. 나는 사람들이 어릴 때 자란 동네의 기억을 부분으로나마 남기고 싶었어요. 이 집이 철거되고 새집이 들어서게 되면 이 집에 대한 옛 기억은 다 없어지게 됩니다. 이 동네에서 이 집을 보면서 살다가 지금은 딴 동네로 이사 갔던 사람이 나중에 찾아왔을 때 이 집에 대한 추억을 하나 정도는 살려낼 수 있게 해주고 싶었어요. 그래서 헐리기 전의 집에 남아 있던 빗물 받치는 차양을 그대로 따와서 새집에 붙였어요. 집은 현대식으로 지어졌지만 벽면에서 파이프를 끄집어내어 막대기를 차양을 받치는 각도로 세운 후 지붕을 뚫고 올라가게 했어요. 이런 작업은 건축비는 못 받는 거지만 혹 그런 감정을 가지고 있는 누군가가 이것을 보고 옛날 그 집의 창문에 받쳐놓았던 차양을 연상할 수 있지 않을까 하는 바람에서요. 이런 것들이 집이나 건물들에 쓰이면 조금이라도 옛날 기억을 더듬을 수 있는 계기를 마련해주는 거죠. 어떻게 보면 그냥 집이나 반듯하게 한 채 지으면 되지 쓸데없는 짓을 하고 있는지도 모릅니다. 그러나 집이 지니는 이러한 측면을 생각하고 싶어요.

임석재 그런데 소장님이 지으신 집이 오히려 표준화된 일반 건물들보다 공사비는 더 들지 않습니까?

차운기 더 들죠.

임석재 특히 수공예로 집을 짓다 보면 비싸지지 않습니까. 이렇게 보았을 때 소장님은 또 다른 엘리트주의 아닌가요?

차운기 글쎄요……. 이런 어려움은 있습니다. 내가 보기에는 일반 집보다 싸게 지을 수 있을 것 같은데 공사하는 사람들이 도면을 보고 지레 겁을 먹고 많은 공사비를 요구합니다. 해오던 방식하고 많이 다르기 때문이죠. 내가 직접 지을 수도 없고, 어쨌든 지어야겠고 그러다 보니 요구하는 돈을 다 줄 수밖에 없습니다. 그래서 집이 다 되어갈 때쯤이면 거의 돈이 부족하게 됩니다. 그러면 그때는 내가 몸으로 때우게 되죠.

임석재 직접 공사 작업도 하십니까?

차운기 그렇습니다. 그렇지만 내가 한 일은 노임을 받지 못하고 무료 봉사입니다.

임석재 사실 그런 작가 정신이 중요하게 여겨지고 존경받아야 합니다. 그러나 다른 한편으로는 건축이란 것이 한 시대의 보편적인 가치에서 완전히 자유로울 수는 없는 것 아닌가요. 이 시대의 보편적 가치란 어쩔 수 없이 대량생산이나 효율 같은 것이 될 테고요. 이렇게 보았을 때 좋은 건축이란 이런 보편적 가치를 지키는 범위 내에서도 작품성을 낼 수 있는 건물 아닌가요. 이 시대에 주어진 조건의 제약 내에서 최적의 해결책optimum solution을 찾는 것 아닐까 합니다.

차운기 그럴 수 있습니다. 그럴 수 있지만……. 나는 한 시대를 잠깐 살다 갈 뿐입니다. 내가 앞으로 작업을 왕성하게 할 수 있는 시기를 5~10년으로 보고 있습니다. 내 머릿속에서 그리고 싶은 그림들은 참 많은데 작품을 의뢰하는 사람들은 한정되어 있고 그나마도 제약이 많아요. 건축주의 경제력이나 땅이 갖는 제약 등등. 그렇기 때문에 할 수 있는 일이 주어지기만 한다면 몸으로 때우는 일이 수십 번 반복되더라도 어차피 해야 되는 것 아닐까요. 물론 건축주는 일정한 액수의 비용 내에서 건물을 의뢰하게 됩니다.

그렇지만 나는 얼마짜리 이하는 안 한다는 식의 비겁한 건축가는 되기 싫습니다. 그 사람 형편껏 집 지을 수 있는 비용의 범위 내에서 그 사람이 원하는 집을 어떻게 만들어줄 것인지 고민해서 가장 잘 맞는 집을 만들어주는 것이 건축가의 할 일이죠. 반드시 돈이 많이 들어간 집이 좋은 집은 아닙니다. 좋은 집이란 사는 사람이 다른 어떤 집보다도 최고라고 느끼는 집이죠. 설사 그것이 움막집이라도. 움막집이라도 미학은 있는 것입니다. 중요한 것은 사는 사람한테 맞는 집을 만들어주면서도 이것을 어떻게 건축가의 미학으로 표현할 것인가의 문제입니다.

나는 내가 살아 있는 동안에 결론을 보려 하지는 않습니다. 단지 나의 생각을 던져놓을 뿐입니다. 어떤 사람이 그것을 보고 좋다 여기면 모방할 수도 있겠죠. 경제성을 따지고 하는 것은 그 사람들 때 가서 할 수도 있습니다. 지금 내가 하는 작업에서 경제성을 따져서 표현의 제약을 받고 싶지는 않습니다. 예를 들어 택형이네 집하고 곤지암 주택이 세워진 후 경기도 일원에 그 두 집을 모방해서 지은 집들이 50여 채나 생겨났어요. 그중에는 여러 스타일로 지은 집도 많고 엉터리로 흉내 낸 집들도 많습니다. 내가 살아 있는 동안 할 작업은 내 나름대로 메시지가 있다고 생각하는 건물을 남기는 것입니다. 그 후에 그 건물들이 어떤 평가를 받을지는 모르겠어요.

임석재 그러면 양식론 중심으로 건축을 보는 데는 관심이 없으신 건가요?

차운기 네, 관심 없어요.

임석재 그렇더라도 굳이 이름을 붙이자면 소장님 건축은 지역주의Regionalism나 토속 건축Vernacular Architecture 혹은 오가닉 건축Organic Architecture 정도가 되지 않을까요?

차운기 나는 양식이란 어떤 민족이 자기들이 사는 환경이나 조건에 가장 적합하다고 생각하며 발전시켜온 것이라고 생각합니다. 나야 한국 사람이니까 내가 하는 건축은 당연히 한국식일 수밖에 없죠. 한옥은 한국적인 건축 중에서도 조선 시대라는 한 시대에 국한된 양식일 뿐이지, 현대까지도 한국적 양식을 대표하는 것으로 여겨지고 모방되는 일은 잘못된 거죠. 똑같이 기와만 얹는다고 해서 그것이 한국적이라고 생각하지도 않습니다. 내가 어렸을 때 봤던 산의 선이나 조상들이 입던 옷의 선 등을 재현해내는 것이 한국적이라고 생각합니다. 사람들이 나의 건물에 표현된 이런 선을 보면 뭔가 익숙할 것이고 잠재적으로 내재된 한국적 감성을 되살릴 수 있을 겁니다. 이런 선들은 수천 년 계속되어오며 만들어진 우리의 선이기 때문입니다. 한국적 건축이란 바로 이런 선을 건축적으로 응용하는 것입니다.

공공건물 현상 공모 때 전통 건축의 재현이라는 설계 조건이 흔히 따라붙는데 이런 경우 기와를 얹지 않으면 떨어집니다. 이건 잘못된 것입니다. 이것은 조선식 건물이지 이 시대에 맞는 한국식 건물은 아니죠. 문명이 바뀌면 그러한 시대 흐름에 맞게 한국적인 것의 정의도 발전되어가야 합니다. 생활 방식도 바뀌고 건축 공법도 바뀌었는데 옛날 집 모양을 똑같이 모방해서야 되겠습니까. 그보다는 우리의 조상들이 건축물에 담아냈던 철학이나 건축적 의미 등을 현대건축에 차용해야 합니다.

내 건축을 양식 이름으로 분류하고 싶지는 않지만 자연회귀 사상이나 인간 본연의 자세로 돌아가자는 철학에 따라 건축물을 다듬다 보면 그 집은 아프리카건 유럽이건 미국이건 어느 곳에 갖다놓아도 좋은 집이 됩니다. 집이 인간의 가장 기본적인 의미를 갖게 될 때 동서양이나 지역 사이에 차이가 없어지게 된다고 생각하기 때문입니다. 나는 외국에서 공부하지 않고 국내에만 있었기 때문에 외국에 꼭 한 번 가보고 싶었는데 그게 잘 안 됐어요. 비행기 표 사놓으면 현장에서 사고 나서 못 가고 그랬거든요. 그러다 작년에 몇 군데 가보았는데 몇 세기에 걸쳐 만들었다는 유럽의 대작들을 봐도 그다지 놀랍지 않고 머릿속에 다 있는 내용이었어요. 건축의 원초적인 가치들을 좇다 보면 우리 건축이나 서양 건축이나 결국은 같은 맥을 갖습니다. 양식은 필요 없다고 생각합니다. 양식은 왕정 시대에 권세를 과시하기 위한 산물이었을 뿐입니다. 인간이 기본적으로 살아가는 방식은 동서양이 똑같습니다. 나는 집 만들 때면 집주인 관상 보고 땅을 본 후 이 땅에 집을 어떻게 지어야 이 사람하고 잘 맞을 것인지 생각하게 됩니다.

임석재 주택을 집주인의 초상화로 생각한다는 뜻인가요?

차운기 그렇죠. 집 안에 여러 사람이 모여 있을 때 집을 보고 집주인을 찾아낼 수 있을 정도예요. 왜냐하면 잘 맞으니까. 그 집은 자기 집이니까요. 집주인이 집에 앉아 있는데 객으로 느껴져서야 되겠어요. 건축가의 마음에 드는 집을 만들면 잘못된 것입니다. 들어가 살 사람 마음에 들어야 좋은 집이죠.

임석재 하지만 소장님 작품은 본인의 이미지와도 매우 잘 어울립니다.

차운기 어쩔 수 없이 내 작품이기 때문에 내 언어가 표현되었을 겁니다. 그렇지만 내가 만든 주택들은 같은 것이 하나도 없습니다. 물론 공통적인 표현 방법 같은 거야 있겠지만요. 이 집이 좋다고 그것을 다른 사람한테 강요할 수는 없습니다. 들어가 살 사람이 다르기 때문입니다. 심지어 쌍둥이 마저도 성격이 다르지 않습니까? 어떤 집이 좋고 나쁜지는 기본적으로 들어가 살 사람이 기준이 되어야 합니다. 나한테는 안 맞는데 남들이 좋다고 한들 의미가 없죠.

집은 부적과 같아서 그 속에 사는 사람한테 지속적으로 영향을 주게 됩니다. 좋아하는 그림을 보면 감동을 느끼듯 집에서도 똑같은 영향이 있을 수 있습니다. 현대인들이 삭막한 물질 욕구에 시달리게 된 데에는 아파트 같은 잘못된 건물을 제공한 건축가들 책임이 큽니다. 각자가 다른 개성을 갖고 있는데 하나의 집단으로 규격화해버렸으니 그런 데서 사는 사람들이 정을 가질 수 있겠습니까. 이런 데서 살면서 쌓인 불만이 상대방과 사회에 다시 돌아오는 현상이 지금의 삭막한 세태를 낳았습니다. 이것은 무척 심각한 문젭니다. 지금 이 시대에 사는 건축가들과 건축 관계자들은 돌이킬 수 없는 오류를 범하고 있는 것입니다.

차라리 주택난이 해결 안 돼서 야산에 천막을 짓고 살더라도 훨씬 인간미가 넘치는 사회가 낫지 않을까요. 사람 사이에 정을 나누는 문제는 경제적으로는 해결될 수 없는 문제입니다. 자기가 사는 집이 자기를 안아주고 편안하게 해줄 때 남에게 베풀 여유가 생기는 법이죠. 지금 우리의 생활 곳곳에 만연한 심각한 경쟁 심리와 욕심은 잘못된 주거 환경에서 기인하는 바가 큽니다. 이런 의미에서 나는 내가 만드는 집에 담긴 자연회귀적 의도가 사람들의 마음을 부드럽게 해주었으면 하는 바람으로 건축을 합니다.

임석재 소장님 작품 가운데 예맥화랑에는 유독 직선이 많이 드러납니다. 도시 속에 있기 때문에 그렇게 재단을 많이 한 형태로 나타났나요? 물론 지붕에는 곡선이 들어갔습니만. 소장님 스스로는 지붕 곡선을 어머님의 젖무덤이라고 표현하셨죠.

차운기 예맥화랑이 들어간 장소가 한옥보존지구입니다. 관계법에 의하면 한옥보존지구에는 한국적 양식으로 건물을 지어야 해요. 그래서 지붕의 곡선은 한국적 선을, 백색 종석을 쪼아 만든 거친 벽면은 회벽을, 입면 구성은 목재와 회벽 간의 관계 등을 각각 표현하고 있습니다. 그런데 구청 심의 과정에서 일본 냄새가 난다는 이유로 부결되었습니다. 심의위원을 찾아가서 따졌어요. 나는 한국밖에 모르는 사람인데 그런 내가 만들면 그게 한국식이지 어떻게 일본식이냐 하고 말이죠.

그 심의위원이 한국식이라고 그려주는 건물을 보니까 망사르Mansard식 지붕이에요. 기가 막혔습니다. 허가를 받으려면 그 사람이 그려준 지붕 모양에 기와를 얹어야 될 것 같았어요. 그렇게는 못하겠고 집은 지어야겠고, 그래서 전통 한옥으로 일단 그려서 심의가 통과되고 허가가 나왔어요. 그다음 휘장막을 두른 후 허가도면과 상관없이 지금 건물처럼 그냥 만들어버렸습니다. 완공된 후 심의위원들과 구청 관계자들에게 전화해서 이야기했습니다. 도면만 보고 여러분들이 일본식이라고 하길래 내 건물을 이해 못 하는 것 같아서 내가 1:1 모형을 만들었으니 와서 보라고. 실물을 보고서도 일본식이라 하면 부숴도 좋다. 다시 만들겠다. 실물이 있으니 와서 속에도 들어가보고 밖에서도 보면서 확실하게 느껴보라고.

그래서 집이 완공된 후 심의, 허가 다시 거쳐서 준공허가까지 받았습니다. 이렇게 안 하면 우리나라에서는 집 못 지어요. 퇴촌에 택형이네 집 지을 때도 면 직원이 와서 못 짓게 했습니다. 시골에 '슬래브 집' 이나 지으면 됐지 이게 뭐냐고 하면서. 그래서 그 사람하고 싸우면서 그 집 앞에서 텐트 치고 자면서 만들었어요.

임석재 그러면 대량생산 안 되는 재료는 직접 구해옵니까?

<u>차운기</u> 물론이죠. 택형이네 집 만들 때 소재 구하러 15만 킬로미터를 뛰어다니다 자동차 한 대를 폐차시켰습니다.

<u>임석재</u> 좋아하거나 존경하는 건축가나 건물, 혹은 도시나 동네 같은 것은 있습니까? 아니면 모델로 삼는 건축가나 건물은?

<u>차운기</u> 특별히 생각나는 것은 없어요. 나는 무식합니다. 잡지도 잘 안 보고 해서 요즘 활동하는 건축가가 누군지도 잘 몰라요.

<u>임석재</u> 김중업 선생 사무실에 있었던 걸로 아는데, 김중업 씨는 존경하시나요?

<u>차운기</u> 그렇습니다. 학생 때 국전에 출품했는데 그때 심사위원장이 김중업 선생이었어요. 내 작품은 낙선을 했습니다. 그때 작품은 우리 전 세대를 존경하자는 의미에서 노인촌 계획을 테마로 했어요. 살 만해지니까 노인을 푸대접하는 사회 현상을 고발하고 싶었거든요. 누구 덕에 살 만해졌습니까. 그러나 당시 전두환 정권은 프로야구 같은 스포츠에 관심이 많았지 노인복지 같은 데 신경 쓸 여력이 없었고 내 테마는 결국 낙선되었습니다. 졸업 후 일할 곳을 정하기 위해 그때 양대 산맥이던 김수근 선생과 김중업 선생의 작품들을 3개월 동안 보고 다녔어요. 그 끝에 얻은 결론이 김수근 선생 작품은 패션적인 특징이 강하게 느껴진 반면 김중업 선생 작품은 그런 섬세한 면은 없지만 큰 덩어리로 어떤 메시지를 준다고 느꼈어요. 건물이란 건축가가 정성 들여 만들어 죽은 후에도 계속 남아 있어야 한다고 생각했을 때 김중업 선생 쪽이었습니다. 그래서 찾아가서 조른 후에 겨우 취

직되었어요.

물론 처음에는 받아주지 않아서 20일을 쫓아다닌 끝에 만나서 다섯 시간을 물고 늘어졌습니다. 처음에는 월급 같은 것은 생각도 못 했죠. 마지못해 승낙을 해주었는데, 속으로야 네까짓 게 며칠이나 버티나 두고 보자 생각하셨을 겁니다. 월급 줄 때까지 몇 달 정도는 물만 먹고 못 살겠냐 싶었어요. 차비가 없어서 사무실에서 먹고 잤습니다. 사무실에서 자면 아침은 줬습니다. 점심도 줬고 야근하면 저녁까지 줬어요. 그래서 먹고 자는 문제를 해결했습니다. 처음에는 정식으로 일도 못 배웠어요. 연필이나 깎고 30년 동안 쌓인 도면들 꺼내 보고 정리하고……. 이렇게 3개월을 버틴 끝에 봉급도 받고 정식으로 인정받아 안 쫓겨나고 잘 지냈습니다. 김중업 선생 사무실에 있다가 다른 곳으로 옮기니까 내가 그려 내놓은 작품들이 김중업 선생하고 닮았다고들 했습니다. 잘못된 해석입니다. 선생하고 제자가 살아온 이야기가 다른데 어떻게 선생의 예술관을 강요할 수 있겠습니까. 김중업 선생도 이것은 원하지 않았어요. 나도 김중업 선생이 좋아서 갔지만 작업을 흉내 내고 싶지는 않았습니다. 왜냐면 내 얘기가 따로 있으니까요.

김중업 선생을 존경하는 이유는 끊임없는 건축에 대한 애정을 갖는, 건축가로서의 기본적인 자세 때문이지 그분의 작품을 존경한 것은 아닙니다. 작품으로 치면 나도 한 사람의 작가로서 그분 이상 할 수 있다는 자신감이 있습니다. 물론 오랜 기간 작품 활동 하다 보니까 내 작품 속에 그분하고 같은 맥이 흐르고 있는 것은 사실입니다. 그것은 건축을 자연에의 회귀로 본다는 점입니다. 작업을 하다 보니까 내 작품에 나타나는 선의 흐름이나 기본적인 형상들이 지니는 '원초적인 것으로의 회귀' 라는 의미를 김중업 선생도 기본적인 건축관으로 갖고 있었을 것이란 생각이 들어요. 그러나 어디까지나 기본 생각이 같다는 것뿐이지 김중업 선생의 건물 모양하고 내 것의 모양은 완전히 달라요. 선생의 영향을 부정하고 싶지는 않지만 내면에 갖고 있는 이야기가 다르기 때문에 작품은 다르게 나올 수밖에 없는 겁니다. 당시에는 선생님의 선이 무엇을 의미하는지 잘 몰랐지만 지금 생각해보니까 자연으로 돌아가자는 마음이었던 것 같습니다.

임석재 김중업 선생 이외에 특별히 좋아하는 건축가나 건물, 동네는 없습니까?

차운기 얼마 전에 강원도 정선에서 40킬로미터쯤 더 들어간 곳에 집 지으려고 땅을 보러 간 적이 있는데 그런 동네가 때 묻지 않아서 좋았습니다. 근방에 민가 몇 채가 있었는데 사는 사람이 절실해서 만들어놓았기 때문에 어떤 유명한 건축가들의 작품보다도 감동적이었어요. 그 민가들을 보면서 내 작품에도 저런 절실함이 묻어날 수 있는가 하고 반성했습니다. 이런 종류의 민가는 일종의 자연의 일부인 셈입니다. 내 집도 이처럼 자연의 일부가 되었으면 싶습니다. 사실 제일 좋은 집이란 그 사람들이 자신의 그런 절실한 필요에 따라 그냥 짓는 집일 겁니다. 그런데 그 사람들이 그것을 못 하니까 건축가들이 대역하는 거고요. 이러기 위해서는 집주인을 잘 파악해서 그 사람에 가장 근접한 집을 만들어야 합니다.

임석재 한국 건축가 중에서 특별히 가까운 사람은 누구인가요.

차운기 나는 지금 건축가 협회, 건축사 협회 모두 가입이 안 되어 있어요. 관심도 없고.

임석재 소장님 별명이 '건축계의 중광' 인 것을 아시는지요.

차운기 몰랐어요. 그동안 알아온 지인들은 있습니다. 하지만 기본적으로 가수는 노래만 잘하면 되고 건축가는 좋은 집만 많이 만들면 되는 거죠. 작년에 상을 타고 나서 건축가 협회에서 등록하라 했는데 안 했습니다. 가입 안 했다고 집 못 만들게 하지는 않으니까요.

임석재 소장님의 일상생활이 궁금했습니다. 자동차는 있으시고 컴퓨터는 모르시고 그다음에 휴대전화가 있는 게 의웝니다. 넥타이는 매는가요?

차운기 거의 안 매지만 결혼식 같은 데나 어른 뵐 때에만요.

임석재 그러면 서양식 패스트푸드는요?

차운기 안 먹어요.

임석재 아이들은 어떻게 키우시는지?

차운기 그냥 스스로들 하고 싶은 대로 평범하게 키워요. 작은 아이는 유치원에 2년이나 다니고서도 초등학교 들어갈 나이가 되었는데 아직도 글을 잘 몰라요. 자기 나름대로 머릿속에 복잡한 생각이 꽉 차 있는 것 같습니다. 글씨를 쓰라 그러면 복잡하게 받아들이는 등 생각이 많은 것 같어요. 1분 전에 읽은 글씨를 다시 읽어보라 그러면 그 사이에 다른 생각 하느라고 잊어버렸다고 하는 식이에요. 어린 나이에 많은 지식을 얻는 것보다는 뭔가 좀 모르고 빈 데가 있어야 채워줄 게 있는 법이죠. 진짜 필요한 것을 채울 때까지는 미리 채우고 싶은 생각이 없습니다. 그래서 그냥 자유롭게 뛰어놀면서 크도록 내버려둬요. 숙제를 안 했어도 하루 종일 공 차고 놀았으면 숙제 대신 한 걸로 봐줍니다. 선생님한테 혼나는 건 자기 문제고.

임석재 그림이나 다른 예술 분야에 관심이 많은가요.

차운기 나는 공고 전기과를 갔는데 적성이 안 맞아서 수업 시간에 철학 책 보다가 혼난 적이 많습니다. 자퇴 권고를 받기도 했고. 생활기록부에 구제 불능 학생이라고 쓰는 바람에 이후 대학 진학 등 서류 면접 때 애로가 많았습니다. 공고 졸업 후 직장도 조금 다녔는데 그러다 어머니가 돌아가셨어요(아버지는 일곱 살 때 돌아가셨고). 어머니 때문에 공고 갔는데 어머니가 돌아가시니까 할 일이 없어졌죠. 한동안 어머니 기억을 지우려 미친 듯이 그림에 몰두한 적이 있습니다. 붓을 잡는 동안에는 생각이 안 나니까. 그러나 정식으로 배운 그림은 아니라서 미술 대학은 못 갔어요. 건축 현역에서 떠나면 그림을 할 생각입니다.

임석재 좋은 생각을 많이 가지고 있을 텐데 아무래도 장르적 특성상 그것을 건물로 양껏 다 실현해보기는 어려울 것 같습니다. 차선책으로 소장님의 건축적 생각들을 그림으로 남길 생각은 없으신지요.

차운기 있습니다. 지금도 내가 짓는 집에 거는 그림이나 조각물, 의자 같은 소품들은 내가 직접 그리고 만듭니다. 그 집 분위기에 맞게.

임석재 다른 건물들에 관련된 이야깃거리를 들려주신다면요.

차운기 중광스님 주택을 지을 때 얘기입니다. 집주인 관상과 분위기를 봐야 아이디어가 떠오르는데 그때 중광스님이 아프셔서 통 만나주지를 않는 거예요. 생각다 못해 '걸레 스님' 이란 별명에 맞게 집을 걸레처럼 짓기로 했습니다. 하루는 트럭에 재료 싣고 가는 길에 중광스님과 마주쳤어요. 나를 보더니 "자네가 내 집 짓는가. 집 하나는 지을 수 있겠구먼" 하더니 가버렸어요. 그게 전부였죠. 그래서 집을 걸레처럼 만들려고 아이디어를 짜냈습니다.

예를 들어서 흙담을 만드는데 진흙을 바르는 게 아니라 던져서 만들고 돌을 쌓는데도 차곡차곡 쌓는 게 아니라 위에서 떨어뜨려 앉는 대로 그냥 그대로 쌓아나갔어요. 막 쌓기보다 더한 방법이었습니다. 개울에 처박혀 두 동강 난 각목이 눈에 띄면 뽑아다 썼어요. 그렇게 집이 완공된 후 나중에 중광스님이 "나는 돌담 흙벽에 너와 지붕 얹은 집에서 살고 싶다"라는 시구를 옛날에 써놓았다는 얘기를 하시면서 자신의 집이 그대로 되었다는 말씀을 하셨어요. 나한테는 일언반구 한마디도 안 했는데 말이죠. 일종의 영감이 통했다고나 할까요. 집은 중광스님 마음에 들어 스님께서 방랑 생활을 많이 청산하시고 안주하신다는 얘기를 들었습니다.

'재즈 스토리' 는 그 집이 6 · 25 때 폭격 맞았다고 가정하고 그렇다면 집주인이 어떻게 수리할까를 생각하며 만들었습니다. 양철 지붕과 허물어진 담벽, 온갖 폐품은 거기서 나온 겁니다. '택형이네 집' 다 짓고는 그 앞에 앉아 많이 울었어요. 모든 것을 다 쏟아부어 뭘 하나 얻은 뒤의 허탈감도 있었고 다시는 이런 열정으로 집을 못 지을 거란 생각도 들었고.

임석재 마지막으로 한국 건축계에 하고 싶은 말은.

차운기 언젠가 모 잡지에서 내 건물을 싣자고 했는데 내 스스로 작품이라 인정할 용기가 없어서 머뭇거린 적이 있어요. 그러나 남의 잡지 보고 흉내 안 낸 것만은 자신할 수 있었습니다. 건축가들이 작품이라 하지만 사실은 표절품이 많아요. 표절도 작품이라 할 수 있을까요. 자기 양심에 비추어 변명 없이 세상에 나의 창작품이라고 내놓을 자신이 생길 때까지 기다려야 합니다. 실을 작품이 없어서 우리나라 잡지사들이 다 문을 닫는 한이 있더라도 말이죠. 양심 있는 건축가들이 많이 나왔으면 좋겠습니다.

• 이 인터뷰는 차운기 소장이 작고하기 전인 1997년에 한 것이다.

3.

기하, 경험, 선험

■

김인철 비평

3. 기하, 경험, 선험

김인철 비평

현실, 건축, 기하 |

현실은 혼란스럽다. 그러나 거기에는 정밀한 질서가 숨어 있다. 건축가는 자신만의 완결된 건축 세계를 원한다. 그러나 늘 불완전하다. 이렇듯 현실과 작품 세계는 일차적으로 그 내용은 서로 반대지만 자기 모순적이며 이것들은 다시 상호 교합하여 더 큰 모순 구조를 만들어낸다. 김인철의 작품은 이런 모순에 대한 고민에서 시작된다. 그 해결책은 기하이며 마지막 종착점은 기하와 현실과 건축 사이의 적절한 대응 모델을 찾는 것이다.

기하는 건축이 아니다. 기하만으로는 건물이 되지 않는다. 그러나 건축은 기하이다. 기하일 수 있다. 그 옛날, 땅의 조영造營과 함께 건축이 시작되면서 기하는 분명히 가장 오랫동안 한 번도 끊이지 않고 건축을 이끌어 온 대표 매개였다. 시대에 따라 하나의 도형만으로 건축 세계가 구성되기도 하고 또 때로는 어지럽게 분산되는 프랙털 구도가 건축 세계의 모델로 제시되기도 했다. 이쪽 끝에서 저쪽 끝에 이르는 이런 것들은 모두 기하의 모습임이 틀림없다. 건축가들은 이런 기하를 통해 자신의 건축 세계를 정의할 수 있다고 믿는다. 기하는 가장 많은 건축가들이 사용하는 건축적 매개이다.

그러나 기하는 아직 건축이 아니다. 적절한 장치와 각색, 변형과 조작이 필요하다. 건축가는 기하를 나누었다 붙이고 늘렸다 파낸다. 이 과정에서 기능과 프로그램을 대응시키고 구조와 조형을 결정한다. 더 중요한 것은 건축가의 이상을 싣고 탐미를 행한다는 것이다. 김인철은 기하를 통해 현실과 건축 사이의 대응을 모색한다. 기하가 건축이 되고 이것이 다시 현실이 될 수 있는 가능성을 탐색한다.

김인철의 작품들에서는 기하 세계, 건축 세계, 현실 세계라는 건축가를 둘러싼 세 개의 세계 사이의 대응 방식에 대한 일관된 탐구를 발견할 수 있다. 그러나 아직 그가 상정한 이상적 대응 모델이 무엇인지가 명확히 드러나는 것 같지는 않다. 일단 이 세 개의 세계 사이의 맞대응이 그가 생각하는 이상적 대응 모델인 것 같아 보인다. 맞대응이란 각자의 정체성을 확보한다는 전제 아래에서 동등한 어울림을 의미한다.

현실 세계는 그 사이를 비집고 들어오는 새로운 건축 세계에 의해 기존 질서를 위협받지 않고 이것을 자연스럽게 이어나갈 수 있어야 한다. 현실 세계를 비집고 들어가는 건축 세계는 자신만의 정체성을 과시함으로써 주변의 현실 세계에 휘둘리지 않아야 한다. 김인철은 자신의 건축 세계를 주변과 분명히 구별 짓는다. 그러나 이와 동시에 주변 현실 세계를 인정하겠다는 전제 조건도 지킨다. 현실 세계와 건축 세계라는 상반되는 두 세계는 어울림을 목적으로 갖는다. 조율이 필요하다. 기하는 이런 조율의 역할을 하는 매개이다.

기하는 김인철의 건축에서 가장 핵심적이면서 포괄적 매개이다. 김인철이 기하를 통해 추구하는 궁극적인 목적은 기하 세계와 현실 세계 사이의 최적 조화다. 최적 조화란 상반되는 속성을 갖는 두 세계 모두를 만족시키는, 즉 두 세계 사이의 적절한 균형점을 의미한다. 기하는 기본 속성이 자기 완결적이다. 기하를 사용하는 건축가들 역시 자신을 세계의 중심에 놓고 싶어 하는 공통 경향을 보인다. 이 경우 기하로 정의되는 건축 세계는 중심으로서의 건축가 자아와 동의어가 된다.

반면 현실은 기하 세계의 완결성을 용해하려는 기본 속성을 갖는다. 현실 세계는 기하 세계의 껍질을 깨고 그 속으로 침범하고 싶어 한다. 기하 세계의 사면은 현실 세계와 충돌하고 교류한다. 아무리 막아도 주변 현실은 기하 세계와 내통한다. 바람 한 줄기 빛 한 줄기를 못 막듯이 주변 현실은 관심과 관음觀淫을 통해 기하 세계를 범하고 은밀한 곳까지 속속들이 알아버린다. 영역은 교차하고 일상은 교합한다. 기하 세계는 현실 세계로 편입된다. 기하 세계의 의미는 현실 세계와의 관계로부터 정의된다. 우열의 위계가 생기기도 하고 서로 닮으려 애쓰기도 한다. 대비와 파격을 꾸며내기도 한다.

기하와 현실 사이의 최적 조화로서 건축 |

기하 세계와 현실 세계는 이처럼 상반된다. 제로섬zero sum의 관계에 있다. 많은 기하주의 건축가는 자신의 건축 세계가 현실 초월적이기를 원한다. 이런 건축가들은 자칫 도도해지기 쉬운 위험성이 있다. 엘리트주의의 산물이기도 하다. 일부 건축가는 이와 반대로 현실에 대한 겸손함을 자신의 건축적 특징으로 삼기도 한다. 자칫 기하주의의 한계를 벗어나버릴 위험성이 있다. 기하의 매력은 혼자 잘난 체하는 데에 있는데 이것마저 없어진다면 그건 더 이상 기하가 아닐 수 있다.

김인철은 두 경향 사이의 중간자인 것 같아 보인다. 그의 건축은 두 세계 사이의 최적 조화 상태를 찾는 작업으로 정의할 수 있다. 기하의 자체 완결성을 지키면서 동시에 현실을 포용할 수 있는 범위를 찾는 작업이다. 분명히 양보할 수 없는 기하다움의 최저선을 지키지만 주변 현실에 대해 열리고 싶어 하는 설렘을 숨기지 못하고 있다. 그렇다고 김인철의 기하가 따뜻하거나 겸손한 것은 아니다. 기하의 초월성이 바탕에 깔려 있다는 느낌은 여느 기하주의 건축가와 동일하다. 그러나 그의 기하는 주변 현실과 어울리려는 노력을 애써 보여준다.

기하 세계와 현실 세계 사이의 최적 조화를 찾는 작업은 두 세계에 부과된 가치 질서의 선입견을 뒤집는 것에서 시작된다. 기하 세계는 늘 정밀하고 질서롭다는 선입견은 현실 세계가 늘 거칠고 혼란스럽다는 선입견과 동의어다. 기하주의 건축가들은 자신이 창조하는 기하 세계가 혼란한 현실과 구별되는 이상적인 질서를 보여준다는 자부심을 갖고 있다. 이것이 발전하면 자신의 기하 세계를 통해 현실의 혼란상을 바로잡을 수 있다는 초월적 바람이 된다.

이런 생각이 있으면 기하 세계와 현실 세계가 어울릴 수 없다. 현실 세계를 계도하겠다는 우월성을 항상 전제한다. 두 세계 사이에는 암암리에 혹은 노골적으로 위계가 생긴다. 그럼에도 현실 세계가 기하 세계로 침범해 들어오는 것을 막지 못하고 건축가는 가슴앓이를 한다. 김인철의 기하 세계는 이런 전제에서 벗어나는 데 성공하고 있는 것으로 보인다. 김인철의 기하 세계가 현실 세계와 어울릴 수 있는 근거다.

기하 세계가 현실 세계와 어울리기 위해서는 현실 세계도 나름의 질서를 가지고 있다는 사실을 인정해야 한다. 건축가들이 인정하기 어려운 대목이다. 특히 기하주의 건축가들의 경우 더욱 그러하다. 이들에게 주변 현실은 '무지랭이' 들의 난장판으로밖에 보이지 않는다. 주변 현실은 무질서하고 혼란스럽다는 전제가 있어야 자신의 기하 세계가 우월하다는 가치 판단이 성립되기 때문이다. 하물며 현실 세계의 질서를 자신이 좇아야 한다는 사실은 더더욱 받아들이기 어려운 굴욕이다.

굴욕의 선을 넘을 때 기하 세계가 현실 세계와 어울릴 수 있는 가능성이 확보된다. 그리 대단한 것은 아니다. 혼란스러워 보이는 현실 세계일지라도 그 속에 내재된 나름의 정밀한 질서를 갖는다는 사실을 인정하는 것이고 그리고 그 질서를 자신의 기하 세계에 대한 결정 기준으로 받아들이는 것이다. 여기에 더하여 완결된 것으로 굳게 믿는 자신의 건축 세계가 혼란스러울 수도 있음을 인정하는 것이다.

미니멀리즘과 지오메트리즘 사이 |

김인철의 근작 세 편은 이상과 같은 그의 기하관을 잘 보여준다. 성수 어린이집과 분당 단독주택은 정사각형에서 시작한다. 정사각형은 자기 완결성이 가장 강하지만 동시에 현실 적응력도 높은 기하 형태다. 미니멀리스트에게서 발견하는 정사각형이 전자의 경우라면 격자 같은 어휘는 후자에 해당된다. 정사각형에 대한 김인철의 태도는 이런 상반되는 두 가지 속성 사이의 통합을 찾으려는 것으로 보인다. 정사각형의 윤곽을 고집하고 미니멀리즘에 대한 미련을 버리지 못하면서도 격자다움이 배어나는 풍경 또한 끝내 떨쳐버리지 못하는 습관이 발견된다.

정사각형을 밀어넣고 파내고 잘라내면서 공간의 조각들이 생겨나고 여기에 프로그램이 대응된다. 기하주의의 한계를 지키기 위해서는 기하 조작이 어느 선을 넘어서는 안 된다. 이것은 기하 조작에 대응시키는 프로그램이 단순해야 된다는 뜻이다. 프로그램이 단순해진다는 것은 건물에 담아내는 건축적 현실을 단순화하려는 조형 의도를 의미한다. 기하주의와 미니멀리즘의 경계선쯤에 서 있는 김인철의 건축관을 잘 보여주는 대목이다.

건축가 쪽에서 프로그램을 단순화하는 작업은 위험을 수반할 수 있다. 물론 프로그램을 복잡하게 풀어놓는 것만이 능사는 아니다. 주워 담는 것과 풀어놓는 것 가운데 어느 것이 더 좋고 나쁜지는 중요하지 않다. 문제는 건축가의 현실 상상 능력이다. 김인철은 사용자의 일상 현실을 해치지 않는 마지막 경계선에서 단순화를 멈추곤 한다. 이 점이 스스로는 미니멀리스트가 되고 싶어 함에도 그가 미니멀리스트가 될 수 없는 이유다.

미니멀리스트들은 단순화 작업을 극단적으로 진행시켜 일상 현실을 침범한다. 이때 생기는 문제점은 현실에 대한 냉소나 역逆보상 같은 다분히 해석적인 내용으로 대신한다. 단순히 단순해진다고 해서 미니멀리스트가 되는 것은 아니다. 현실을 왜곡할 수 있는 무례한 용기와 그것으로부터 예술적 상상력을 충전받을 수 있는 뻔뻔한 재주가 있어야 된다. 김인철은 그러기에는 현실에 대한 관심이 많아 보인다. 아무리 떨쳐버리려 해도 끝까지 남는 군더더기가 그에게는 있다. 본인은 떨쳐버리고 싶어 하고 떨쳐버렸다고 생각해도 그렇게 되지 못하는 마지막 한계가 있다. 소심해서일 수도 있고 세심해서일 수도 있다. 타고난 천성 때문이라면 그는 미니멀리스트가 될 재주가 없는 것이 된다.

미니멀리스트minimalist가 지오메트리스트geometrist보다 나을 것도, 못할 것도 없다. 둘은 그저 서로 같으면서 동시에 다를 뿐이며 따라서 교집합의 관계에 있을 뿐이다. 둘 사이의 공통분모에 초점을 맞추면 김인철에게서 도 미니멀리스트의 냄새가 분명히 나기는 한다. 그러나 그의 건축이 보여주는 큰 줄기는 미니멀리즘과의 공통집합을 뺀 지오메트리스트 쪽의 나머지 부분이다. 미니멀리스트가 되려다 지오메트리스트로 남은 김인철이 보여주는 것은 현실과의 어울림이다. 이를 위해 그는 몇 가지 장치를 고안했다.

열림과 닫힘 사이의 고민 |

현실과 어울리려는 노력은 열림과 닫힘 사이의 고민으로 나타난다. 기하의 완결성을 위해 건물은 닫혀 있다. 노출 콘크리트는 이런 닫힌 느낌을 강하게 표현해준다. 굳게 다문 입 같은 벽을 쓰기도 한다. 그러나 여기에

3-1 ■ 3-2 성수 어린이집

3-3 ■ 3-4 성수 어린이집

는 항상 추가 장치가 따라붙는다. 성수 어린이집에서는 정사각형 창이 비교적 빠른 리듬감을 만들어내며 가지런히 반복되고 있다. 숨구멍이 숭숭 뚫린 형국이다. 빛이 통하고 바람이 흐르면 사람 사이의 교류도 일어날 수밖에 없는 법이다. 창은 위 아래로 반복된다. 창이 규칙적으로 반복될 때 열림의 의도는 배가된다.

분당 단독주택에서는 닫힘을 담당하는 벽과 면들을 목재 띠로 마감했다. 같으면서도 조금씩 다른 목재의 무늬와 색이 어우러지면서 벽은 어느새 표정을 얻는다. 표정은 밖을 향하고 말을 걸어온다. 콘크리트 면 사이사이에는 구멍이 뻥뻥 뚫린 철판을 끼웠다. 분명히 숨구멍이다. 행당동 사무소에서는 대지 경계선을 강하게 가로지르는 커다란 콘크리트 벽을 과감하게 그냥 놔두었다. 구멍을 한두 개쯤 뚫었을 법한데 잘 참은 것 같다. 그 흔한 구멍 하나 없이 콘크리트 벽은 삭막한 모습을 드러낸다. 그러나 이번에는 구멍 이상의 장치가 첨가되어 있다. 벽을 따라 길이 나고 길은 사람들을 불러들인다. 길은 걷고 싶게 생겨먹었다. 벽은 경계의 끝이 아니다.

3-5 ■ 3-6
성수 어린이집

3-7 ■ 3-8 성수 어린이집

벽 너머에는 이런저런 경치가 모습을 내민다. 벽도 하나의 경치가 된다. 벽은 경계를 닫지 못한다.

경계부에서의 닫히고 열리는 문제는 이것으로 끝나지 않는다. 적어도 건물의 한 곳 이상에서 투명도를 통해 개방 상태를 조절하고 있다. 투명도는 두 가지 방식으로 조절된다. 하나는 재료의 자연 성질을 이용하는 방법이고 다른 하나는 투명도 조절이 수반되는 부분의 공간 성격을 차별화하는 방법이다. 성수 어린이집에서는 북서쪽 면을 유리 박스로 처리해서 열림을 극대화하려는 의도를 보이고 있다. 유리 박스 자체가 빛을 받아 그로테스크한 모습으로 변신한다. 빛은 반사되고 통과된다. 그러나 그렇

3-9

3-10

3-9 ■ 3-10 성수 어린이집

게 단순하게 끝나지는 않는다. 유리 박스 속을 계단실로 처리하여 극대화된 열림 구도에 필터링을 끼워넣고 있다. 사선이 가로지르며 차단막을 형성한다. 공간의 켜를 다양화하려는 목적으로 읽힌다. 계단실은 이런 다양화를 가능하게 해주는 기능 유형일 수 있다. 머묾이 아닌 이동이 일어나기 때문이다.

이동과 다양한 공간 켜 |

이동은 다양한 경험을 낳고 이것이 공간 인지를 다양하게 만들며 이것은 다시 투명도를 조절하는 기능을 한다. 리듬이 수반되고 속도를 조절하면서 수직 이동을 하는 과정에서 유리로 열려 있는 공간의 최종 개방 상태를 조절할 수 있다. 부지런한 발걸음은 투명한 유리를 불투명한 상태로 바꿀 수 있다. 사용자는 계단실을 오가며 안쪽 건축 세계와 바깥쪽 현실 세계 사이의 교통을 조절할 수 있다.

이것만으로 부족했는지 계단실 중간에 철망을 끼워넣었다. 철망은 상당히 성글성글해서 물리적으로는 차단 기능을 못하는 것으로 보인다. 그러나 철망을 하나 더했으며 그 결과 느끼게 하는 공간의 심리 상태는 많이 다를 수 있다. 빛이 걸러지고 시야가 바뀌면서 공간 켜가 하나 더 만들어진다.

경계부를 동선 영역으로 처리하는 기법은 행당동 사무소에서도 나타난다. 대지는 삼각형이다. 두 변은 도로를 면하고 한 변은 옆 건물을 면한다. 도로를 면한 변 가운데 긴 쪽을 콘크리트 벽이 막고 있고 이 벽을 따라 램프ramp가 돌아가고 있다. 램프의 경사도가 완만하여 사람들은 속도를 조절하며 다양한 공간의 켜를 경험할 수 있다. 옆 건물을 면한 변 쪽은 급한 계단이 건물에 박히듯 질러대며 올라간다. 급한 수직 이동은 닫힘의 느낌을 낳는다. 이번에는 주변과 별로 어울리고 싶지 않은 것 같다.

공간의 켜를 다양화해서 주변과 어울리려는 모습은 오히려 귀퉁이에서 발견된다. 삼각형 대지의 꼭짓점에 놓이는 계단실이 그것이다. 수줍은 듯 과감하게 혹은 긴 듯 짧게 열림과 닫힘을 조절하고 있다. 입체 처리도 그 호흡에 맞춰 조절하고 있다. 주변이 자연스럽게 들어오지만 침범당했다는 느낌은 들지 않는다.

행당동 사무소에서 공간의 켜를 다양화하는 방법으로 수목을 사용한다. 도로를 면한 변 가운데 마지막 남은 한 변은 밖을 향해 완전히 열려 있다. 그러나 속살을 다 보이는 것이 수줍었는지 경계부에 나무를 심어 필터

3-11 ■ 3-12 ■ 3-18 행당1동 주민센터

3-13 ■ 3-15 행당1동 주민센터

를 만들어놓고 있다. 나무 사이에는 사람이 다닐 만한 숨통이 트여 있다. 받아들이는 사람 마음에 따라 열리고 닫힌 정도를 조절할 수 있다.

분당 단독주택에서는 옆 건물과의 경계부에서 건축적 충돌이 일어나고 있다. 혹은 기하 충돌이라고 볼 수도 있다. 들고남이 심하며 재료도 다양하다. 입체의 얼개는 조금씩 어긋나며 틈을 보인다. 때로는 구멍이 뻥뻥 뚫린 철판처럼 인위적 장치를 더하기도 한다. 개구부와 벽체 배치도 불규

3-16 ■ 3-17, 3-19 ■ 3-23 행당1동 주민센터

3-24 ■ 3-25 분당 단독주택

칙한 모습을 보인다. 공간의 켜는 극도로 다양해지며 긴장감을 불러일으킨다.

분당 단독주택에서도 수목과 재료를 이용해 공간의 켜를 다양하게 만들고 있다. 도로를 면한 쪽에는 대나무를 심어놓았다. 이 층은 네 면을 모두 목재 수평 띠로 처리했다. 심리적 상태에 따라 열리고 닫힘의 정도는 무한대로 다양하게 조절될 수 있어 보인다. 아날로그 개념의 단절적 연속에서 디지털 개념의 연속적 연속으로 바뀌고 있다.

경험적 지오메트리스트 |

자신의 건축 세계를 주변 현실 세계와 어울리게 하려는 시도는 어제오늘의 일은 아니다. 역사적 연속성이나 전통 등과 같은 통사적 고민이 강해지면 맥락주의나 지역주의가 된다. 한때 유행처럼 혹은 강박관념처럼 건축가들은 맥락과 지역성과 전통의 연장에 대해 얘기한 적이 있다. 그러나 김인철이 현실 세계와 어울리려는 태도는 매우 공시적共時的이고 경험적이며 그런 점에서 특수성을 지향한다.

물론 김인철의 건축 세

3-26

3-27

3-26 ■ 3-27
분당 단독주택

3-28 ■ 3-29 분당 단독주택

계를 결정짓는 현실도 결국은 한국적 맥락이며 한국적 상황이다. 그러나 여기에는 한국적 현실을 일반화하려는 통시적 시도가 빠져 있다. 맥락주의나 지역주의는 특수한 개별 상황을 보편적 조건으로 가정하는 일반화 과정을 거쳐야 성립된다. 이렇게 일반화 혹은 보편화된 지역다움은 때로는 정작 특수성이 정의되고 지켜져야 하는 개별 상황을 통제하고 지배한다. 한국다움을 둘러싸고 건축가들이 겪는 어려움이다. 김인철은 여기에서 한발 비껴나 있는 것처럼 보인다.

김인철이 자신의 건축 세계에 대한 결정 기준으로 상정하는 현실은 다분히 구체적이며 개별적이다. 안과 밖 사이의 경계를 지우는 것과 같은 일반화된 한국다움도 있기는 하지만 이것을 건축물로 풀어가는 과정이나 표현하는 매개 등에서 선험적으로 결정되는 가치 순위는 없어 보인다. 김

3-30 ■ 3-32 분당 단독주택

인철에게서 먼저 결정되는 것은 기하밖에 없다. 그러나 기하는 선험적 절대성을 갖지 않는다. 일정한 선을 넘지 않는 범위 내에서라면 개별 상황에 따라 다양하게 변신한다. 이런 점에서 김인철은 경험적 지오메트리스트이다.

4.

김인철 대담

■

어떻게 만드는지보다 무엇을 만들지를 궁리하고 있다

4. 김인철 대담

어떻게 만드는지보다
무엇을 만들지를 궁리하고 있다

임석재 소장님의 건축관은 한마디로 기하로 요약될 수 있을 것 같아요. 그러나 기하만으로는 건축이 되지 못한다고 생각해요. 거기에는 정밀한 각색과 번안이 필요하니까요. 기하를 통해 현실 세계를 담기 위한 소장님만의 건축적 고민은 무엇인가요?

김인철 내 건축이 기하적 특징을 보이는 것은 사실이에요. 그런데 내가 생각하는 기하는 도학적인 기하는 아니에요. 그보다는 관념적인 기하라고 하고 싶어요. 도학적인 기하는 복잡해질 수 있죠. 그런데 나는 기하가 단순해질 수 있는 한계에 관심이 많아요. 이것저것 군더더기라고 생각하는 것들을 지워내다 보니 단순해지는 겁니다. 그리고 내 궁극적 목적은 기하가 아니라 일상의 리얼리티에요. 이를테면 미니멀리즘의 개념으로 일상의 리얼리티를 재구성해보려고 한다고나 할까요. 일상성을 기하에 대응되는 개념으로 끌어오려고 하지만 공부가 모자라서인지 쉽지 않습니다.

임석재 기하를 사용하는 과정에서 몇 가지 공통적 주제를 보이시는 것 같아요. 이런 주제는 지속적으로 시도되는 것으로 파악되기도 했고요. 주변에 대한 열림과 닫힘의 문제는 그 가운데 대표적인 주제로 볼 수 있는데요. 굳이 이 주제가 두드러지게 나타나는 이유는 무엇인가요? 기하를 건축으로 번안하는 과정에서 파생될 수 있는 주제는 여러 가지가 있을 수 있는데 말이지요. 이 주제를 통해 추구하거나 표현하고자 하는 생각이나 가치관은 무엇인지요?

김인철 그 대답은 내 건물 속에 담기는 공간의 성격에서 찾아질 수 있을 겁니다. 나도 건축의 본질은 공간이라는 상식적 생각을 하고 있죠. 다만 그것이 담기는 공간이 아니라 흐르는 공간이 되게 하려 했습니다. 박제된 공간이 아니라 유기체 같은 공간을 말하는 거죠. 이런 공간이라면 열림과 닫힘은 굳이 서로 다르게 구별되지 않을 거예요. 열림과 닫힘을 이분법적인 코드로 보기보다는 일원론적인 상황으로 보고 싶은 거죠.

임석재 일원론이라는 말도 좋은 말 같지만, 상황이라는 말도 좋네요. 이분법을 코드란 개념에 대응시켰는데 이것과 대비되면서 일원론과 짝을 이루는 개념으로 상황이란 말을 쓰고 계시잖아요. 건축이 코드화된 규범이 되면 거기에는 어쩔 수 없이 가치 판단 같은 이분법적 구별이 생길 수밖에 없는데 소장님의 흐르는 공간에서는 그런 구별을 두고 싶지 않다는 말씀이지요. 열린 상태와 닫힌 상태가 그저 앞서거니 뒤서거니 하면서 같이 뒹굴고 있는 자연스러운 상황 정도가 소장님이 지향하시는 공간의 상태인 것으로 파악되는데요.

김인철 건축이 만들어낼 수 있는 본질적인 공간이 무엇일까를 탐구해오고 있습니다. 시작은 건축에서 했지만 건축을 초월해야 그런 본질적인 공간에 도달할 수 있다고 믿어요. 공간을 다루되 건축 속의 것이 아니라 구축의 한계를 초월하는 것으로 다듬어야 본질에 가까이 갈 수 있겠죠.

임석재 '흐르는 공간' 이라는 말도 적절한 표현인 것 같아요. 실제 소장님 작품들을 보더라도 주변 환경과의 연속성을 유지하려는 노력이 잘 구현되고 있거든요. 건물이 새로 대지에 앉으면서 주변이나 도시의 흐름과 잘 어울릴 수 있기가 쉽지 않잖아요.

김인철 맞아요. 내가 생각하는 '흐르는 공간' 이란, 길과 도시와 환경을 지속가능한 시스템으로 기능하게 해주는 공간을 말하는 겁니다.

임석재 그 개념 자체는 좋은데, 그런데 문제가 하나 있어요. '흐르는 공간' 이라는 개념은 본인 건축의 가장 기본적인 출발점으로 얘기한 미니멀리즘과 상충되지 않나요. 물론 공간이 단순해진다고 해서 꼭 흐르지 말라는 법은 없겠지요. 하지만 적어도 소장님의 작품들에서 이 둘은 상충되는 것으로 읽히거든요. 아니면 좀 심한 말로 하자면 포괄적 의미에서의 자기모순일 수도 있어요. 소장님이 재구성하고 싶어 하는 일상의 리얼리티야말로 지워내야 할 군더더기 아닌가요.

김인철 리얼리티도 리얼리티 나름이죠.

임석재 버려야 할 리얼리티와 지켜야 할 리얼리티가 따로 있다는 말씀인가요? 미니멀리즘이라고 해서 꼭 리얼리티를 버려야 되는 건 아니라는 말씀으로 이해해도 될까요. 이를테면 버려야 할 리얼리티와 지켜야 할 리얼리티를 구별해서 찾아내는 작업이 미니멀리즘이라는…….

김인철 그럼요. 리얼리티는 어떤 경우라도 끝까지 지켜져야 할 대상이에요. 적어도 내 건축에서는 말이죠. 건축으로 만들어지는 것은 결국 또 하나의 리얼리티입니다. 시작은 개념적이었다고 해도 건축 작업이 완료되는 순간 그것은 리얼리티가 되어버리죠. 일상이라는 리얼리티. 리얼리티를 버리면 건축은 성립되지 않는 것 아닐까요? 미니멀리즘이 버려야 하는 리얼리티는 현상적인 결과로 보이는 리얼리티예요. 그러나 리얼리티를 잘 들여다보면 미니멀리즘의 관점에서 끝까지 지켜야 할 것들도 있어요. 문제는 리얼리티를 건축가가 조절할 수 있느냐지요. 리얼리티가 되어가는 원인과 과정과 결과를 이해하게 된다면 건축은 리얼리티를 조절할 수 있어요. 내가 하려는 것도 그런 것이고요.

임석재 그렇다면 버려야 할 리얼리티는 무엇인가요?

김인철 음……. 그건 오히려 건축을 지배하는 선입견과 고정관념 같은 것일 겁니다. 너무 익숙해져서 옳고 그른 판단 대상에서 벗어나 있는 것들이죠. 나는 이것을 버리려 했고 그리고 익숙하지 않은 것들을 찾아왔어요. 이런 것들이 익숙하지 않다는 이유만으로 일탈이라거나 틀린 것이라고 미리 결론 지어버리면 새로움은 만들어질 수 없는 거죠. 당연히 그래왔던 건축의 관행을 다시 짚어보고 버릴 것과 남길 것을 추리는 작업을 하다 보면 자연스럽게 미니멀적인 결과로 나타나게 되어 있어요.

임석재 잠깐만요. 조금 애매해지는 것 같아요. 미니멀리즘이란 디자인의 문제인데 여기에 건축의 관행이라는 개념이 끼어든 것도 그렇고, 자연스러운 미니멀이라는 말도 그렇고……. 제가 보기에는 말이지요, 소장님 건축은 추상일 수는 있어도 적어도 미니멀리즘은 아닌 것 같아요. 이것은 디자인의 관점에서 보았을 때 과연 소장님이 리얼리티에 대해 어떤 기본 태도를 갖느냐의 문제예요. 작품들에서 읽히는 느낌으로 판단했을 때, 소장님은 미니멀리스트가 되기에는 리얼리티에 대한 집착을 많이 보이는 편이세요. 더욱이 리얼리티에 대한 냉소나 역설 같은 건 없잖아요. 맞지요? 그보다는 리얼리티와 어울리려는 입장이신데……. 스스로를 미니멀리스트라고 생각하시나요?

김인철 좋아요. 그럼 이런 건 어떨까요. 예를 들어 건축 이전의 일상적 리얼리티를 찾아낼 수 있다면, 그래서 이것을 건축화할 수 있다면 말이에요.

임석재 ……더 어려운데요.

김인철 맞아요. 아직 미숙한 것 같아요. 조화를 못 이루고 있어요. 할수록 건축이 어렵게 느껴져요. 리얼리티의 한계를 벗어나지 못한 것이 사실이에요. 이제 겨우 추상의 언저리에 와 있다고 여겨지기도 해요. 미니멀리즘에 이르려면 아직도 넘어야 할 산이 많은 것 같아요……. 임 교수님 말마따나 힘들게 정리한 냉소와 역설이 실현 과정에서 곧잘 흐트러지곤 하거든요. 새로움에 대한 이해를 얻어내고 충격에 대한 거부 반응을 넘어서려면 그리할 수 있는 설득력을 갖추어야 하는데 아직 공부가 모자라기 때문일 거예요. 그러나 한 가지, 나는 미니멀리스트이려고 해요.

임석재 미니멀리스트라는 말이 멋있기 때문은 아닌가요? 너무 무례한 질문이었나요?

김인철 아니, 괜찮아요. 그런데 틀렸어요. 미니멀리스트란 말이 멋있은 건 사실이지만 그 때문에 미니멀리스트가 되려는 건 아니고. 그냥 내 건축관이 바로 그것이기 때문이죠.

임석재 다시 열림과 닫힘 얘기로 돌아갈게요. 이 주제는 흔히 얘기하는 건축가 개인의 자아다움 같은 내면적이고 심리적인 문제와 연관성을 갖는 것이 보통이잖아요. 예를 들면 어릴 적 기억에서 유추되는 정신분석 같은 거 말이에요. 한때 이런 해석이 유행하긴 했지만 이제는 진부하게 받아들여지지요. 판에 박은 말장난 정도로 취급되기도 하고요. 그럼에도 건축가의 작품을 이해하는 데 일정 부분은 여전히 유용해 보이기도 하는데요. 소장님의 경우에도 이런 식의 심리 해석이나 정신분석 같은 해석이 가능한가요? 열림과 닫힘이라는 한 가지 주제가 지속적으로 나타나는 배경에 대해서 말이지요.

김인철 어릴 때 상당히 큰 일본식 목조건물에서 살았어요. 뒷마당에 깊은 우물이 있었는데 김장이 끝나면 그 우물을 청소하곤 했어요. 삼촌이 무등을 태워서 바닥까지 내려가본 적이 있어요. 어떤 느낌이었는지는 정확히 기억에 없지만 그 뒤 한동안 가위눌리는 날이 계속되었죠. 크면서 잊었는데 그 기억이 되살아난 게 인도에서 아마다바드Ahmadabad의 스텝 웰stepwell에 내려갔을 때랑 로마의 판테온에 들어갔을 때였어요. 처음 보는 건물인데도 어디서 본 것 같은 익숙함이 느껴지더라구요. '데자뷔' 같은 거라고 할까요. 물론 두 건물 모두 까마득히 올려 보이는 둥근 하늘 때문이었겠죠. 어릴 때 우물 속에 내려가서 올려다본 하늘과 같은 느낌이었던 것 같아요.

임석재 그러니까 어릴 적 우물 속 기억이 가위눌릴 정도의 큰 충격으로 소장님 잠재의식이나 무의식 속에 뿌리를 내렸다는 얘기군요. 그러면서 작품 경향을 알게 모르게 결정 짓는, 눈에 안 보이는 내면적 배경으로 작용했을 거구요. 컴컴한 우물 속에 들어가면 사방의 벽이 자기를 향해 옥죄어 오는 것 같고, 무섭고 숨이 막히는 것처럼 답답하고 까마득한 심연 속으로 빨려 떨어지는 것 같고, 그런 가운데 저 위에 둥근 하늘 하나가 보이고……. 이런 공간의 기억이 안과 밖, 나와 남, 경계의 열리고 닫힌 정도 등에 관한 건축적 탐구를 낳았을 테고……. 뭐 이런 해석이 가능한 건가요?

김인철 정확한 것 같아요. 잘 해석했어요.

임석재 소장님 작품을 보면 열림과 닫힘 사이에서 적절한 균형점을 찾으려는 의지를 강하게 읽을 수 있어요. 이것 역시 어릴 적 무서웠던 기억을 탈피하려는 노력에서 나온 것이겠군요. 자기를 옥죄던 우물 벽을 허물고 저 위의 바깥 세계로 나가고 싶어 하는 바람 같은 것 말이에요.

김인철 그렇지요.

임석재 그런데 소장님 작품을 연차적으로 따라가다 보면 열림과 닫힘 사이의 관계에서도 변화를 찾을 수 있어요. 초기 작품인 하저교회에서는 기하의 완결성에 집착했던 것 같고 그 때문에 주변에 대해서 많이 닫힌 상태로 나타난 것으로 파악했고요. 그 이후의 작품들에서는 주변에 대해서 열리기 시작하는 변화를 감지했어요. 시간이 지나면서 주변에 열리고 그것을 통해 주위 환경과 교감하려는 정도가 조금씩 증대된다고 봐도 좋을까요? 아니면 아예 이런 경향을 공식 같은 걸로 정리해주실 수 있으세요? 대표작을 예로 들어주시면서요. 제가 먼저 간단히 예를 들면, 산성교회에서는 복잡계complexity의 초기 단계 모습을 통해, 그리고 김옥길기념관에서는 건물 얼개 사이의 틈새로 들어오는 빛을 통해 주변에 대해 열려는 시도를 하고 계시거든요.

김인철 하저교회에서도 열림을 생각했지만 이분법적인 한계를 극복하지 못했어요. 그 후 갈현동의 경신교회에서 상징적인 열림을 만들려고 했는데 이번에는 건물의 완성도가 떨어져 미흡했고. 그러다가 한동안 노매드와 쿼트로 같은 다가구주택을 만지면서 작은 공동체 내에서 구성원들 사이, 그리고 공동체와 바깥세상 사이의 소통을 주제로 삼아 여는 방법론을 실험해보았어요. 그때 '통로-길' 이라는 주인 없는 공간에 주목하는 발전이 있긴 했죠. 그러나 이때 했던 실험도 점유와 공개의 병치 정도에 지나지 않았던 것 같아요. 이런 처리는 그저 또 다른 이분법적 구성으로 끝나버리더군요.

가능성을 찾은 작업이 행응 어린이집이었어요. 이 건물에서도 단위의 형식은 병치였지만 영역으로는 통합을 이룰 수 있을 것으로 기대했죠. 그런데 완성되자마자 그곳 운영자가 빈 곳을 메워버렸어요. 그냥 혼자만의 확인으로 끝나고 만 거죠. 비슷한 시기에 산성교회와 김옥길기념관을 만들었어요. 산성교회에서는 경계를 공간화해서 영역의 한계를 투명하게 해보려 했는데 좀 오버한 것 같아요. 표현과잉이랄까, 그냥 몸짓만 크게 하고 만 것처럼 보이잖아요. 원래 의도를 까먹은 거죠. 이때 깨달은 건 몸체는 닫힌 채 두고 곁가지만 가지고 하는 열린 몸짓은 궁극적 해결책이 아니라는 거였어요. 그래서 김옥길기념관에서는 몸체 자체를 열어놓은 거예요. 작은 규모여서 가능하기도 했지만 크기에 관계없이 주변의 공간과 일체화하는 방법론을 생각하게 된 거죠. 그런데 이런 변화의 경향을 공식화하기에는 아직 좀 그래요……. 변화하는 도중이어서 스스로 정리하기가 어려워요. 임 교수님이 한번 해줘봐요.

임석재 언제 기회 되면요. 이번에 소개되는 근작 세 편(성수 어린이집, 행당동 사무소, 분당 단독주택)에서는 대지 경계부를 계단, 램프, 출입구 등과 같은 동선 영역으로 처리하는 공통점이 보이거든요. 물론 이런 경향은 이전 작품들에서도 나타나는 것이기도 하지요. 이런 처리 경향이 갖는 건축적 의미를 설명해주세요.

김인철 건축이 개체만으로는 성립되지는 않는다고 봐요. 공공성이나 장소성이 자주 거론되는 이유이기도 하겠지요. 경계부는 막는 곳이 아니라 여는 곳이 되어야 합니다. 울타리에 익숙한 고정관념으로는 받아들이기 어려울지 모르지요. 그러나 대지의 경계는 건축이 도시와 접촉하는 접속부예요. 따라서 경계부를 이런 접속을 위한 동선 영역으로 처리하는 건 당연하죠. 이렇게 하면 안과 밖의 구분이 무의미해지거든요.

임석재 경계부가 내 건물과 밖의 도시를 하나의 연속적 흐름으로 만들어주게 하겠다는 거군요. 이를테면 경계부가 단순한 대지 경계선 같은 선이 아니라 하나의 영역이랄까…….

김인철 그렇죠. 경계부를 공간화하려는 겁니다. 요즘은 경사로, 계단, 출입구 외에도 다른 가능성을 찾고 있어요.

임석재 음……. 죄송한 말씀이지만, 지금 하신 얘기는 제가 파악한 내용과 안 맞는데요. 행당동 사무소를 보면 말이지요, 옆 건물과 면하는 부분을 계단으로 처리하면서 강하게 구획을 긋고 있거든요. 동쪽 면 말이에요. 일 센티미터라도 침범하면 안 돼, 라고 말하는 것 같아요. 이건 도로를 면한 쪽도 마찬가지예요. 도로를 면한 두 변 가운데 나무를 심지 않은 쪽을 콘크리트 벽으로 막고 램프를 거셨잖아요. 사람의 이동을 담당하는 동선 부재가 들어가기는 하지만 굵은 선 하나가 금 긋기를 하고 있는 것 같아요. 램프의 길이도 사실 건물 규모에 비해서 매우 길고요. 주변과 어울리고 싶어 하지 않는 것으로 보여요. 오히려 남쪽 끝의 뾰쪽한 부분, 그러니까 대지 전체로 보면 삼각형의 꼭짓점에 놓이는 계단실 처리가 더 조심스러워 보이거든요. 주변과 어울리고 싶어 하는 것도 더 많은 것 같고요. 그런데 이 부분은 건물의 외진 곳이어서 전체 인상에 큰 도움을 못 주고 있어요. 가장 중요한 두 변을 다루면서 오버액션 했다는 느낌이 드는데요…….

김인철 그건 열림과 닫힘으로 변주를 하려고 했기 때문일 겁니다. 삼각형의 대지가 갖는 강한 형상을 숨기거나 완화하기보다 표현하고 강조하려고 했어요. 삼각형 땅에 설계하기가 얼마나 어려운지……. 정방형의 유효 공간을 확보하고 나면 어쩔 수 없이 조각 땅이 남는데 그곳을 쓸모없는 나머지로 버려두고 싶지 않았어요. 그래서 생각해낸 방법이 끌어올리고 틀을 만드는 거였어요. 임 교수님 눈에는 그게 다소 과장되게 나타났나 보군요……. 그래도 복잡한 형식이 될 수도 있는 걸 굉장히 단순하게 만든 거예요. 아니, 어쩌면 그 말이 맞을지도 몰라요. 내 의도와 달리 아마 대지의 조건이 형태적인 과장을 이미 결정하고 있었을지도 모르죠.

임석재 저는 지금 형태의 과장이나 단순함을 얘기하는 게 아니에요. 물건은 잘 만드셨어요. 보기 좋단 말이지요. 그런데 땅을 너무나 강하게 그었어요. 마치 어릴 때 초등학교 시절 책상을 절반으로 딱 나눠서 금 그어놓고 옆 짝꿍 연필이나 공책 같은 게 넘어오면 자르던 일처럼 말이에요. 선은 그렇게 쓰라고 있는 건 아니라는 생각이에요. 적어도 소장님의 건축에서는 말이에요.

김인철 도로 쪽 경사로의 지지벽은 중간 지점에서 나누어 경계가 허물어지도록 하긴 했는데……. 충분하지 못해 보인다면 달리 변명은 안 할게요. 이웃 건물과의 사이에 놓인 계단 역시 안쪽에 자리 잡은 슬럼화된 건물군을 가리고 1층의 어린이집이 공간을 확보할 수 있게 하는 장치로 설정한 거예요. 이 부분은 어린이집이라는 프로그램과 함께 읽어야 돼요. 비록 자투리지만 계단의 안쪽은 어린이집의 외부 공간이 되거든요…….

임석재 근작 세 편의 또 다른 공통점으로 벽면의 투명도나 개방도를 다양하게 하려는 시도를 하고 있는 것으로 보여요. 성수 어린이집의 계단실에 쓴 철망이나 유리 박스로 된 계단실 자체가 그렇고요. 분당 단독주택에서는 목재 수평 띠와 구멍 뚫린 문을 쓰셨고 대나무도 쓰셨지요. 행당동 사무소에서는 마당에 나무를 심어서 이용하시려는 것 같고요. 이런 처리들은 공간의 켜를 하나 더 만들려는 의도로 읽히기도 하는데요. 이런 의도를 통해 시도하는 목적은 무엇이지요?

김인철 건축은 어차피 구축된 결과로 표현되잖아요. 이건 누구도 피해갈 수 없는 거죠. 이 때문에 건축은 매우 딱딱한 질감이 된다고 생각해요. 마무리의 재질과 색깔 같은 걸로 조절할 수 있다고 하지만 근본은 같죠. 딱딱함을 이런 식으로 감추려다 보면 오히려 과장되거나 조작되기 쉬운 위험성이 있기도 해요. 내 생각에는 재료의 속성이 이 문제를 조금은 해결해 줄 수 있다고 봐요. 표면이 아닌 속성 말이죠. 재료의 속성을 이용하면 투명함과 부드러움을 얻을 수 있다고 보여요.

임석재 그렇다면 공간의 켜를 다양하게 하시려는 의도는요?

김인철 공간에 켜를 삽입하려는 것은 공간감을 물성화해보려는 의도에서예요. 필터로 사용하는 성근 메탈 패브릭이나 루버louver의 형태는 소재의 선택에 따라 다양한 효과를 만들어내거든요. 아직 심지 않았지만 행당동 사무소 광장의 나무는 공간의 켜를 만드는 소재로 자연의 것을 능가하는 것이 없다고 생각해서 썼어요. 좀 멋있는 말로 비유를 해보자면 나한테 선운사의 동백 숲은 붉은 꽃이 아니라 그림자의 깊이로 인상에 남아 있다는 거죠.

임석재 분당 단독주택의 경우 옆집과 면하는 부분의 조형 변화가 심하던데요. 소장님의 통상적 모습과 매우 다르다고 느꼈어요. 기하 충돌이나 건축적 충돌을 일으키고 싶어 하는 것처럼 보이거든요. 특별한 이유라도 있나요? 경계부를 조심스럽게 다루던 모습과 차이가 느껴지는데…….

김인철 이 주택은 이미 1994년에 한번 작업한 거예요. 이때 만든 설계는 나뉜 몸체가 저절로 경계가 되는 개념으로 계획되었죠. 그 설계는 지어지지 못했어요. 그 후 시간이 지나 건축주가 결정되고 나서 설계를 다시 했어요. 이번 디자인은 뭉쳐져 있어요. 주거 공간의 구성이 전보다 단순해졌는데 이 때문에 이웃의 아기자기한 스케일에 비해 두드러져 보일 수도 있겠죠. 또 하나는 대지가 윤승중 선생과 민현식 교수의 작업 사이에 끼어 있는 형국이었어요. 그래서 충돌을 피할 수 없었는지도 모르죠.

임석재 이 두 분을 의식하지 않으실 수 없었다는 얘기 같으신데……. 좀 유치한 질문 같지만 한 번 붙어보자, 뭐 이런 심리라도?

김인철 그보다는 내 자신의 문제겠죠. 가로의 연속성을 유지하는 것과 자기완성의 욕구가 빚어내는 모순의 결과임을 부정하지 않겠어요. 전면에 대나무의 스크린을 만들어 몸체를 가린 것도 그런 이유에서죠. 그러나 좌우 환경이 많이 달랐어요. 이미 정해져 있는 양쪽 경계의 성격이 일일이 대응하기에는 서로 달랐거든요.

임석재 주변과 어울리다 보면 정작 작품이 중구난방이 될 것 같았겠군요. 작품은 내 건데 남의 장단에나 맞춰주는 것 같은…….

김인철 맞아요. 그래서 결국 내 스스로가 완결되는 게 우선이라는 생각이었어요. 그렇다고 해서 주변을 고려하지 않은 건 아니에요. 이 경우 관심을 둔 경계는 공원과 접하는 남쪽과 진입부인 북쪽이었어요.

임석재 이미 의인화된 캐릭터를 획득한 좌우의 두 건물보다는 앞뒤의 중성적 환경에 맞추려 했던 거군요.

김인철 그런 거죠. 대지를 보면 도시와 자연의 중간점에 있거든요. 두 요소 사이의 접점을 찾아야 했는데 1994년 설계에서는 비켜섰어요. 근데 이번에는 마주서서 열리도록 한 겁니다.

임석재 건축가들이 기하를 사용할 때는 일차적으로는 자기 완결성을 추구하는 것이 보통이잖아요. 그래서 대개 지오메트리스트는 개성도 강하고 자아도 강한 편인데요. 그러나 건축은 건축가 개인의 문제에 머물 수 없는 공공적 성격이 강한 장르라는 중요한 사실이 있지요. 이 때문에 기하를 사용하는 건물에서는 건축가의 자기 완결성이 현실적 문제와 충돌을 일으키는 경우가 많이 일어난다고 봐요. 소장님은 이 문제를 잘 인식하고 있고 이것을 피해가거나 해결하려는 시도를 비교적 많이 보여주는 편으로 이해하고 있어요. 그럼에도 문제점이 느껴지는 경우가 있어요. 예를 들어 이번 성수 어린이집은 어린이들을 위한 공간치고는 삭막하지 않나요?

김인철 행응 어린이집의 경우에도 같은 지적을 이일훈 씨에게서 들었어요. 무표정하고 단순한 자기 완결성과 친절하고 복잡한 현실적 배려 사이에서 갈등했어요. 행응 어린이집도 그랬고 이번에도 그랬고. 전자를 택했어요. 그러니 같은 욕을 먹죠. 현실적 배려라는 명분이 자칫 결정론으로 흐르는 위험을 피하고 싶었어요. 문제를 외면하려는 것은 아니에요. 건축 공간에서의 프로그램은 사용자에 의해 결정되어야 하는 것이 맞다고 생각해요. 건축가가 어린이용이라고 미리 정해서 만들어내는 조형이 꼭 정답이라는 보장이 없잖아요. 이런 건 전부 건축가의 계몽주의적 자세라고 생각해요. 이런 자세가 언제까지 계속되어야 하는지 알 수도 없고…….

임석재 하지만 추상이니 미니멀리즘이니 하는 것들은 더 어렵고 더 계몽적인 생각 아닌가요?

김인철 건축의 역할은 가능성의 확보와 보장이면 충분하다고 봐요. 삭막하게 느낀다면 그렇지 않도록 공간을 다듬고 만들어가면 되겠죠.

임석재 자기 완결성은 그러한 가능성조차 없애버리기가 쉬운데 그렇지 않은 것으로 충분하다는 말씀이신가요?

김인철 그렇죠. 성수 어린이집은 그런 동기를 부여한 셈이지 않을까요?

임석재 다소 말잔치 같은 느낌인데……. 기하라는 건축적 가치는 선험적으로 정해지지요. 그러나 어린이집이라는 조건은 구체적 상황으로서 경험적 해결을 요구한단 말이지요. 이 둘 사이에 어느 것이 우선권을 갖는가는 건축가의 근본적인 고민일 거예요. 좋은 건물이란 선험적 가치를 잃지 않으면서 이것을 통해 구체적 상황을 만족시키는 것이 아닐까요. 그런데 성수 어린이집에서는 기하의 선험성이 강요되는 것 같아요. 외관, 프로그램 해석, 구상적 장치, 기하 해석, 디테일 등 여러 부분에서 어린이를 위한 배려가 결여되어 있단 얘기지요. 기하를 이용해서도 어린이를 위한 장치를 만들 수 있지 않나요?

김인철 만들 수 있죠. 그럼요. 그런데 문제는 어린이에 대한 배려가 무엇인가 하는 것이죠. 건축이 어린이에게 배려해야 하는 것은 안전성이지 유희적 형태나 기능은 아니라고 생각해요.

임석재 괜히 어린이를 위한 조형 장치라고 만들었다가 그게 애들 다치게 하는 것보다는 많이 비워두는 것이 더 좋다는 말씀이군요. 그렇게 보면 성수 어린이집에서는 그런 위험성은 없긴 한데요. 그렇더라도 그냥 비워두는 것만으로 건물의 건축적 가치가 결정되는 거라면 누구다 다 잘할 수 있는 거 아닌가요?

김인철 그렇게 무기력하게 풀지는 않았어요. 어린아이의 특징인 상상의 가능성을 건축의 구체적인 제시로 방해하지 않으려고 했지요. 더구나 어린이집에서는 관리자 위주의 편리함도 우선이 아니겠죠. 물론 이런 건 있어요. 나름대로 치수와 디테일의 처리에 많은 신경을 썼음에도 이것들이 잘 드러나 보이지 않는 것은 기하적인 단순함이 결정적이기 때문일 거예요.

임석재 이 대목은 기하의 선험성이 구체적 상황을 앞섰다는 얘기로 들리는데요…….

김인철 그게 전부는 아니지만, 그래 이 대목에서만은 그럴 겁니다.

임석재 기하의 완결성을 훼손하지 않으려고 어려워했을 거라는 게 느껴지기는 해요.

김인철 그래요. 마당 구석에 꽃사과 한 그루를 심은 것이 나로서는 큰 배려였어요. 아무래도 유희적인 기하를 만들기에는 아직 역부족인 듯싶기도 하고…….

임석재 계단의 폭을 넓게 한 처리 등이 어린이들을 위한 배려의 좋은 예라고 생각해요. 그것이 안전을 위해서건 상상의 가능성을 위해서건 말이지요. 그러나 한편으로 제가 직접 그 넓은 계단을 여러 번 오르내리다 보니까 다른 생각도 들더라고요. 이것도 결국 어른의 입장에서 결정된 조형 요소가 아닐까 하는 생각이었어요. 리듬감을 다양하게 하려는 조형 의도로 느껴졌기 때문이지요. 동시에 전통 사찰에서 발견되는 비슷한 예가 떠오르기도 했고요. 이런 것은 전부 어른들 세계에서 오가는 얘기잖아요.

김인철 계단참의 폭을 달리한 것은 리듬감의 조형화이기보다는 계단의 구성을 통과 동선이 아닌 놀이 공간으로 만들려는 의도에서였어요. 사찰의 가파른 계단에는 숨고르기의 여유가 필요하겠지만 어린이에게 계단은 놀이의 장소가 될 수 있을 것이라 생각했거든요. 철망을 타고 오르는 아이들이 다칠까 원장이 전전긍긍해서 철망의 규격을 신중히 결정하지 못한 것이 아쉽지만 철망을 그림과 공작물 전시판으로 사용하게 되면 곧 익숙해질 겁니다. 그렇게 되면 주의도 많이 기울이게 될 거고요.

임석재 이 건물을 보러 가기 며칠 전에 이런 일이 있었어요. 둘째 딸이 음료수를 먹고 싶다고 해서 편의점에 들어가서 큰 종이컵에 환타를 가득 담아주었어요. 맘껏 먹으라는 어른의 배려였지요. 그러나 아이는 그 컵을 놓치며 환타를 다 쏟았어요. 처음에는 아이를 야단치려 했어요. 그러다 문득 깨달은 게 있었어요. 컵이 아이 손에는 너무 커서 들 수가 없었던 거지요. 고사리 같은 손으로 어른한테도 큰 컵을 들으려다 미끄러워 놓친 거예요. 아이는 야단맞을 것을 두려워하면서도 한편으로는 환타를 마시지 못하게 된 것이 아쉬운 듯 쩝쩝 입맛을 다셨어요. 가슴이 많이 아팠겠지요. 며칠 동안 이 일이 머릿속을 떠나지 않았어요. 그러다 성수 어린이집을 보는 순간 그 일이 오버랩되더군요. 어른들이 좋은 것이라고 믿고 주는 것이 어린 아이들에게 다르게 받아들여질 수 있다는 생각을 하게 되었어요. 이 문제는 건축가가 생각하는 가치 순위와 사용자의 기대 사이의 불일치 문제로 확장할 수 있을 것 같아요. 이런 불일치는 특히 기하 추상 경향을 추구하는 건축가들에게 많이 발생하기도 하고요.

김인철 건축의 가치 순위와 사용자의 기대가 엇갈리는 경우에는 어느 한쪽이 일방통행을 했기 때문이라는 생각은 들지 않아요. 그보다는 일탈이라는 낯설음에 대한 보편적인 반응이 아닐까요. 이런 거죠. 환타를 따르기 전에 작은 컵을 찾았어야 했어요. 아니면 아이가 들 수 있는 양을 고려했든지. 어른이 들고 먹여주는 것도 방법일 수 있겠죠. 이건 결국 아이가 환타를 원했다는 사실과 그에 대한 해결이라는 상징적 문제예요. 어른이 할 수 있는 것은 환타를 아이에게 주는 것인데 어떻게 주어야 하는지는 놓인 상황이 결정하는 것이니까 정답이 없어요. 임 교수님의 느낌처럼 아이의 입장이 우선되어야 하는 것은 당연하지만 그 입장 또한 어른이 해석하는 것이어서 여전히 정답은 찾아지지 않아요. 건축의 딜레마는 기하와 추상의 문제이기보다 더 근원적인 것이 아닐까, 라는 생각이 듭니다.

임석재 소장님 작품에서는 열림과 닫힘의 문제 이외에도 기하를 사용하면서 몇 가지 주제를 가지고 계속해서 고민하는 공통점이 발견되거든요. 어떤 것들이 있으며 그 의미는 무엇인지 설명하신다면요.

김인철 공간의 성립이란 점에서 건축의 형태를 중성화하려는 시도에 한동안 집착했어요. 그 이후의 관심은 그 공간으로 무엇을 할 수 있는지 탐색하는 것이었고요. 공간의 무한성을 이 땅의 건축적 전례와 연결하고 싶고 또 오늘의 도시에서 얼마큼 유효한지를 확인하려는 목적에서죠. 하지만 공간의 중첩과 통합이라는 방법론을 구체적으로 적용하기 위해 스스로 구속하지 않으려 해요. 재료의 물성이나 구축의 방법 등 가능성 있는 것이라면 모두 점검해보려고 하고 있어요. 예를 들어 물성의 탐구를 통해 이루려는 것은 물성의 구사와 가장 잘 어울리는, 즉 물성의 구사를 통해 가장 잘 구현될 수 있는 추상성 같은 거예요.

임석재 근작 세 편에서는 모두 건축적 볼거리를 제공하려고 고민한 흔적이 보여요. 이런 고민은 두 가지 방법을 통해 시도되는 걸로 파악되고요. 재료의 다양화와 양식 요소의 차용이 그것이지요. 그 결과 건축적 풍경 정도로 부를 수 있는 볼거리 장면들이 만들어지고 있어요. 이런 입장은 기하 자체와 콘크리트에 집착하던 이전 경향에서 벗어나기 시작하는 변화로 읽히기도 하는데요……. 이를테면 유리, 금속재, 목재 등 다양한 재료의 사용이 증가하고 있고요. 또 양식 요소의 차용은 공간의 얼개를 풀어보려는 시도를 통해 나타나는 것으로 파악되고요. 성수 어린이집의 계단실을 유리 박스로 처리해서 그로테스크한 모습으로 보이게 했고요. 분당 단독주택에서는 벽과 벽이 마주치는 모서리 부분의 얼개를 풀어보려는 시도가 읽히고요. 행당동 사무소에서는 건물 본체에 네오 코르뷔지안 어휘를 차용하고 있어요. 이런 시도는 모두 후기 모더니즘 경향으로 분류될 수 있는 것들인데요. 모더니즘에 대한 소장님의 입장을 정의해주시지요.

김인철 스타일의 문제라면 모더니즘은 관심 밖입니다. 그보다 모더니즘이 었어야 하는 내용에 공감하고 있어요. 역사와 문화의 관점에서 모더니즘이 필연적인 것이라면 우리에게도 당연히 적용되어야 하는 것이지만 문제는 시간과 장소의 차이가 있다는 거죠. 모더니즘은 여전히 유효하죠. 다만 나의 모더니즘이 무엇인가는 간단히 정리하기 어려워요. 지금 이곳에서 내가 하고 있는 일이 어떤 사조나 경향과 동조하고 있다고 보지는 않아요. 그러나 양식에서 완전하게 자유로운 창작이 없다고 한다면 참조와 차용은 선택의 범주에 속하겠죠.

임석재 근작 세 편에서 제공되는 건축적 볼거리는 분명히 이전 작품들보다 재미있는 풍경을 만들어주는 것은 사실이에요. 그러나 기하의 순도를 떨어뜨리면서 애매한 상태로 만들어버리는 위험성도 있는 것 같은데요. 예를 들어 성수 어린이집의 계단실 유리 박스, 분당 단독주택의 목재 수평띠, 행당동 사무소의 네오 코르뷔지안 어휘들은 사실 다른 건축가들 작품에서 많이 보던 장면이거든요. 죄송합니다. 이런 문제는 건축가들이 제일 예민해하고 듣기 싫어하는 말이라는 건 잘 아는데……. 그래도 논의의 편의를 위해서……. 특히 행당동 사무소의 예는 1990년대에 네덜란드나 벨기에의 네오 코르뷔지안 건축가들이 많이 사용하던 어휘거든요. 이런 기성 어휘를 차용한 뒤 이것을 기하 윤곽으로 감싸는 처리는 자연스러움이 결여된 무리한 방법이 아닐까 하는 느낌이 드는데……. 이 문제에 대해서 한 말씀 해주시지요.

김인철 건축의 구법과 재료는 선택의 카테고리가 한정적일 수밖에 없어요. 다만 그것의 사용이 독창적인가 아닌가가 문제죠. 다시 말해 무엇을 사용하는지보다는 어떻게 사용하는지가 문제라는 얘기입니다. 이번 작업의 구법과 재료가 기왕의 예와 유사함이 감지된다면 의도의 여부에 관계없이 인정하겠어요. 하지만 그런 어휘에 공감하게 되는 것은 동시대적인 상황이기 때문일 겁니다. 건축에서는 이런 것들이 인정되어야 해요. 어느 것이 먼저 쓰였느냐에 따라 건축가의 독창성 여부를 판단하는 것은 납득하기 어려워요.

임석재 하긴, 그 사람들이라고 그런 어휘들을 제일 처음 썼다고 누가 장담하겠어요? 건축이 '세계 최초'라는 기록 싸움이 아니라는 점에는 저도 강하게 공감해요.

김인철 또 기하적인 순수성이 그로 인해 애매해진다는 것에 대해서도 내 생각은 달라요. 기하의 엄정함에 기대고 있지만 궁극적으로 도달하려는 목표는 그로써 추상화되는 감성의 완성입니다.

임석재 기하가 중요하기는 하지만 그 자체가 목적은 아니라는 말씀이시군요. 이 말은 기하를 작도가 아닌 개념으로 정의하신다는 첫마디와 같은 말로 이해되는데요.

김인철 어휘의 선택과 표현이 세련되지 못하고 자연스럽지 못하다 하더라도 개념적인 질서로서의 단순성은 계속 유지하려고 하고 있어요. 이게 내가 생각하는 기하의 범위입니다. 다만 질서가 표면으로 드러나기를 멈추고 내재하는 것이 되어야 한다는 생각을 하고 있긴 해요. 이건 그동안 해왔던 작업의 방향이 매우 결과 위주였다는 반성을 하고 있기 때문이죠.

임석재 한국 현대건축가들의 강박관념이자 영원한 미제未濟인 한국다움의 재해석이란 주제에 대한 소장님의 건축적 입장은 무엇인가요? 적어도 소장님 연배의 분들에게는 이 문제를 모더니즘의 문제와 분리시켜 생각할 수 없는 것 같아요. 예를 들어 소장님의 지속적 관심인 리얼리티의 재구성이나 일상성의 끌어들임 같은 문제도 넓게 보면 이 주제에 속할 수도 있다고 생각하거든요. 그런데 지금까지 보면 소장님은 전통 문제에 대해서 목소리를 높인 것 같지는 않아요.

김인철 지금까지 줄곧 찾으려 했던 것은 당연하게 한국다움이었어요. 그러나 그것을 표면에 내세우기에는 정리해야 할 것이 너무 많았죠. 기왕의 논의들이 마땅치 않았을 뿐만 아니라 그 과정 또한 전근대적이라고 느꼈거든요. 지금 필요한 논의는 집단이 아닌 개체의 정체성일 겁니다.

임석재 그렇다면 모더니즘, 그리고 한국다움의 재발견이라는 문제는 이제 집단적 논쟁이 아닌 개인의 창작 영역으로 넘어갔다는 말씀이신가요?

김인철 그렇죠. 창작하는 주체인 개인의 개성 넘치는 생각과 관점이 우리나 이곳이라는 집단적이고 지역적인 가치로 대변되는 것은 어색할 뿐이에요. 그동안 우리의 발목을 잡고 있었던 집단적 횡포 같은 족쇄와 다를 게

뭐 있나요. 중요한 건 자기완성입니다. 자기완성이 선행되었을 때 그것이 기댄 집단적 가치는 밝혀지게 되어 있어요. 이 순서가 옳다면 탐색의 과정을 내세우기보다 내재하는 요소이면 충분하다고 생각해왔어요. 한동안 전통에서 벗어나고 싶기도 했어요. 나 스스로는 전통으로부터의 졸업이라고 말했었는데, 이때는 전통을 프로파간다로 삼는 어리석음을 저지르고 싶지 않았거든요. 한국다움은 나에게 리얼리티의 하나이지만 그것만으로 내가 결정될 것이라는 작정은 하고 있지 않아요. 나는 나일 뿐. 내가 있고 전통이 있는 거지 전통 속에 내가 있는 건 아니지요. 적어도 건축가라는 입장에서 보자면…….

5.

기하, 중심, 대비적 균형

■

임재용 비평

5. 기하, 중심, 대비적 균형

임재용 비평

형태계와 기하 분산 |

문호리 주택과 일산 주택 II는 서로 닮았지만 다르다. 닮았다는 것은 건축가의 확실한 자기 어휘가 있다는 뜻이다. 다르다는 것은 이 어휘가 주어진 조건에 따라 변형되고 있다는 뜻이다. 두 주택 모두 기하 형태를 기본 요소로 삼아 구성된다. 그러나 기하 형태는 분산적으로 처리되면서 본래의 정형적 윤곽을 가늠하기 힘들어 보인다. 이 과정에서 건축 공간이 탄생한다. 분산된 기하 형태는 사선으로 나타나기도 하고 기하 조각으로 남기도 한다. 이런 관찰을 거쳐 임재용의 건축 경향을 추출할 수 있다. 임재용은 기하 충돌과 유기 분화 사이에서 갈등하고 사선과 사각형을 대비시킴으로써 형태계와 복잡계 사이의 중간 지점쯤에서 자신의 건축 세계를 정의한다. 이런 조형 경향은 실제 지어진 건물에 적용되는 과정에서 다르게 표출된다. 문호리 주택과 일산 주택 II는 그 좋은 예이다. 적어도 이 두 건물에서 임재용은 이와 같은 자신의 건축관을 기초로 발산과 중심의 문제에 대해 고민하고 있는 것으로 보인다.

임재용의 건축은 기하학적 세계관에 강하게 집착한다. 기하 형태의 조합으로 분해 가능하다. 건물이 구성되는 과정을 기하 형태의 조합으로 추적할 수 있다. 문호리 주택에서는 여러 개의 육면체가 서로 어울리면서 건물 전체의 윤곽을 형성한다.5-1, 5-2 사각형의 조합으로 하나의 완결된 건축 세계를 정의할 수 있다는 확신을 보여준다. 일산 주택 II도 크게 달라 보이지 않는다. 원통형 입체를 더한 점과 건물을 구성하는 육면체가 단일 입

5-1

5-2

5-1 ■ 5-2 문호리 주택

체로 보인다는 점 정도가 차이일 뿐이다.[5-10, 5-11]

임재용의 건물들에서 기하 형태는 프로그램과 기능을 담고 맥락과 환경에 대한 건축적 태도를 결정한다. 현실적 조건에 앞서서 건물의 특성을 먼저 결정하는 제1 요소의 기능을 한다. 임재용의 건축에서 기하는 모든 것의 상위에 있는 포괄체로 정의된다. 기하에 우선권을 두는 점에서 임재용의 건축은 일단 형태계의 범위에 속하는 것으로 볼 수 있다.

그러나 기하 구사 경향은 그다지 상식적이지 않다. 단순히 형태계에 속하는 것으로만 보기에는 분산적 의지가 읽힌다. 기하 형태는 온전한 윤곽을 유지하지 못한다. 심한 손질이 가해진 흔적이 보인다. 형태계에 묶여 있기를 거부하는 것 같다. 기하 구사 경향을 형태계로 보는 기준은 두 가지이다.

한 가지는 기하 형태가 갖는 근원성을 강하게 주장하며 정형적 질서를 강요하는 경우이다. 그 근거로 흔히 기하에 내재된 소우주의 질서 같은 것이 거론된다. 기하는 대우주 구성 질서를 축소한 소우주이기 때문에 최고의 정신적 가치를 지닌다는 뜻이다. 이런 기하관은 유클리드 기하학을 바탕으로 삼아 구축된 절대주의 건축관의 기본을 이룬다. 다른 한 가지는 기하 형태가 갖는 조각적 조형성을 활용해서 정형적 질서에 반대하는 경우이다. 이 경우는 첫 번째 경우와 반대되는 것으로 보일 수도 있다. 그러나 두 번째 경우에도 기하 형태의 전체 윤곽이 남아 있어야 한다는 한 가지 전제 조건이 필요하다. 이것은 비정형을 추구하되 기하의 형태성에 여전히 의존함을 의미한다.

기하 충돌과 사선 |

임재용의 기하 구사 경향은 이 두 조건과 모두 어긋난다. 기하 형태를 차용은 했지만 분산시키려는 탐색을 끊임없이 시도한다. 임재용의 건물들에 차용되는 기하 형태에 사각형이나 원 같은 정식 이름을 붙이는 것이 무리인 것 같다. 문호리 주택에서는 1층과 2층을 구성하는 입체에 육면체의 윤곽이 비교적 명확하게 남아 있는 편이다. 그러나 이것은 두 층을 억지로 분리해서 보았을 경우이다. 건물 전체로 보면 육면체 윤곽은 이미 키메라처럼 다른 모습으로 변신 중에 있다. 따로 떼어서 봐도 온전한 육면체로 남아 있기를 거북스러워하는 모습이다. 입체 윤곽을 구성하는 선이 조금은 기울어지는 등 정형성을 벗어나려는 최소한의 시도를 추적할 수 있다.[5-3]

그뿐만 아니라 많은 경우 기하의 흔적만 암시되기도 한다. 기하는 기하이되 눈앞에 현전現前하지 않는다. 머릿속에서 선을 연장해서 서로 마주

5-3 문호리 주택

5-4 ■ 5-5 문호리 주택

치게 해야 하며 이것에서 필요한 각도도 만들어내는 등 어렵게 그 흔적을 추적해야 겨우 기하 윤곽이 그려진다.[5-4,5-5] 기하 단위는 서로 맞물려 어긋나면서 상대방을 감추기도 한다. 평평한 벽면에서 불쑥 튀어나온 창은 작은 기하 조각으로 이루어져 있지만 정육면체를 연상시킨다. 마치 정육면체를 벽 속에 집어넣은 것 같은 모습이다. 작은 기하 조각으로 형태 전체의 윤곽을 연상할 수 있는 것이다.[5-6] 여러 개의 기하 윤곽이 교차하면서 연속적으로 기능 단위들을 정의한다. 기능을 담는 공간 단위는 기하 윤곽이 교차하면서 비로소 건축적 의미를 완성시키게 된다.[5-7,5-8,5-9]

일산 주택 II 역시 마찬가지이다. 이 건물의 전체 윤곽은 육면체지만 육면체처럼 보이지 않는다. 사선 방향의 담벽이 재료를 달리하면서 건물 윤곽을 가리고 있다. 이 담벽은 육면체 윤곽을 연상시키다가도 동시에 온

5-6 ■ 5-9 문호리 주택

5-10 ■ 5-12 일산 주택 II

전한 육면체 윤곽의 흔적을 가로막는 이중성을 보인다.[5-10] 계단실을 담는 원통형 매스도 원과 타원 사이에서 갈등하다 이내 정형적 윤곽을 상실한 조각 기하로 변하기 일보 직전에 있다.[5-11] 지하 계단에서 올려다본 건물 본체의 윤곽[5-12], 선큰가든sunken garden에서 올려다본 안쪽 본체의 윤곽[5-13], 1층 거실 모서리에서 올려다본 천장[5-14], 2층 복도에서 올려다본 천장 등 여러 곳에서 공간의 윤곽은 조각난 기하를 꿰어 맞춘 듯한 모습으로 나타난다.

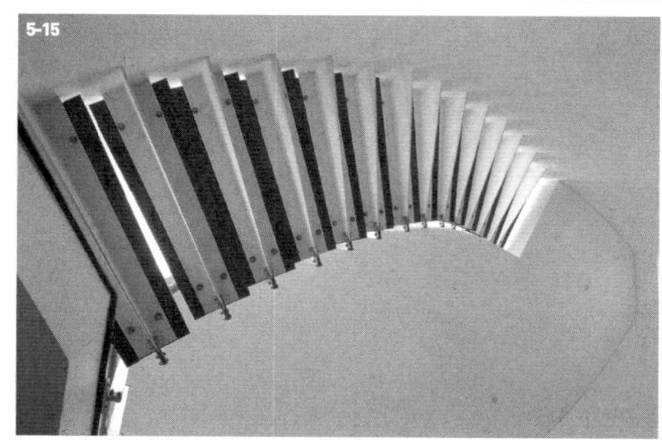

5-13 ▬ 5-15 일산 주택 II

여러 개의 기하 조각으로 구성된 이런 장면에는 온전한 형태계에 속하는 정형성은 이미 남아 있지 않다. 그렇다고 해체나 복잡계와 같은 비정형 구도로 보기에는 무엇인가 미련이 남는다. 끊임없이 저 기하 조각들의 본래 모습이 무엇이었을까 하는 호기심을 불러일으킨다. 무수히 많은 선이 교차하는 기하 작도를 연상하면서 건물 전체의 윤곽을 머릿속에 그려 완성시키게 된다.

분산적 기하 구사는 사선이라는 또 다른 조형 어휘로 나타난다. 사선의 출처는 일단 기하 충돌로 보인다. 육면체와 육면체 혹은 육면체와 원통형이 부딪히는 파편들이 곧 사선으로 정의된다. 이외에도 정식 이름을 붙이지 못하는 여러 종류의 기하 형태들이 충돌하면서 발생하는 분산적 에너지가 이곳저곳에 사선 구도를 만들어놓고 있다. 그러나 기하 충돌에서 나온 사선을 그 상태로 놔두지 않고 추가 조작을 가한다.

예를 들어 유기 분화를 생성의 출처로 갖는 것처럼 느껴지기도 하는 식이다. 분산이 심하다 보니 사선이 기하 충돌의 과정을 거치지 않고 처음부터 직접 유기 모델에서 파생된 것으로 보일 수도 있다는 뜻이다. 이런 내용은 두 주택의 계단실 처리에 잘 나타난다.[5-7, 5-8, 5-15] 이 부분의 윤곽은 기하 조각들의 조합 단계를 벗어난 것으로 볼 수도 있다. 이보다는 마치 살아서 움직이는 유기 형태의 분절에 계단 슬래브를 대응시켜 만들어낸 것 같다. 그러나 완전히 유기 형태만으로 보기에는 역시 무엇인가 미련이 남는다. 기하 형태의 윤곽에 대한 유혹을 끊임없이 일으킨다. 기하 충돌과 유기 분화 가운데 어느 한쪽을 명확히 드러내지 않고 둘 사이의 경계선에 머무른다.

형태계를 분산시키는 처리는 다음 단계의 여러 경향으로 발전한다. 예를 들어 해체주의의 기원 가운데 하나도 이것이며 모던 바로크 같은 복잡계에 속하는 경향도 그렇다. 그러나 임재용의 경향은 이런 것들과는 거리가 있어 보인다. 일단 해체주의와는 아무 상관이 없어 보인다. 부정적 투쟁에서 에너지를 공급받는 경향과는 궤를 달리한다. 긍정적 질서에 대한 최소한의 모색은 끝까지 놓지 않는다. 언뜻 보기에는 복잡계에 가까운 것 같지만 이런 인식을 확실하게 갖고 있는 것으로 보이지는 않는다. 기하 윤곽에 대한 미련을 완전히 떨쳐버리지 못하는 것 같다. 형태계와 복잡계 가운데 어느 한쪽을 확실하게 표현하지 않은 채 둘 사이의 경계선에 머물러 있다.

기하 조작과 조각적 조형성 |

임재용의 건축은 이처럼 기하 형태를 차용해서 시작한 뒤 이것을 사각형과 사선, 기하 충돌과 유기 분화, 형태계와 복잡계 등 세 쌍의 대립 경향에 의해서 구체화하는 방향으로 발전한다. 그 과정에서 대립 경향들 사이의 경계선에 계속 머무는 특징을 보인다. 대립 쌍 가운데 어느 한쪽으로 기울지 않고 경계선에서 아슬아슬한 균형을 유지하고 있다. 형태계에 묶여 있기를 거부하지만 그렇다고 형태계를 완전히 뛰쳐나가지도 않는다.5-16 사선을 주도적 조형 어휘로 사용하지만 사선의 본성을 많이 억압한다. 사선

5-16 일산 주택 II

5-17 일산 주택 II

특유의 섬뜩한 날카로움이나 긴장감은 무뎌져 있다.[5-17]

건축가 본인도 기하 충돌을 얘기하지만 그렇다고 충돌에서 오는 파괴력은 느껴지지 않는다. 기하가 충돌하면서 조각난 기하들이 우수수 떨어지는 느낌이 이 경향을 구사할 때 나타나는 일반적인 특징이지만 임재용의 건축은 이런 것과는 거리가 멀어 보인다.[5-18, 5-19] 차용한 기하 형태를 구체화하기 위해 대립 구도를 끌어들이지만 대립성을 명확하게 표현하지는 않는다. 대립 경향 가운데 어느 한쪽이 명확한 특징으로 드러나는 것도 아니고 대립으로 긴장이나 갈등을 표현하는 것도 아니다. 그렇다고 대립을 푸는 조화나 중용의 의지가 읽히지도 않는다. 건축가의 자기 의사 표현이

5-18 ■ 5-19 일산 주택 II

계속 미루어지는 것처럼 보인다. 대립 구도 사이의 중간 지점에서 아슬아슬한 줄타기를 하고 있는 것 같다.

임재용의 이런 기하 구사 경향이 갖는 의미는 의외로 간단해서 조각적 조형성을 추구하는 것으로 볼 수 있다. 시각예술의 가장 기본적인 가치이자 목적이다. 그러나 건축은 조각이 아니기 때문에 이것만으로 이루어지지는 않는다. 건축에서 조각적 조형성은 작은 요소이거나 최소한 한쪽에 치우친 가치일 수 있다. 이것 하나에 너무 집착할 경우 다른 많은 중요한 것을 놓치게 된다. 인터뷰 결과 건축가 스스로도 이 이상의 인식은 없어 보였다.

캘리포니아에서 공부한 뒤 모스Eric Owen Moss의 설계사무소에서 일한 배경에 갇혀 있는 것 같았다. 모스는 형태주의와 모던 바로크를 오가며 극단적 형태 조작을 추구하는 건축가인데, 이런 스승의 경향을 기하 조작에 적용한 것으로 볼 수 있다. 우리나라에는 조금 낯선 경향일 수 있는데, 실제로 임재용은 한국 건축계나 일반 사회에 아직 완전히 적응하지 못하는 고충을 토로했다. 수많은 건축 기법과 사조 가운데 한쪽으로 치우친 극단적 경향일 수 있는데 스스로도 다른 식의 접근 방법을 갖지 못한 답답함을 크게 느끼고 있었다.

심지어 미국 내에서도 모스에 대한 평가는 그리 긍정적이지 않다. 나 자신도 모스의 작품은 실제로 가서 몇 점을 보았는데 형태는 불필요하게 조작되었고 그 위에 조각 요소까지 과도하게 부착해서 심하게 체한 것 같은 불쾌함을 느꼈다. 잘해야 그저 '조각 작품 하나 봤다' 는 기억 정도밖에 남지 않았다. 건물을 건축가의 '형태 조작 능력 경연장' 으로 여기는 것 같았다.

이런 경향이 한국 사회에서 의미가 아주 없지는 않은데, 굳이 찾자면 압축 근대화기의 독단적 정형주의에 대한 반발과 치유의 목적을 갖는다. 한국 현대사에는 육면체의 정형성이 정전처럼 강요되던 시기가 수십 년 계속되었다. 근대화의 기수였던 집장사 집이건 고급 예술가임을 자처하는 건축가이건 이 기준에서는 같았다. 1990년대에 잠깐 여기서 벗어나려는 다양한 시도가 있었지만 유의미한 결과를 남기지 못하고 2000년대 들어 추상 일변도의 획일화 경향은 심해지고 있다.

독단이나 절대라는 수식어를 앞에 갖는 고착화된 건축 구도는 건축을 경제와 산업에 종속시키면서 한국 현대사의 어두운 한 측면을 남겼다. 고급 작품의 세계에서는 추상 육면체의 편식이 심해지면서 다원주의라는 문명 차원의 흐름과 괴리를 낳았다. 이런 폐해에서 벗어나려는 시도가 1990년대에 있었다. 기하를 조작하는 형태주의는 이런 시도들에 공통적으로

5-20 일산 주택 II

나타나는 가장 대표적인 경향이다. 형태의 단조로움이라는 문제를 재미있는 형태로 풀려는 시도는 시각예술에서는 일단 가장 기본적이고 상식적인 접근이다.5-20

조형적 머뭇거림과 건축적 이야기 짓기 |

임재용의 중간적 기하 구사 경향은 순수 조형적 관점에서 보았을 때 일단은 머뭇거림으로 볼 수 있다. 시작 단계에서는 건축적 주장이 확실한 주제를 화두로 던진다. 형태계, 기하, 사선 등은 모두 자기주장이 강한 주제들이며 모두 그 나름대로의 구체적인 처리 기법을 가지면서 독립적인 건축 세계를 정의한다. 그 결과 나타나는 조형적 특징 역시 확실한 자기 영역을 만든다. 임재용의 건물들에서는 이런 주제를 화두로 던졌으면서도 이 단계까지는 나아가지 않고 있다. 뒷감당을 할 자신이 없는 것처럼 보이기도 한다.

이런 경향은 자극성이 강한 것들인 만큼 항상 찬반 논란이 뒤따랐다. 양식사적 공방을 몰고 다니는 경향들인데 여기에 노출되기를 꺼리는 것처럼 보이기도 한다. 반드시 활자화된 공개적 비평의 장이 아니더라도 건축가들 사이에 암암리에 혹은 사석에서 오가는 이야기들이 있고, 어떤 면에서 이것이 더 무서울 수 있는데 적어도 우리나라에서 고급 건축가를 자처하는 사람들의 취향으로 볼 때 형태를 매우 뒤틀고 자기주장을 강하게 하면 좋은 얘기를 듣지 못할 것이 뻔하기 때문이다.

임재용의 개인 성격 때문에 양식사적 공방의 장에서 한발 물러나고 싶은 것일 수도 있다. 양식사적 공방에서는 항상 큰 목소리로 얘기해야 하고 그 과정에서 원래 의도하지 않았던 과장된 내용이 허장성세처럼 제시된다. 작품은 그 자체의 완결성보다 밖에 대고 내지르는 주장을 합리화하는 수단으로 전락한다. 무엇을 담아 어떻게 기능하는지보다는 무엇을 주장하며 어떻게 보일지에 작가적 에너지가 소진되어버린다.

임재용은 이런 식의 뒷감당에 연루되고 싶어 하지 않는 것 같다. 그보다는 기하 충돌을 기하 형태들 사이의 사연으로 번안하면서 자신의 작품 세계에 몰두하고 싶어 하는 것처럼 보인다. 꼼꼼한 작가주의 기질 같은 것일 수 있다. 사연을 가능한 한 많이 만들어내는 이야기 짓기와 이것으로 건축 세계를 정의하려는 조용한 탐색을 더 즐기는 것 같다. 기하를 분산시키는 그의 손끝은 다소 조심스럽기는 하지만 그만큼 섬세한 손맛을 보여

5-21 ■ 5-22 일산 주택 II

준다. 그래서 대비는 대비적 균형으로 나타난다.[5-21,5-22]

이런 탐색은 그의 작품이 주로 주택이라는 점과도 연관이 있다. 주택은 집주인의 주관성이 제일 강한 건물 유형이며 그 집주인은 결국 남이다. 그렇기 때문에 건축가의 주관적 조형성을 심하게 강요하면 불편을 초래할 수 있다. 자극성 강한 경향 그 자체에 지나치게 몰두하다 보면 실제 사용 기능과 어긋나는 경우가 발생하곤 한다. 작품 자체로서는 보기에도 좋으며 많은 논쟁거리를 주는 건물들이 정작 사용자에게는 불평의 대상이 되는 경우이다. 임재용의 머뭇거림은 이런 위험에 빠지지 않기 위한 자기 절제로 해석될 수도 있다.

이처럼 긍정적으로 해석될 수 있는 근거는 임재용의 주택이 건축적 이야기 짓기를 제공한다는 데 있다. 건축적 이야기 짓기란 두 가지를 의미한다. 하나는 생활 스토리를 담아낼 수 있는 크고 작은 건축 공간이다. 기하 형태들을 섬세한 손맛으로 다루어내는 과정에서 집안 생활을 풍요롭게 해줄 수 있는 공간의 다양성을 확보해준다. 다른 한 가지는 이런 공간이 각 건물들의 주변 환경에 맞는 적절한 구도로 발전한다는 것이다.

문호리 주택 | 발산으로 이야기 짓기

문호리 주택과 일산 주택 II의 비교는 건축적 이야기 짓기의 내용을 잘 보여준다. 문호리 주택에서는 발산 구도가, 반면에 일산 주택 II에서는 중심 구도가 전체를 이끈다. 모두 분산적 기하 구사 경향을 각 주택이 처한 환경에 맞게 자연스럽게 적용한 결과 얻어진 것이다. 발산과 중심이라는 상반된 건축 구도가 형성된 이유는 처한 환경이 다르기 때문이다. 문호리 주택은 자연 속에 자리 잡았기 때문에 자연으로 열고 나가려는 원심적 발산 구도가 맞다.[5-1] 건물을 밖으로 개방시켜 주변의 녹색 환경과 적극적으로 교감하기 위해서다. 반면 일산 주택 II는 주택가에 자리 잡기 때문에 나만의 영역을 보장해주는 구심적 중심 구도가 맞다. 주변의 번잡한 환경에서 격리된 나만의 세계가 곧 개인 주택이기 때문이다.

문호리 주택에서는 기하들이 충돌하는 과정에서 두 가지 건축 요소가 만들어진다. 하나는 원심적 발산이 시작되는 핵이다. 핵은 건물의 무게중심 형태로 형성된다. 핵은 모든 것을 끌어당기는 구심적 핵이 아니라 여기서부터 건물의 여러 공간이 퍼져나가는 원심적 핵이다. 위치는 계단실 부근이다. 이 부분은 두 개의 긴 육면체 끝 부분이 겹쳐지는 지점으로, 기하 충돌이 일어나는 한복판에 해당된다. 두 개의 육면체가 겹쳐지면서 기하

5-23 ■ 5-24 문호리 주택

학적 에너지가 집중됨과 동시에 기하 충돌에서 나오는 발산적 원심력이 가장 높게 나타난다.[5-16, 5-23]

이런 해석은 물론 다분히 작위적이거나 매우 추상적일 수 있다. 지나치게 도면상에 치중해서 본 것이기도 하다. 그러나 실제 들어가보면 이와 비슷한 느낌이 든다. 계단실 부근에 서면 조형 처리의 완급이 적절히 조절되면서 에너지의 응축과 발산 사이에서 균형감을 느낀다. 균형은 집안 전체에 대한 공간 장악력으로 나타난다. 계단실 위쪽 2층에는 이쪽 공간에서 저쪽 공간을 오가는 짧은 브리지가 가로질러 나 있다. 결과적으로 계단실 부근에 이동이 집중되고 있는데 이런 처리는 발산 구도를 보강해주는 역할을 한다.[5-8, 5-9, 5-24]

다른 하나는 크고 작은 조각 공간인데 기하 충돌이 남긴 파편에 적절한 조경 처리를 가해서 마당으로 활용하고 있다. 때로는 크고 반듯한 데크가 만들어지기도 하고 때로는 조그만 주머니 마당이 만들어지기도 한다. 때로는 둔각으로 길게 뻗은 마당이 만들어지기도 한다. 이런 마당들은 건물 본체를 감싸면서 밖으로 뻗어나가는 형국을 취해 발산 구도를 돕는다.5-1, 5-16, 5-25

5-25 문호리 주택

발산 구도는 자연환경을 향해 자신을 열려는 개방성이다. 조각 마당들은 건물과 대지 사이의 경계선에 적절한 완충지대를 만들어준다. 기하 형태와 자연이 갑작스럽게 마주치면서 생길 수 있는 충격은 상당 부분 완화된다. 벽체의 투명성 조절은 여기에 감상 효과를 더해준다. 조각 마당에 나가서 만나는 자연을 투명한 벽체를 통해서 집안으로 끌어들이기도 한다. 집안 이곳저곳에서 형태를 달리하는 여러 종류의 창을 통해 시시각각 변하는 다양한 경치를 감상할 수 있다.5-3, 5-21, 5-22, 5-26

5-26 문호리 주택

5-27 문호리 주택

자연과 만나려는 개방성은 최종적으로 자연과 닮은 집 모습으로 귀착된다. 기하들이 충돌하고 사선들이 교차하면서 생기는 급한 형태 변화의 모델을 주변 자연지세에서 찾는다. 형태를 변화시키는 방향과 기하 조작이 중지되는 시점 등을 자연지세와의 조화를 기준으로 삼아 결정한다. 그런데 이 모든 처리는 직선을 이용해서 이룬다.[5-27] 그러나 자연의 선은 곡선이다. 직선만으로 자연을 닮으려는 과감한 시도이다. 이것이 성공을 거두고 있는가, 아니면 무모한 시도였는가.

일산 주택 II | 중심으로 이야기 짓기

일산 주택 II는 문호리 주택과 공통점과 차이점을 동시에 갖는다. 집의 형태 윤곽에서 정형성에 대한 강박관념을 떨치려는 의지를 보여준 점과, 기

5-28 ■ 5-29 일산 주택 II

하 충돌의 느낌이 전체를 지배하는 점은 공통점이다.[5-1, 5-10, 5-27] 반면 안으로 집중하는 구심적 구도가 이끄는 점과, 중심 구도를 만드는 처리가 안을 굽어보는 방식인 점은 차이점이다.[5-13] 기하 충돌을 표현하는 구체적 기법이 분산적 경향이 아니라 안으로 따들어 가는 방식인 점도 중요한 차이점이다. 일산 주택 II에서도 중심은 일차적으로 계단실 주위에 만들었다.[5-17] 자기 완결성이 강한 나선형 계단을 써서 중심형 구도의 특성을 강화했다.[5-15] 그러나 계단실 주위의 중심 공간은 실용적이라기보다는 다분히 상징적이다. 계단은 수평-수직으로 여러 구역으로 나뉜 공간

5-30 일산 주택 II

단위들을 하나로 묶어주는 역할을 하기 때문에 집안에서 중심 역할을 하기에 적합한 장소이다.

계단실에서 형성된 상징적 중심성은 두 곳의 진짜 중심으로 발전한다. 한 곳은 선큰가든이다.[5-13, 5-17] 이곳은 주변의 번잡함에서 격리되어 자신을 강하게 지키는 영역의 역할을 한다.[5-30] 네 면은 온통 내 집의 옆모습만으로 둘러싸여 있다. 밖은 전혀 볼 수 없으며 동시에 나도 전혀 보여주지 않을 수 있다. 중심을 나만의 공간으로 정의한다면 이곳은 가장 완벽한 중심이 된다. 2층짜리 주택에 이렇게 완벽한 자기만의 중심을 만들기는 쉽지 않다. 다른 한 곳은 계단실을 따라 올라가다 보면 다다르는 조그만 옥상 공간이다. 이곳은 작은 타원형 윤곽인데 역시 나만의 아늑한 중심을 만들어준다.[5-19] 적절한 높이의 난간은 나를 적당히 가리면서도 눈높이에 맞춰 동산의 숲을 살려놓고 있다.

두 곳의 중심은 집 전체에 걸쳐서 편안한 분위기를 만들어주는 것이 사실이다. 그러나 두 가지 의문이 남는다. 중심이 다소 폐쇄적이라는 점과 중심 공간에 수직성이 수반된다는 점이다. 둘은 사실 같은 이야기이다. 수직적이다 보니 폐쇄적이 되는 것이다. 수직성은 기하 충돌에 의해 표현된

5-31 ■ 5-32 일산 주택 II

다. 문호리 주택만큼 기하 충돌이 많지 않고 주로 천장 모서리에 부분적으로 집중되면서 그 효과도 국소적으로 일어나지만 충돌 에너지는 독립적 조형성을 형성할 만큼 충분하게 느껴진다.[5-14] 집 전체에 걸쳐 분산적으로 나타나지는 않지만 집중성은 더 강하다. 그중 하나가 수직성이다.

실내 곳곳에는 알을 깨듯이 천장 모서리를 깨고 나오려는 기하 조작이 집중적으로 가해진다. 1층 거실 모서리에서 올려다본 천장과 2층 복도에서 올려다본 천장, 부엌 천장과 2층 침실 천장 등 여러 곳이다.[5-20, 5-31, 5-32] 이 부분들에서는 깨진 천장에서 들어오는 빛이 벽면에 대비되면서 시선을 끌어들인다. 여러 곳에서 하늘을 향하는 시선이 자연스럽게 혹은 강제적으로 만들어진다.[5-33]

이외에도 여러 곳에서 수직성이 나타난다. 나선형 계단의 회전 에너지는 하늘로 솟아오르며 옥상에 타원형 마당을 만든다. 선큰가든에서는

5-33 일산 주택 II

네 면으로 높은 벽이 회오리처럼 빙빙 돌아가며 역시 하늘로 솟아오르려는 에너지를 만들어낸다.[5-13] 선큰가든을 둘러싼 벽 자체의 절대 높이는 높지 않을 수도 있지만 우물 속 같은 좁은 폭 때문에 급한 절벽 앞에 서 있는 느낌이다. 시선은 아주 높이 수직 방향을 향한다.[5-13, 5-34] 이 집에는 하늘을 우러르는 시선이 여러 곳에 만들어지고 있다. 이것들이 모여 수직 방향으로 발산한다.

발산적 수직성은 이 집의 주도적 구도인 구심적 중심성과 대비를 이룬다. 중심성이 수평 방향으로 일어나는 점에서 더 그렇다. 대비 때문에 중심성은 구심적 느낌을 넘어 폐쇄적으로까지 느껴진다. 주변이 주택가

5-34 일산 주택 II

이기 때문에 안으로 걸어 잠그려는 방향은 타당성을 갖지만 조금 과한 느낌이다. 일 년의 기후를 생각해볼 때 우물 속처럼 사면이 둘러싸인 중심 공간이 얼마나 효율적으로 쓰일지 의문이 든다. 건축가가 멋진 기하학적 구성을 위해 강요한 것에 가까워 보인다. 이보다는 실내에 아늑한 중심을 두고 나머지는 옆집과 적당히 소통하는 모습을 보였으면 하는 아쉬움이 남는다.

6.

임재용 대담

■

양면성 : 흔적 남기기 대 흔적 만들기

6. 임재용 대담

양면성 :
흔적 남기기 대 흔적 만들기

임석재 임 소장님의 근작 두 편을 잘 보았습니다. 전체적으로 수작이라고 생각합니다. 특히 아직도 설계하기 힘든 한국 현실에서 보았을 때 더욱 그렇습니다. 특유의 색깔이랄까, 이런 것들도 느껴졌고요. 두 근작에 나타난 소장님의 건축관을 먼저 말씀해주신다면요.

임재용 요사이 내 작업 세계에 존재하는 양면성 때문에 혼돈의 시기를 지나고 있습니다. 주어진 대지의 특성에 따라 작업에 임하는 태도가 달라질 뿐 아니라 남겨진 흔적의 결과도 판이하게 달라요. 땅의 속성을 이분법으로 구분하는 것은 지극히 무모한 일이나, 이야기의 전개를 위해 편의상 '전체의 흐름 속에서 그의 일부로서 존재하는 땅' 과 '전체의 흐름이 없거나 그 파악이 불가능하고 단절되어 있는 땅' 으로 구분해볼게요. 건축 작업의 결과물을 '흔적' 이라고 본다면 전자의 땅에서 행해지는 작업을 '흔적 남기기', 후자의 땅을 다루는 작업은 '흔적 만들기' 라고 부르고 싶습니다.

'흔적 남기기' 작업들은 다음과 같은 생각을 바탕으로 진행됩니다.

— 흔적은 기존의 땅의 흐름 속에 일부로 남는다.

— 흔적은 개념이 직설적으로 담겨 있는 최소한의 형태를 취하며 전체의 흐름 속에 던져진다.

— 최대한 단순화된 프로그램의 해석.

— 던짐, 맡김, 흐름 ……

이와 달리 '흔적 만들기' 작업들은 전체적인 흐름이 없는 상태에서 독자적인 이야기를 만들어내야 하므로 자연히 핵심이 되는 공간을 만들게 되고 주위와 단절되기 쉽고 결과적으로 작위적인 형태를 띠게 됩니다. 언젠가는 어떤 땅에도 공통적으로 적용되는 방법론을 찾을지도 모르지만 이런 양면성은 내 작업에서 당분간 공존할 것 같아요. 비슷한 고민을 조각가 리처드 롱Richard Long의 작품에서도 엿볼 수 있습니다. 그의 작품 〈키소스 서클Chisos Circle〉은 그가 직접 걸어서 발자국으로 대지에 남긴 흔적=Negative Trace이며 〈로체쿠아트 서클Rochechouart Circle〉은 돌을 주워다가 갤러리에 배치한 작품=Positive Trace이에요. 앞 작품은 대지와 하나 된 흔적이며 뒤 작품의 흔적은 대지와 단절되어 있죠. 앞 작품의 흔적에서는 먼지를 일으키며 터벅터벅 걷고 있는, 대지와 하나 된 롱의 모습을 상상할 수 있지만 뒤 작품에서는 작업의 과정을 상상하기 어렵고 모든 것이 대지와는 단절된 것 같습니다. 이 둘을 내 이야기에 대응시키면 앞 작품은 '흔적 남기기' 이고 뒤 작품은 '흔적 만들기' 입니다.

내 작품 가운데 '흔적 남기기' 의 경우가 제암리 3 · 1운동 순국 유적지 기념관, 은평구 청소년수련관, 아르헨티나 호텔 현상안, 문호리 주택, 부안리 주택 및 최근 당선된 백범기념관 등이고 '흔적 만들기' 의 경우가 일산 주택 I, II, III, IV입니다. 이것들 가운데 최근 완공된 문호리 주택과 일산 주택 II를 소개합니다. 내 스스로 일산에서 한 흔적 만들기 작업을 과소평가하는 것은 아니지만 최근의 개인적인 관심은 흔적 남기기에 더욱 쏠려 있는 듯합니다. 최근 당선된 백범기념관도 '흔적 남기기' 작업의 연장선상에 있는 것입니다. 최근 완공된 두 주택 프로젝트를 통해 양면성을 확인해보려고 합니다. 일산 주택 II는 일산이라는 도시의 특성상 전체의 흐름이라는 맥락을 찾기 어려운 상황에서 만들어진 흔적으로 보고 싶고 반면 문호리 주택은 기존의 땅의 형세, 길의 흔적, 연못 등의 흐름 속에 남겨진 흔적으로 보고 싶습니다.

임석재 지금 말씀하신 '흔적' 개념은 기존의 맥락 개념과 크게 다르지 않은 것 같습니다. '남겨진 흔적' 이란 자연 맥락 속에 놓일 경우 주변 환경에 맞추면서 자신만의 작품성을 찾겠다는 의미이고 반대로 '만들어진 흔적' 이란 인공 맥락 속에 놓일 경우 자신만의 독립성을 강하게 확보하겠다는 의미 아닌가요. 여기에서 두 가지 의문이 생깁니다. 첫 번째는 어차피 모든 건물은 만들어짐과 동시에 남겨지는 것인데 '만들어진 흔적' 과 '남겨진 흔적' 을 구별하는 것이 큰 의미를 가지지 못하는 것 같아 보입니다. 그보다는 맥락에 대한 입장으로 대별하는 것이 낫지 않았을까 하는 생각이 듭니다. 두 번째는 이렇게 상반된 경향을 동시에 추구하는 이유랄까 그런 것을 듣고 싶습니다. 예를 들어 주변 환경에 대해서 친화적일 경우 인공 환경 속에 놓이는 건물에서도 동일한 태도를 견지하는 것이 흔히 볼 수 있는 경향입니다. 이런 상식을 깨는 소장님의 의도가 흥미로워요.

임재용 '남겨진 흔적' 과 '만들어진 흔적' 의 차이는 임 교수님이 지적했듯이 맥락을 대하는 태도에 대한 이야기가 맞아요. '흔적 남기기 작업' 은 맥락에 최소한의 흔적을 내면서 남겨진 공간이 기존의 질서의 일부가 되게 하는 것이에요. 결국 아무것도 하지 않는 것이 최선책일 수도 있어요. 이 작업의 태도는 소극적으로 보일지도 모르나 사실은 가장 적극적인 작업 방식이라고 생각합니다. 반면 '흔적 만들기 작업'은 가장 적극적으로 공간을 만들어내는 것 같지만 전체적인 맥락 속에서 우러나오는 에너지를 찾기 어려운 것이 사실입니다. 지적했듯이 당분간 둘의 상반된 작업 태도로 작품을 계속하겠지만 어느 시점에서는 맥락에 관계없이 적용할 수 있는 건축 언어를 만들어낼 수도 있겠지요.

임석재 문호리 주택과 일산 주택 II 모두에서 사선을 많이 썼습니다. 사선은 임 소장님의 가장 기본적인 건축 어휘라고 볼 수 있을 것 같습니다. 사선이 갖는 의미는 무엇인가요? 혹은 사선을 많이 사용하는 이유라든가 이것으로부터 표현하고 싶은 것들은 무엇인가요?

임재용 사선의 도입에 대한 동기는 두 주택이 달라요. 일산 주택 II에서 입면 차원에서 느껴지는 사선들은 도시계획법에 따르다 보면 나오게 되어 있는 경사 지붕에서 출발합니다. 경사 지붕의 사선이 벽을 따라 흐르죠. 정면에 서 있는 송판 무늬 노출 콘크리트 경사 벽은 지붕의 흐름을 도로까지 이어주면서 도로변에서 2층 높이의 건물 스케일에 대해 완충 작용을 하는 장치이기도 하죠. 평면적으로 보면 1층의 사선은 구조를, 2층의 사선은 방향성을 각각 갖습니다. 서로 다른 두 시스템을 서로 다른 선이 표현합니다.

반면 문호리 주택에서는 가능하다면 두 개의 지붕 판의 흐름으로 모든 이야기를 하고 싶었어요. 1층 거실의 지붕 판은 연못을 감싸는 듯 휘어 있고 2층의 지붕 판은 반대 방향으로 상승하는 듯 꺾여 있어요. 지붕 판의 사선은 집을 전체적인 땅의 흐름의 일부로 만들기 위한 장치로 사용했습니다.

임석재 사선과 함께 눈에 띄는 요소가 기하 충돌입니다. 기하 형태의 흔적은 느껴지는데 온전한 윤곽은 찾기 힘들어요. 그렇다고 기하 충돌에서 본격적인 탈질서의 의지가 느껴지는 것도 아니고요. 흐트러트리고 싶어 하는 속에 강한 질서가 나타납니다. 이 때문에 기하가 충돌하면서 생기는 조형적 에너지가 다소 분산되는 듯한 느낌이 듭니다. 기하에 대해 어떤 입장을 취하시는지?

임재용 기하 충돌에 관한 한 많은 부분을 개인 사무실을 개설하기 전 일했던 모스의 영향을 받았다고 볼 수 있습니다. 그의 작업의 주된 테마는 기하학적 충돌이고 계속적인 시스템의 도입으로 작업이 진행되면서 충돌 이전의 기하 형태는 거의 찾기 어려울 정도의 상태가 됩니다. 결과적으로 그의 작업은 충돌이라는 과정을 보여주는 것이고 그 작업이 그가 설정한 논리 안에서 진행된다면 결과물은 과정의 산물이지 처음부터 구상하거나 조작할 수 있는 것은 아닙니다. 기하의 충돌을 다루는 부분에서는 그의 방법론에 상당 부분 동의해요. 제가 관심 있는 부분은 충돌이 진행되는 과정에서 충돌로 생기는 절대적인 선을 확인하는 일이며 충돌 후의 결과에서 충돌 전의 상태를 유추할 수 없다면 더욱 성공적이라고 생각합니다. 그러나 이런 기하학적 충돌은 앞에서 이야기한 '흔적 만들기' 작업에서 사용하고 '흔적 남기기' 작업에서는 철저히 배제하고 싶습니다.

임석재 '흔적 만들기'의 작품인 일산 주택 II에서는 기하 충돌이 충분히 일어나지 않은 채 기하 원형이 많이 남아 있는 반면 '흔적 남기기'의 작품인 문호리 주택에서는 기하 충돌이 가장 두드러진 조형 처리로 나타나는 것 같은데요. 이것은 지금 한 말과 모순되는 것 아닌가요?

임재용 앞서 이야기한 기하학적 충돌은 맥락의 일부가 되기 위한 장치로서 도입된 기하가 아닌, 맥락과 상관없이 공간 만들기를 위해 도입된 기하들의 충돌을 의미합니다. 결국 문호리 주택의 두 판의 움직임과 충돌은 기존의 맥락의 흐름 속에 일부로 남으려는 장치입니다. 이는 일산 주택 II에서 도입한 타원형의 원통과는 성격이 다르다고 볼 수 있죠.

임석재 두 주택 모두 정사각형 창을 많이 쓰고 있어요. 정사각형에서 일정한 질서를 획득되고 있지만 동시에 동일한 형태의 반복을 피하려는 의도도 관찰됩니다. 이런 경향은 기하 사용의 경우와 마찬가지로 양면적인 것으로 느껴집니다. 이것도 의도된 것, 즉 소장 본인의 분명한 의식 아래 디자인된 결과인가요.

임재용 정사각형의 창은 일부 공간의 창에 사용되었을 뿐 건축적으로 큰 의미 없이 쓰였습니다.

임석재 문호리 주택에서 건축주의 요구 때문에 화강석을 쓴 것 말고는 전체적으로 산업 재료의 사용이 두드러집니다. 그러나 산업적 특성을 많이 죽이고 회화적 분위기로 바꿔서 표현하려는 것 같아요. 재료에 대한 소장의 건축관을 설명해주신다면요.

임재용 재료의 측면에서 건축을 본다면 제 최대 관심은 어떻게 하면 '자연스럽게 나이 들면서 시간의 흔적을 담을 수 있는 집' 을 만드느냐 하는 것입니다. 결국 시간이 지날수록 재료 자체가 나이가 들고 더욱더 풍부해지는 자연적인 소재에 관심을 가지게 됩니다. 노출 콘크리트, 압출 성형 시멘트 베이스 패널, 아연 합금판(라인 징크판), 동판, 시멘트 블록, 적삼목 등이 즐겨 쓰는 재료인데 이런 재료를 즐겨 쓰는 이유는 페인트 등의 도장이 필요 없이 세월의 흔적이 그 위에 쌓여 가는 재료라는 점 때문이에요. 재료의 사용에서 또 하나 중요한 사실은 어떤 재료는 천정재, 바닥 마감재, 벽 마감재로만 쓰인다는 고정관념을 깨는 일입니다.

제가 즐겨 쓰는 재료들을 산업 재료라고 표현했는데 이런 재료를 주택에 사용하면서 그 재료가 가지는 새로운 느낌을 추출해보고 싶었어요. 그러한 노력이 임 교수님의 눈에는 회화적으로 비친 것 같습니다.

임석재 이상 살펴본 바와 같이 기하, 창, 재료 등 기본 요소의 구사에서 소장님이 끊임없이 무엇인가를 숨기려 한다는 느낌을 받습니다. 한 가지 주제를 던져놓고 그 주제의 특징이 과다한 쪽으로 흐르는 것을 계속 경계하는 것 같아요. 물론 이런 경향에 대해서는 양면적 해석이 가능하죠. 무난하고 차분한 분위기를 주는 중용의 미덕으로 평가될 수도 있습니다. 보기에 따라서는 기대에 못 미치는 아쉬움을 주기도 하고요. 처음에 던져지는 주제들이 모두 자극성이 강한 주제이기 때문이죠. 그러한 자극성에 합당한 조형 처리를 기대하다가 몸을 사리는 머뭇거림을 접하고 실망할 수도 있습니다. 각 주제에 요구되는 조형적 처리들을 충분히 하지 않을 바에는 왜 그런 주제들을 제기했는지 의문이 가는데요.

임재용 일단 앞서 언급한 대로 '흔적 남기기' 작업인 문호리 주택에서 하고자 했던 것은 전체의 흐름 속에서 일부로 남아 있는 흔적을 남기는 것이었어요. 전체의 흐름 속에서의 지붕 판의 흐름, 집을 관통하는 기존 길의 흐름, 집과 연못과의 관계 등이 최대 관심사였죠. 물론 결과적으로 나타나는 기하, 창, 재료에 대한 생각도 중요하지만 전체적인 흐름의 일부로서 남겨지기 바라는 제 의도를 임 교수님은 어떻게 받아들였는지 궁금합니다. 일산 주택 II에서도 정발산과의 연결 고리가 되는 앞마당과 집의 핵이 되는 지하 마당선큰가든의 역할에 대한 생각을 듣고 싶고요.

임석재 문호리 주택에서는 의도가 잘 표현된 것 같습니다. 사선과 기하 충돌의 결과 남겨진 선의 조각들이 그런 흔적들을 담아내는 데 성공한 것으로 보입니다. 그러나 사선이 갖는 기본 속성이 자연과는 대치될 수밖에 없기 때문에 여전히 긴장감이 남는 것은 사실이죠. 흔적 남기기의 목적이 긴장인지 조화인지 아직은 불명확한 것 같습니다. 일산 주택 II의 앞마당은 적절한 개폐도의 처리로 주변에 대해 알맞은 입장을 가질 수 있게 된 것으로 판단됩니다. 그러나 지하 마당은 물리적으로는 너무 폐쇄적인 반면 분위기에서는 핵의 역할을 하기에 충분하지 않아 보입니다. 여기에서 중심성이라 함은 위치 같은 물리적 기준뿐 아니라 분위기까지 포함하는 포괄적 개념이에요. 지하 마당이 핵 역할을 하기에는 너무 어둡고 우울한 분위기인 것 같습니다. 핵이라는 개념에는 좀 밝고 긍정적인 분위기가 맞지 않을까요.

임석재 영원한 미제未濟의 과제이긴 한데 한국적 전통의 현대적 재해석이라는 문제가 여전히 소장님 세대의 젊은 건축가에게도 주요 관심사 가운데 하나입니다. 이 문제에 대해 어떻게 생각하시는지요?

임재용 미국에서 귀국한 후 가장 많이 접하게 되는 것이 지금 지적한 '한국적 전통의 현대적 해석'과 '땅'이라는 단어입니다. 물론 미국에서의 작업에서도 '오픈 스페이스open space'가 공간의 핵심이라는 생각이 있었고 항상 대지를 다루어온 것이 사실이지만 한국에서 이야기하는 '마당', '비움', '땅' 등은 미국에서의 그것과는 다른 의미를 가지는 것 같습니다. 요사이 더욱 한국 전통 건축이 힘이 있다는 것을 느낍니다. 어떠한 형태든 한국적 전통의 현대적 재해석은 이루어져야 하고 가능하면 좀 더 다양한 모습으로 그 결과들이 나타났으면 합니다.

임석재 앞 질문과 같은 맥락이긴 한데, 미국 생활을 오래 한 경험에 비추어 마지막으로 지금의 한국 건축계가 갖는 가능성과 한계 등에 대해 얘기해 주신다면요.

임재용 미국에서는 주로 로스앤젤레스에서 작업했기 때문에 소위 캘리포니아 스타일의 건축만 접하고 지냈다고 해도 과언이 아닙니다. 어떻게 보면 폭넓게 건축을 접하지 못했다고 볼 수 있어요. 귀국해서 다양한 배경을 가진 건축가들을 접할 수 있어 나 자신의 건축 언어를 찾아나가는 데 많은 도움이 되는 것 같습니다. 이러한 다양한 성향의 건축가들이 계속해서 자신의 언어를 갈고닦아 지속적으로 자신만의 독창적인 건축 세계를 펼친다면 한국 건축계의 앞날은 밝다고 봅니다. 그러나 쉽게 매너리즘에 빠져버리거나 유행에 무척 민감한 점 등은 반드시 극복해야 할 우리의 한계가 아닌가 합니다.

7.

동아방송대학과 양식 혼용의 문제

7. 동아방송대학과 양식 혼용의 문제

기하 구성과 양식 혼용 |

아무것도 없는 빈터에 하나의 캠퍼스를 통째로 설계하는 일은 쉬운 일이 아니다. 어디까지 어떤 윤곽으로 경계를 지을 것이며 그 속에는 무엇을 어떤 형태로 담을 것인가, 그리고 전체 구성을 이끄는 주도적 건축 개념은 무엇으로 삼을 것인가. 이처럼 많은 사항을 명쾌하고 자신 있게 결정 짓기란 결코 쉬운 일은 아니다. 더욱이 그렇게 결정된 내용들에 프로그램이나 기능상의 크고 작은 요구사항들을 잘 일치시켜 편리한 건물로 마무리 지어내는 일은 더 어렵다.

오랜 세월을 두고 건물들을 하나둘씩 새로 더해서 형성한 캠퍼스는 연차의 흔적이라는 즐거운 감상 거리를 주긴 하지만 이런 캠퍼스에는 한 번에 계획한 캠퍼스가 주는 명쾌한 계획력은 결여되기 쉽다. 우리의 건축 풍토에서 한 번에 계획된 인공 단지는 늘 졸속과 날림의 문제점을 안고 있는 어려운 과제 가운데 하나였다. 그러나 잘 계획된 인공 단지는 건축가의 생각과 의도를 명확하면서도 풍부한 이야기로 표현해줄 수 있는 강점이

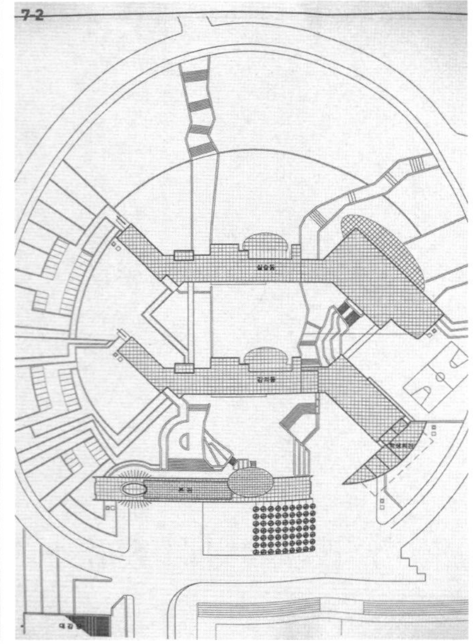

7-1 ■ 7-2 동아방송대학

있다. 동아방송대학 캠퍼스는 이처럼 복합 건물군을 한 번에 계획할 때 얻을 수 있는 특장을 잘 보여준다.

여러 기능이 섞이는 복합 건물군을 한 번에 설계하는 유용한 방법 가운데 하나는 기하 형태를 이용해서 전체 구성을 짠 뒤 여기에 여러 양식을 혼합하는 것이다. 기하학적 구성은 추상적 단순화를 추구하기 쉬운데 이는 양식 혼용과 상반되기 쉽다. 상호 보완적일 수도 있다. 양식 혼용은 풍부한 이야기를 만들어내면서 기하 구성의 위험성 가운데 하나인 인공적 단순함을 보완한다. 기하 구성은 양식 혼용이 중구난방으로 흐르지 않게 중심과 뼈대를 잡아 질서를 세워준다.

이런 접근법은 한 가지 주도적인 양식 사조가 사라진 문화 다원주의 시대에 적합한 시의성時議性을 가진다. 1980년대 이후의 현대건축은 여러 양식 사조들이 각각의 타당한 논거를 가지며 공존하는 다원주의 경향을 가장 큰 특징으로 드러낸다. 이런 시대에 건축가는 어느 양식을 좇을지를 놓고 혼란스러워진다. 한 가지 양식이 시대를 대표할 만한 주도적 설득력을 갖추지 못할 경우 돌파구가 보이지 않는 어려운 처지에 놓이게 된다. 특히 건축가가 모더니즘 원리주의자일 경우 더욱 그렇다. 모더니즘의 기본 이념을 굳게 믿는 마음은 변함없는데 세상은 너무나 빨리 모더니즘을 벗어나 다원주의 시대로 접어들어 버렸다.

아직도 모더니즘의 기본 개념을 버려야 할 만큼의 근본적인 시대 변화는 일어나지 않는 상황에서 유행처럼 변하는 현재의 다원주의에 대해 모더니즘 원리주의자들은 대처하기가 쉽지 않다. '아름답게 퇴장' 하기에는 아쉬움이 크다. 유행 변화에 귀를 닫자니 시대에 뒤쳐진 낡은 세대 취급을 받게 된다. 유행을 좇는 것은 더 못할 일이다. 암만 봐도 천박해 보이는 유행을 좇기 위해 신앙처럼 견고해진 기본 철학을 버릴 수는 없는 일이다. 이럴 경우 유행을 초월하는 보편적인 건축 주제를 기본 골격으로 삼아 이 위에 여러 양식 어휘를 혼합하는 방법은 이런 딜레마를 극복하는 유용한 방법이 될 수 있다.

동아방송대학 캠퍼스에서는 시대를 초월한 보편적 가치를 갖는 기하학적 구성으로 전체 구도를 잡고 그 위에 다양한 양식 어휘를 첨가해서 건축 이야기를 풀어나간다. 양식 어휘는 모더니즘 건축에서 형성된 '기둥 구조와 벽체 구조 사이의 관계' 라는 보편적 주제를 응용했으며 여기에 요즘 유행하는 사조를 몇 가지 더해서 다양성을 꾀했다. 이런 식으로 몇 단계의 구성을 거치면서 건축가는 시대 변화에 보조를 맞추면서도 그것을 일회성 유행이 아닌 원리주의에 대한 논쟁으로 발전시키고 있다.

캠퍼스는 타원형으로 대지 경계를 구획해서 기하학적 구성을 강하게 드러낸다. 그 속에 들어가는 건물들도 육면체와 원형 같은 기하학적 형태로 윤곽을 잡아서 대지 경계에 나타난 기하학적 구성에 보조를 맞춘다. 배치도를 보면 기하 구성이 전체 질서를 주도한다. 개별 건물의 기본 기하 형태에 다시 일정한 조작을 가해서 형태적 다양성을 꾀한다. 어떤 건물은 온전한 형태의 원형 입체로 놔두었는가 하면 육면체는 계단형으로 잘라낸 뒤 완만한 곡면을 둘러 배를 불렸다. 기하 조작을 가했지만 전체 분위기는 분산적이거나 혼란스럽지 않다. 기하학적 구성의 질서 형성 기능을 획일적으로 강요했을 때 나타나기 쉬운 딱딱함을 완화해주는 최소한의 건축적 기교에 가깝게 느껴진다. 적절한 범위 내에서 원형을 유지하면서 동시에 알맞은 만큼의 조형 조작이 수반되는 기하 형태는 본래의 질서 형성 기능을 잃지 않으면서 풍부한 이야깃거리를 제공해준다.

혼재된 질서는 이야기를 낳고 |

이렇게 형성한 기하 구성에 여러 재료와 양식 어휘들을 섞으면 캠퍼스는 나름대로의 스토리 구성력을 갖기 시작한다. 혼재는 분산이나 혼란으로 나타나지 않고 질서를 형성하는 역할을 하게 되는데 다양한 재료와 양식 어휘를 프로그램 구성에 따른 권역이나 기능 타입별로 분류해서 할당했기 때문이다. 예를 들면 본관은 석조 고전주의로, 강의동과 실습동은 벽돌 조적에 흰색 수평 띠를 두른 포스트모더니즘으로, 계단실이나 브리지 같은 이동 부재는 금속과 유리를 이용한 후기 모더니즘으로 각각 처리하는 식이다. 이외에도 교수 연구동은 정사각형과 격자망으로 입면을 짠 가운데 그 측면에 판재 느낌이 강한 계단실을 덧붙였는데 마이어Richard Meier의 뉴욕 파이브New York 5 건축을 연상시킨다.

이런 대응은 대응되는 건물의 상징성과 일정 부분 일치된다. 본관의 고전주의는 보수적인 건물의 특징과 잘 어울린다. 실제로 많은 대학교 본관이 고전주의로 지어진다. 강의동과 실습동은 학생들의 공간이므로 유행 성격이 강한 포스트모더니즘과 잘 어울린다. 이동을 담당하는 부재는 경쾌한 분위기의 후기 모더니즘과 잘 어울린다. 교수 연구동은 형평성과 영원성을 상징하는 정사각형이나 격자 어휘와 잘 어울린다. 이처럼 동아방송대학은 다양한 기하 형태와 양식 어휘를 프로그램 구성에 맞추어 분류, 할당하는 방식으로 캠퍼스의 기본 골격을 짜고 있다.

이렇게 구성된 각 권역은 독특한 분위기를 갖는 장소place로 발전한다. 캠퍼스는 행정 기능과 교육 기능, 교수 동선과 학생 동선, 일반 교과와 실습 교과 등 대비적으로 분리되는 프로그램 해석에 따라 몇 개의 권역으로 나뉘어 있다. 그러면서 모든 권역은 연속적인 실내 동선에 의해 단절 없이 하나로 연결된다. 이런 구성은 권역별로 적절한 건축적 개성을 갖는 장소를 필요로 한다. 이런 장소가 없을 경우 전체적 구성은 단조로운 기능적 공간의 연속에 머물거나 아니면 지나치게 다양성에 집착할 경우 자칫 혼란스러운 어색함으로 끝나버리기 쉽다. 이곳에서는 권역마다 건축적 의사를 분명하면서도 다양하게 표현함으로써 사용자에게 기억의 장소를 마련해준다.

강력하게 구획한 대지 경계 속에 다양한 기하 형태로 구성된 건물들을 배치시킨 후 여러 양식 어휘를 대응, 혼재시키는 디자인 기법은 이미 고대 로마 때부터 있었다. 로마 황제였던 하드리아누스가 로마 근교에 자신의 은퇴 유향지로 지은 하드리아누스 빌라Hadrian's Villa가 좋은 예이다. 작은 마을 규모였는데 수십 채의 건물을 한 번에 새로 지어넣어야 했다.

건축에 남다른 관심이 많았던 황제는 도처를 정복하러 다닐 때 봐둔 세계 각지의 건물 양식을 모아서 마을을 구성했다.

마치 그릇 속에 물건을 수집하여 담듯이 여러 양식 어휘를 모아서 복합 건물군을 구성하는 하지파지hodgepodge라는 기법의 시초였다. 한 가지 주도적 양식 사조가 실종한 시기에 자주 등장하는 구성 방식이다. 하드리아누스 빌라는 로마 건축 양식의 쇠퇴기와 초기 기독교 양식의 발아기가 교차하는 전환기 때 지어졌다. 산업혁명과 함께 물질문명이 등장하면서 극도의 정신사적 혼란을 겪은 19세기 초에도 이런 기법이 등장한 적이 있다. 존 손 경John Soane은 단일 구조물 안에 여러 양식 어휘를 수직으로 모아 담아서 자신의 주택 겸 골동품 박물관을 지었다.

1960년대 이후 현대건축에서 하지파지 구성은 여러 갈래로 활용된다. 대중 상업 문화가 낳은 놀이 공간이나 대형 상업 공간을 구성하는 기본 주제인 테마파크란 개념도 이것의 한 종류이다. 더 넓게는 현대건축에서 대형 복합 기능을 구성하는 대표적 건축 방식인 콜하스Rem Koolhaas의 '혼잡congestion' 개념 역시 하지파지를 기본 바탕으로 삼는다. 동아방송대학 캠퍼스의 구성 방식은 이것을 단일 건물이 아닌 복합 건물군으로 확대한 경우에 해당된다.

기둥과 벽체를 이용한 모더니즘 스토리 |

구성 요소를 혼재했는데 오히려 질서 형성 기능을 할 수 있는 또 다른 중요한 이유로 여러 건물 사이에 '기둥 구조와 벽체 구조 사이의 관계' 라는 주제를 공통적으로 적용한 점을 들 수 있다. 모더니즘 건축의 기본 축조

7-3 ━ 7-6 동아방송대학

방식에서 파생된 대표적 주제인데 둘을 이런저런 방식으로 섞어 써서 다양한 모더니즘 스토리를 지어낸다. 산업혁명이 탄생시킨 철골과 철근콘크리트라는 신 구조 체계는 전통 석조 건축을 구성하던 내력벽체 구조를 기둥 구조로 대체했다. 기둥 구조에 의한 벽체의 해방이었다. 벽체가 담당하던 내력 기능을 철골과 철근콘크리트 기둥이 대신 떠맡으면서 벽체는 자유로운 조형 어휘로 해방된 것이다.

벽체는 투명한 유리로 막아도 무방했고 곡면 같은 자유 형태로 처리해도 무방했다. 천장이나 바닥 혹은 다른 벽체와의 사이에 틈을 두어도 괜찮아서 상호관입이나 복합 공간처럼 공간 처리에서도 많은 자유가 허용되었다. 한편 강도가 대폭 향상된 신재료로 만든 기둥은 기존의 석재 기둥보다 몇 배 가늘어진 모습으로 두꺼운 내력벽에 대비되며 효율과 경제성을 상징했다. 띄엄띄엄 서 있는 날렵한 기둥 몇 개가 건물 전체의 하중을 거뜬히 받쳐내는 모습은 그 자체가 기술 문명의 승리를 상징하는 모더니즘의 도상icon 가운데 하나였다. 우리가 알고 있는 모더니즘 건축의 핵심적 내용 가운데 많은 부분이 사실은 기둥 구조에 의해 벽체가 내력 기능에서 해방되면서 나타난 결과였다.

동아방송대학 캠퍼스에서는 기둥 구조의 승리를 강조함으로써 모더니즘 강령이 여전히 유효함을 주장하는 건축가의 기본 시각이 곳곳에서 표현되고 있다. 그러나 기둥은 더 이상 성기盛期 모더니즘에서 효율을 뽐내던 날렵하고 가지런한 모습은 아니다. 기둥 구조의 역할을 효율보다는 건축적 이야기를 풍부하게 해주는 표현 능력에서 찾으려는 쪽에 가까워 보인다. 기둥 구조를 벽체 구조를 완전 배제한 유일 요소로 정의하던 독단에서 벗어나 벽체 구조와의 혼용을 통한 표현체로 정의하는 처리가 구체적 예이다. 심한 경우 기둥 구조의 효율을 건축적 미덕, 나아가 진리로 받아들이던 모더니즘의 기본 강령에 대해 거부까지는 아니더라도 심한 의문을 표시하는 장면까지도 발견된다. 모더니즘의 기본 강령에 대해 기교적으로 응용과 각색을 가하려는 후기 모더니즘의 한 경향이다.

구체적 장면을 보자. 본관 중앙에 두 개 층이 뚫린 빈 공간을 가로지르며 서 있는 거대 필로티pilotis는 손가락이 물건을 잡아 받쳐 드는 형식으

7-7 ■ 7-10 동아방송대학

로 위층의 본체를 받치고 있다. 이때 본체는 벽체 구조의 모습을 하고 있다. 물론 본체도 기본 골격은 아래의 필로티가 연속되는 기둥 구조지만 겉으로는 기둥을 의도적으로 가린 벽체 구조의 모습으로 처리했다. 그 결과 2층 높이의 거대 필로티가 긴 벽체 덩어리를 허공에 번쩍 들어 받쳐 든 장면이 제시된다. 기둥 구조의 역학적 우월성을 웅변적으로 주장하는 장면이다. 필로티가 벽체와 만나는 부분을 손가락이 물건을 집는 모양으로 만

7-11 ■ 7-12 동아방송대학

7-13 7-14

7-13 ■ 7-14 동아방송대학

든 처리는 기둥의 탁월한 구조 기능을 상징하는 구조 미학의 대표적 기법으로 웅변적 주장을 과장하는 것이다.

자세히 살펴보면 반드시 기둥 구조의 우월성만을 강조하지는 않는다. 받침을 당하는 벽체 덩어리에 비해서 받치는 기둥이 지나치게 크다. 기둥 하나의 크기 자체도 크지만 그것도 모자라 쌍 기둥을 세 쌍이나 동원해서 벽체 덩어리를 받치고 있다. 기둥은 더 이상 기운 센 역사가 아니다. 기둥의 밑동을 두껍게 처리한 것도 같은 의미이다. 힘에 겨운 기둥이 지면과 접하는 발바닥의 면적을 크게 잡은 모습으로 읽힌다. 이런 모습은 기둥이 탁월한 구조 기능을 뽐내는 것으로 받아들여졌던 첫 인상과 반대되는 내용이다.

진정 기둥 구조의 우월성을 주장하고 싶었다면 벽체를 받치는 데 필요한 기둥의 최소 크기를 찾아내어 '이렇게 가느다란 기둥으로 이렇게 큰 덩어리를 받쳐낼 수 있음' 을 보여주는 방법이 더 좋았을 것이다. 아니면 캔틸레버cantilever 같은 고전적 기법도 있다. 구조적 효율이라는 모더니즘

7-15 ━ 7-18 동아방송대학

이상이 조형적으로는 시각적 상식을 깨는 역동적 모습으로 표현되었기 때문이다. 그러나 이곳에서는 기둥을 시각적 상식에 너무도 합치되는 편안하고 안정된 모습으로 처리했다. 역학적 한계를 넘나들며 기술 의지를 뽐내려던 모더니즘 이상은 이제 철 지난 강박관념이 되어버린 느낌이다.

본관의 기둥 구조가 끝나면서 도서관의 벽체 구조로 넘어가는 전이 지역에서 같은 내용이 반복된다. 기둥을 벽체에 반쯤 묻힌 불완전한 모습으로 처리한 것이다. 벽체를 내력 역할에서 해방시킨 힘찬 역사의 이미지는 온데간데없고 기둥은 마치 벽체에 부속되어 벽체를 거드는 보조자의 모습으로 나타난다. 기둥 구조가 상징해내던 구조적 효율의 가치는 본관과 도서관에서 심하게 왜곡되거나 아예 거부당했다. 모더니즘의 기본 강령을 기교적으로 왜곡시키는 후기 모더니즘 역사관을 이야기해주고 있다.

기둥과 벽체를 이용한 모더니즘 왜곡 |

이처럼 본관과 도서관에서는 기둥과 벽체 사이의 관계를 표현하는 두 가지 방식이 등장했다. 기둥이 손가락 모양으로 벽체를 받치거나 기둥을 벽체 속에 반쯤 함몰시킨 처리이다. 강의동에서는 세 번째 방식을 사용했다. 이 건물의 2층에서는 기둥 열이 벽체와 완전 분리되어 앞으로 돌출해 있다. 벽체는 전면 유리의 커튼월curtain wall이 되었으며 기둥 열은 옥외에 열주를 형성하고 있다. 커튼월은 모더니즘의 기둥 구조가 가져다준 벽체 해방의 결정판으로서 벽체를 기둥에서 완전히 분리시켜 말 그대로 커튼 같은 하나의 막으로 덮는 공법이다.

커튼월을 사용한 건물에서 기둥은 더욱 구조적 효율을 뽐낸다. 기둥

7-19 동아방송대학

에 금속재를 사용해서 굵기를 최대한 줄이거나 커튼월을 기둥 앞에 쳐서 건물 전면을 덮는 식이다. 기둥 앞에 커튼월을 두는 것은 유리벽이 하나의 막처럼 처리된 모습을 강조하기 위해서이다. 이곳 강의동에서는 이런 상식적 규칙을 반대로 처리해서 다시 한 번 모더니즘의 기본 강령에 대해 기교적 왜곡을 가하고 있다. 기둥을 가장 재래적 재료인 조적으로 처리했다. 기둥 골격은 콘크리트로 만들고 그 위에 조적으로 표피를 입히기 때문에 기둥 비례는 더할 수 없이 짧고 굵게 된다. 마감 재료와 실제 나타난 결과 모두에서 커튼월과 관련된 모더니즘의 상식인 날렵한 금속 기둥과 반대로 간 것이다.

7-20 동아방송대학

커튼월과 기둥 사이의 위치 문제도 상식과 반대로 처리했다. 커튼월은 두껍고 짧은 조적 기둥 열 뒤쪽에 한발 물러서서 세워져서 모습이 전혀 보이지 않는다. 건물 전면에 투명 막을 드리우며 기둥 구조의 승리를 자랑하는 훈장이 되어야 할 커튼월이 두꺼운 기둥 뒤에 숨어버린 것이다. 어쩌다 기둥 열 옆에서 본다고 해도 짧고 굵은 조적 기둥이 앞에서 가리고 있기 때문에 더 이상 커튼월로 느껴지지 않는다. 커튼월의 매력을 모두 잃어버린 상태여서 그저 흔한 유리벽으로 보인다. 커튼월과 관련된 상식을 뒤집는 이런 반전을 통해 기둥은 신문명을 상징해내던 첨단체로서의 기능을 박탈당하고 있다.

반전은 교수 연구동에서 완결된다. 기둥이 장식 부재로 쓰이면서 모더니즘 건축을 탄생시켰던 원형 요소로서의 권위가 거세된 모습으로 나타난다. 기둥과 보로 구성되는 가구식 구조의 윤곽을 노출할 경우 보통 십자 구도의 모습으로 나타난다. 성기 모더니즘에서 십자 구도는 구조 기능을 효율, 표준 원형, 축조 질서 등 여러 방향으로 상징한다. 그러나 교수 연구동에서 십자 구도는 더 이상 구조 기능을 상징하지 못한다. 격자망을 구성하는 선형 장식 부재로 흡수되고 있다. 두 곳에서 이런 입면 처리 방식을 볼 수 있다.

한 곳에서는 1층을 두껍고 폭이 넓은 사각기둥 열로 처리해서 위층의 격자 구도를 받친다. 사각기둥의 비례를 강의동처럼 필요 이상으로 크고 두껍게 처리해서 기둥 구조의 효율을 의도적으로 훼손하고 있다. 위쪽 격자 구도에서는 기둥이 장식재로 전환됨으로써 구조 역할을 완전 상실한다. 둘을 합하면 기둥 구조의 역할에 대한 총체적 반전을 표현한 것으로 해석할 수 있다.

다른 한 곳에서는 더 심한 반전이 일어난다. 유리 블록 사이의 여백을 메우는 조적 면이 기둥의 위치를 암시하고 있을 뿐이다. 이것마저도 격자망을 구성하는 수직 선형 부재가 한가운데를 가로질러가면서 더 이상 기둥이 아닌 장식 요소로 전환되어 있다. 모더니즘 건축의 전성을 일구어낸 1등 공신이었던 콘크리트 라멘 구조의 골격이 이곳에서는 격자망을 구성하는 수직-수평 선형 부재로 전환되어 있다.

7-21 ■ 7-24 동아방송대학

8.

변용 대담

■

땅 위에 선을 긋는다는 것의 의미

8. 변용 대담

땅 위에 선을
긋는다는 것의 의미

임석재 크지 않은 규모이긴 하지만 그래도 하나의 전문대학을 한 번에 전체를 설계한다는 것이 쉬운 일이 아닌 것 같습니다. 전체 계획을 통해서 제안한 개념은 무엇입니까?

변용 건축을 만들어 나가는 과정 속에서 단계별로 크게 세 가지 개념을 시도해봤습니다.

첫째, 대학 캠퍼스의 마스터 플랜을 해결해 나가는 과정에 적합한 방법론의 시각에서 수사학적인 접근 개념이고, 둘째, 52만 평 대지와 해발 100미터부터 360미터까지의 편차가 있어 고저 차가 심한 대지의 형국에서 새로운 질서를 찾아주는 개념이고, 셋째, 아카데믹 플랜에서 설정되는 프로그램을 운용하고 수용할 수 있는 시스템에 관한 제안이었습니다. 시스템은 소프트웨어에서 인프라스트럭처까지를 포함합니다.

개념별로 부언하면 첫째, 대학 건축이 가져야 하는 미덕 가운데 하나는 사용자인 학생들에게 기억의 장소를 제공할 수 있어야 한다는 점이죠. 그래서 각각의 장소에 요구되는 시퀀스마다 건축적 의사를 분명히 하기 위해 수사적 어휘를 구사했으며 이를 구체적으로 형상화하는 노력이 있었습니다.

둘째, 질서를 찾는 개념은 현장을 처음 접하면서 바로 느꼈습니다. 등고선이 혼재되어 있어서 더욱 강렬한 질서가 필요하다고 판단했고 이를 위해 일정한 형식의 질서를 머릿속에 그려봤어요. 이런 질서가 주변 능선들의 불협화음을 조율해야 한다고 믿게 되었습니다. 이를 위한 개념으로 자연스럽게 기하학적으로 완성된 형태가 필요하게 되고 그것이 주변을 수용하는 형상이 되기를 기대했죠.

셋째, 시스템의 제안은 논의의 대상이 되는 동아방송대학에서뿐만 아니라 원도시건축의 작품마다 습관적이라 할 정도로 제안되는 것이기는 합니다. 1980년대에 성균관대학 마스터 플랜에서 시도했던 개념을 이곳에서는 교수와 학생 동선, 학생의 일반 교과와 실습 교과를 구분하고 분리하는 식으로 더 발전시켰어요. 이런 분리를 체계적으로 설정해서 표현하는 일을 주요 개념으로 잡았습니다.

그 밖의 개념으로는 이 학교가 방송대학이기 때문에 건축물 자체를 촬영세트 개념으로 접근한 점을 들 수 있겠는데, 이것은 건축물이 다양한 양상을 갖게 되는 이유가 되고 있죠.

임석재 첫 번째 개념이 홍미롭습니다. 수사학적 접근 개념에 대해 좀 더 자세히 설명해주신다면요. 예를 들면 어떤 시퀀스의 개념이 있으며 여기에 어떤 종류의 수사적 어휘를 사용하셨는지.

변용 학교가 접지하고 있는 등고선, 즉 능선의 물리적 형상이 약 30미터 길이마다 1개 층 정도의 높이 차이가 나는 경사 분포를 보이는데 이를 최대한 활용해서 자연스럽게 동별로 계단식 단면이 되어 적응하는 결과를 가져왔습니다. 이것은 다시 레벨이 서로 다른 마당들을 건물별로 갖게 되는 결과를 낳게 되고 이 각각의 마당이 차별화되어 개성 있는 장소가 되도록 하자는 의도였죠. 이런 의도가 먼저 구체적 · 물리적 형상으로 표현되기를 기대했고 그 수단을 이용해서 시퀀스가 건물로 연출되게 했습니다. 시퀀스가 일정한 의미를 갖도록 하려면 그 의미를 수사하는 건축 어휘를 설정하고 그 어휘에 충실하게 집중하는 과정을 거쳐야 합니다. 이것은 한 시퀀스에 여러 의도가 혼용되는 것을 막고 절제된 공간이 되도록 하는 의미도 있어요. 예를 들면 본관의 누하진입樓下進入이 그러하고 캠퍼스 전체에 걸쳐 나타나는 양개兩開 마당, 즉 건축물 사이에서 양쪽으로 열려 있는 마당이 그렇죠. 이런 수사학적 처리들은 점증, 바람, 조절 등의 주제 아래 설정되었습니다.

임석재 캠퍼스의 전체적인 분위기가 경사지를 이용하여 아늑한 장소를 만들려는 의도를 느끼게 해줍니다. 또 실제로 그런 분위기가 잘 살아나는 것 같고요. 대지의 자연적 조건을 처리한 의도와 내용을 좀 더 자세하게 설명해주시겠습니까?

변용 대지를 해석하는 능력은 건축가가 갖추어야 하는 중요한 감성 가운데 하나라고 생각해요. 하지만 상대적으로 경계해야 하는 것으로, 인문사회학적 요소나 물리적 분석 과정에서는 철저하게 객관적이어야 한다는 생각으로 건축에 임하고 있습니다. 이런 관점에서 현재는 캠퍼스 대지가 마스터 플랜을 갖고 있지만 대지의 입장에서 생각하면 이런 결과로 귀결된 것은 상당히 우연의 결과라고 생각합니다. 같은 대학이라 해도 또 다른 아카데믹 플랜이었다면 어떠했겠는가 하는 생각도 해보죠. 아무튼 상대적 가능성의 검토가 대지를 읽어내는 데 상당한 도움을 주었습니다. 우선 자연적 조건을 운용한 내용을 설명드리면 지금 대학의 중심이 되는 원형의 객관적 근거는 가용용지 분석에서 나온 것입니다. 본관, 강의동, 실습동의 프로그램이 들어갈 수 있는 가용용지를 찾고 혼란한 지세를 정리해줄 정돈된 기하학적 원형을 원으로 선택, 등고선에 적용하여 결국 현재와 같은 원형이 되었습니다.

임석재 배치도나 모델을 보면 캠퍼스 윤곽을 구성하는 타원형이 매우 인상적이었습니다. 타원형 속에서 건물들이 배치되는 형상도 기하적 의도를 많이 느끼게 해주고요. 기하적 형태를 도입한 의도와 그것을 구체적으로 건물에 적용시킨 내용은 어떤 것입니까?

변용 전술한 땅의 형국에서 얻어낸 결과 이외에도 시스템 측면에서도 그러해서 본관, 강의동, 실습동 모두 한 동으로 묶여 있지만 각개의 또 다른 기능들로 역할을 갖고 있습니다. 예를 들어 본관은 학교행정과 도서관으로, 강의동은 교수 연구실, 강의실, 학생회관으로, 실습동은 교수 연구실, 강의실, 실습시설 등으로 구성되었기 때문에 외곽으로의 접근이 필요했고 특히 실습동의 경우 세트 제작 창고에 별도의 서비스 진출입이 필요했죠. 다시 말해 모든 방향에서 출입을 요구하는 기능이었습니다. 내부적으로는 동선의 필요로, 외부적으로는 전술한 바와 같이 주변 환경 속에서 구심성을 확보하기 위해 기하학적 완성형을 갖도록 하였습니다.

임석재 한 가지 아쉬운 점은 타원형의 윤곽을 실제 사용자는 거의 느끼지 못한다고 생각하는 점입니다. 건축가의 머릿속에서만 머물고 도면에서나 파악이 가능한데 이 점에 대해 어떤 의견이신가요?

변용 개교 당시 우리나라 최초의 방송대학이라는 뉴스 보도가 있었는데 그 카메라 앵글에는 잡히더군요. 타원형이 인식되기를 기대하기보다는 도시를 감상하는 외곽순환도로와 같이 타원의 루프 도로는 그 자체의 의미보다는 도로로서의 역할이 더욱 중요하다고 봅니다. 실제로 이 학교를 처음 방문하는 사람들은 이 루프 도로를 통해 학교를 파악하고 있습니다. 이것 외에도 학생들에게는 관념의 축으로 작용하여 우리 학교는 동그란 원형 안에 자리 잡고 있다는 동질감을 부여하고 있더군요.

임석재 기둥 구조와 벽체 구조 사이의 관계 설정에 대한 고민이 여러 곳에서 감지됩니다. 이 주제는 전통 건축이나 모더니즘 모두와 연관이 있는데요. 이 문제에 대한 명확한 철학 같은 것이 시도되었는지요?

변용 새삼 전통 문제의 해결로 이 해법을 설명하는 것은 의미롭지는 않지만 지적대로 그것을 고민하고 시도한 것은 사실이고 그것이 건축의 본질일 수 있을 겁니다. 전체를 구성하는 수사학적 어휘를 누하진입, 면의 중첩, 안마당 등과 같이 우리 건축에서 찾기 위해 애를 썼습니다. 이것이 자연스럽게 본관에서는 필로티의 누하진입이, 강의동에서는 또 하나의 면이 되었습니다. 강의동에서 교수 식당으로 가는 통로 등에서 쉽게 만나게 되는 기둥에서의 면의 이탈이 우리 건축의 회랑 등의 분위기를 갖는 것도 사실입니다. 또 그렇게 읽혔다면 수사적 접근의 시도가 어느 정도 실현을 본 셈이 되죠.

임석재 기둥 구조와 벽체 구조 사이에 관계 설정 문제는 모더니즘 건축에서도 중요한 주제였습니다. 건축가가 모더니즘에 대해서 갖는 시각이나 역사성 혹은 철학 등을 표현하는 통로가 되기도 하죠. 이런 관점에서 말씀해주신다면…….

변용 르 코르뷔지에Le Corbusier의 자유 벽체 개념과는 다르게 이해되기를 기대합니다. 물론 구조 개념으로 혹은 모더니즘의 원리 개념으로 접근해야 한다는 임 교수님의 지적에 동의하지만 결과적으로 사용자에게 동선의 재미를 느끼게 해주기를 기대합니다. 모더니즘에 대해서는 그 대답을 너무 모더니즘에 국한해서 설명하기보다는 건축 사조에 대한 평소 생각을 좀 더 피력하는 것이 의미로울 듯한데요. 원칙적으로 건축 사조에 대해서는 지식을 습득하는 차원으로 받아들이고 있어요. 그저 원도시가 지금까지 해오고, 앞으로 해갈 작업과 생각에 오히려 충실하고자 합니다. 하지만 우리의 프로세스에서 시스템을 정하는 과정이나 조형의 위계 설정 과정에 현대modern의 정신이 있다고 봅니다. 또한 전통에 관해서는 기본적으로 인간이면 인격체를 갖듯이 건축가라면 전통에 관한 습관적 체질이 있어 전통적 바탕이 놓아 있어야 한다는 생각이에요. 건축가의 논리 전면에 전통이 우선하는 것은 초보적이기도 하고 교과서적인 것 아닐까요.

임석재 전통 건축의 목구조에 대한 해석도 위 대답에 포함되는지요?

변용 기본적으로 전술된 바와 같지만 목구조 개념으로 해석되기를 기대하는 내용을 구체적으로 말해보면, 우선 일정한 프레임 속에 기능의 모습대로 인필in fill된 것으로 보이게 하려는 의도가 있습니다. 그다음으로 강의동과 교수 연구실 입면을 구성하는 수단으로 사용했습니다. 물론 수사적 의사의 범주 안에 있는 셈이기 때문입니다.

임석재 구체적인 예로, 본관에서 필로티가 그 위의 매스를 떠받치는 모습이나 측면의 매스와 만나는 부분에서의 기둥의 처리가 흥미롭습니다. 기둥 자체의 모습도 그러한데, 이런 처리 등에서 의도된 것은 무엇입니까?

변용 본관의 필로티는 대지의 고저 차이를 담당함과 동시에 타원 안에 주 캠퍼스의 게이트 역할을 수행하는 것으로 이해되기를 기대합니다. 필로티의 기둥 처리는 좀 역동적으로 보였으면 하는 감각에서 나온 것이고 자칫 큰 자연 속에 너무 정적인 캠퍼스가 되는 것을 경계하고자 했어요.

임석재 벽돌, 석재, 금속 등 여러 재료가 다소 혼란스럽게 섞이고 있습니다. 어떠한 의도하에 그랬는지…….

변용 두 가지 이유로 설명할 수 있겠습니다. 하나는 전체 마스터 플랜 개념에서 질서의 설정은 기하학적 완성형을 요구했고 그 도형은 대학의 다양성을 구속했습니다. 그에 대한 반대급부로 그 질서 안에서 다양성을 유지해줄 수 있는 것이 재료라고 보고 그것을 택한 것입니다. 또 하나는 건축과 건축이 만나게 될 때 입체와 입체가 아니라 면과 면, 혹은 최소한 면과 입체가 만나도록 설정하고 그것이 좀 더 극명하게 나타나도록 그때마다 재료를 달리했습니다. 그러나 같은 위계에서는 같은 재료가 되도록 했지요. 예를 들어 면이 석재이면 입체는 벽돌로 통일하여 다양하지만 일관된 질서를 갖도록 했습니다.

임석재 혹은 강의실을 보면 조적 마감이고 기둥의 크기가 비효율적으로 크게 되어 있습니다. 그런 위에 커튼월을 덧붙이고 있어요. 그런데 커튼월은 원래 기둥 구조의 효율성을 뽐내기 위한 것으로 알고 있습니다. 이런 불일치가 특정 메시지를 전달하기 위한 의도적인 것이었는지요?

변용 재료가 다양해진 이유 가운데 또 다른 하나는 시간의 개념을 의식해서입니다. 서두에 언급했듯이 이 학교는 캠퍼스가 동시에 만들어진 경우지요. 그래서 한 번에 지어지는 결과물은 시간의 흐름을 감지할 수 없다는데 착안하여 의식적으로 다양한 국면을 만들어보았습니다.

임석재 형태적으로도 다양성을 충분히 시도하는 것으로 보입니다. 또한 첫 번째 의도에서는 다양성을 위해서, 반대로 두 번째 의사에서는 통일성을 위해서 재료를 혼용했다고 하셨지요. 건축가의 의도가 명확히 전달되지 않는 것 같은데 좀 더 자세히 설명해주시겠습니까?

변용 재료의 혼용은, 결과적으로 재료를 세어보니 그러한 것이지만, 벽돌, 석재 그리고 체육관의 알루미늄 시트로 삼분되는데 전술한 바와 같이 각각의 레이어layer에 충실하고자 하는 의도였습니다. 통일성은 각각의 레이어가 그 기능을 달리하지만 동일한 재료를 사용해서 그 레이어 사이에 동일한 위계를 준 경우를 말하는 거죠. 예를 들어 강의동 전면 벽과 실습동 전면 벽을 석재로 통일한 점을 뜻하는 것입니다.

임석재 선생님께서는 어려운 시기에 건축을 시작해 파트너십도 잘 지속시키며 한국 현대건축 발전에 큰 기여를 하셨습니다. 그런데 최근 한국 현대

건축도 원도시건축의 이상과는 다소 다른 방향으로 전개되고 있는데, 이런 현상에 대해 어떤 의견이신가요?

변용 급변하는 건축 사조에 대한 인식은 하려고 노력하지만 그것이 우리가 가지고 있는 논리적 전개에는 그다지 영향을 주지 않는 듯합니다. 하지만 분명한 것은 그러한 사조와 경향 들이 우리 작업에 알게 모르게 풍요롭게 해주는 요인인 것은 인정해야 한다고 생각합니다. 이런 부분 때문에 원도시건축이 다소 공격적이지 못하지 않나 하는 이야기를 듣는 것 같아요. 이런 의문은 혹시 단편적 시각이 아닌가 생각합니다. 본의 아니게 관공서 건축이나 민간 대형 건축을 수행하게 되었는데 건축 기술에 의한 건축적 해결에 치중하다 보니 근대 모더니즘의 전통에 머물게 되었고 유행의 물결과는 거리가 있어 보입니다. 그러나 이런 우리의 경향이 역사적인 경험을 보더라도 소멸되거나 일시적 현상에 머물지는 않을 것으로 봅니다.

임석재 끝으로, 앞으로의 계획은 어떤지 말씀해주십시오.

변용 지난 25년의 원도시건축 작업 과정들을 볼 때 앞으로도 그간의 경험과 그 근저의 논리는 지켜질 것으로 생각합니다. 그러나 변화가 있다면 그동안 추구해온 이성적 건축뿐만 아니라 감성적 건축으로의 도전도 있을 것입니다.

■ section 2

문화비평

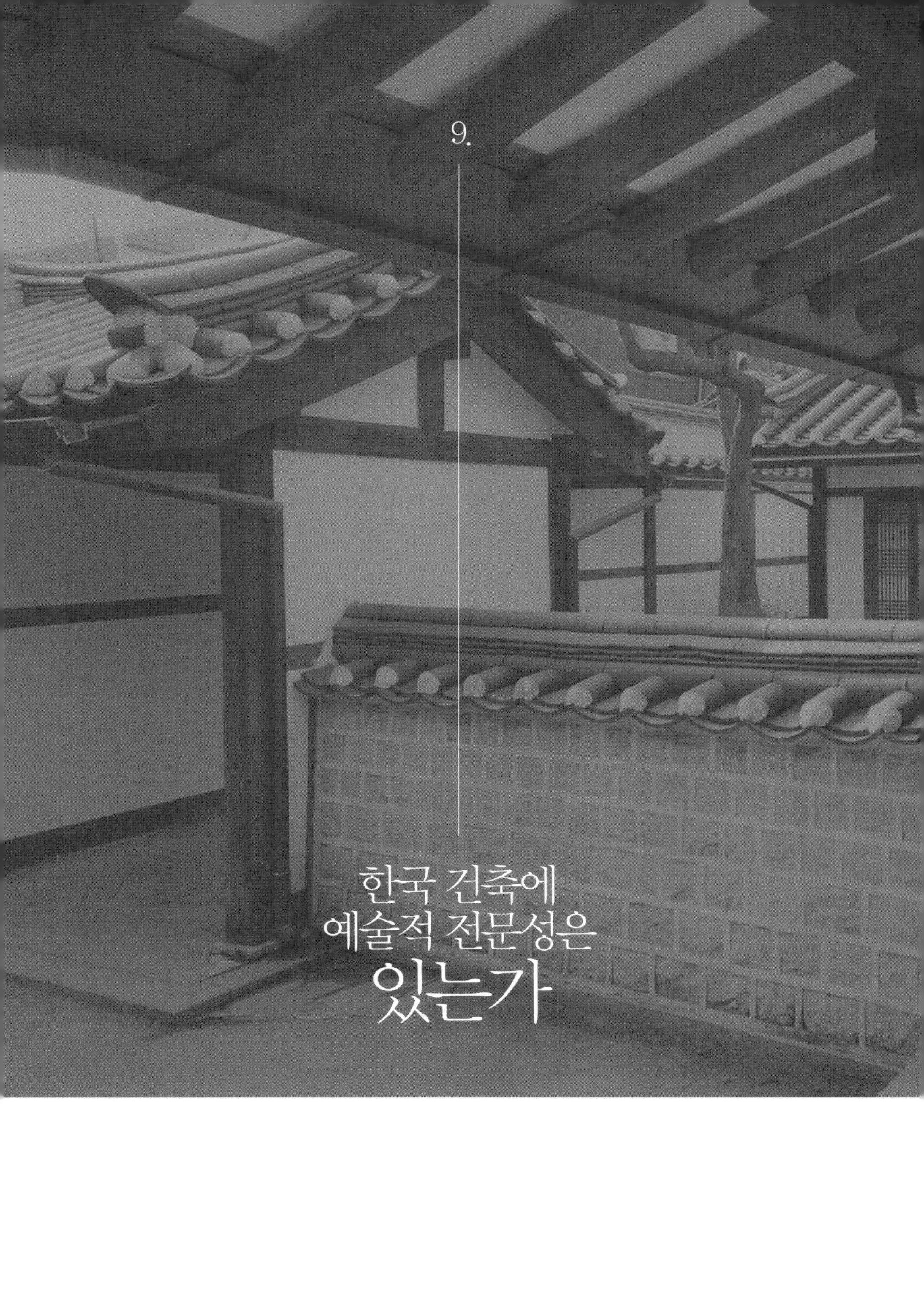

9.

한국 건축에 예술적 전문성은 있는가

9. 한국 건축에 예술적 전문성은 있는가

서양 건축의 모방과 전통의 재해석 문제 |

우리 사회는 서양 문화에 대해서 맹목적 수용과 강도 높은 배척이라는 양면적 태도를 취하면서 콤플렉스에 시달려왔다. 많은 사람이 명분상 우리 것을 추구하는 것이 옳다고 주장하지만 사실 그들조차도 뒤돌아서면 어쩔 수 없이 서양 문화를 좇을 수밖에 없는 이중적 상황이 예술 문화의 각 분야에서 벌어져왔다. 아니, 숫제 우리 것과 서양 문화를 굳이 구별하는 것이 무의미해졌다는 것이 더 정확할 것이다. 우리가 먹는 것, 입는 것, 사는 것이 모두 서양식이어서 이제 이 땅에서 숨 쉬고 살아간다는 것은 곧 서양 문화를 따른다는 것과 같은 말이 되었다. 하지만 이런 이중성을 극복하기 위해서는 여전히 우리 것을 잘 알아야 한다는 주장 역시 계속해서 가장 바람직한 대안으로 제시되고 있다. 건축도 예외는 아니다. 이 글은 건축에서 이런 문제를 극복하는 대안으로 오히려 서양 것을 철저히 익혀 그것으로 서양인들과 경쟁해서 이길 것을 제안하는 다소 이방인적인 글이다.

구한말 우리는 자의반 타의반으로 서양 문명을 처음 접했다. 그러나

9-1 국립민속박물관
9-2 독립기념관

정작 본격적인 근대화는 아쉽게도 우리가 주체가 되지 못하고 일제의 식민통치에 의해 시작되었다. 일본인들이 말하는 '식민지 근대화론'이다. 당시 고종이나 조선은 독자적으로 서양 문명을 운용해서 근대화를 이룰 능력이 없었기 때문에 자신들 덕분에 철도도 놓고 댐도 세우고 근대식 행정, 법률, 교육, 의료 등 각종 제도도 가질 수 있게 되었다는 주장이다. 해방 이후 우리는 비로소 우리 손으로 근대화 작업을 시작했지만 그 근간은 일제 때 일본인이 남기고 간 것이었다.

이런 상황에서 서양 문명을 가능한 한 빨리 수입해서 그들과 동일한 수준에 올라서는 일은 국가의 운명이 걸린 절체절명의 사업이었다. 건축도 마찬가지여서 국제주의 양식을 필두로 당시 서양에서 유행하던 여러 양식을 어느 수준 이상으로 구사하는 능력을 갖추는 일이 최대 관심이었다. 그 와중에 1960년대에 처음 전통 논쟁이 시작되었다. 이후 지붕과 공포 같은 조형성 강한 형태 요소를 콘크리트로 재료만 바꿔서 번안하는 경향에서 전통 공간을 현대적으로 재현하는 경향에 이르기까지 다양한 내용이 수십 년 계속되어왔다.

이 시도는 일정 부분 성공을 거두며 한국 현대건축에 한국만의 정체성을 실어내는 결과를 낳기도 했으나 많이 미흡한 것 역시 사실이다. 전통 논의는 크게 유행하기도 하고 잠잠하기도 하는 등 부침을 바꿔가며 한국 현대건축을 관통해왔다. 서양 건축을 받아들여 그들과 동등한 수준에 이르고 나아가 그들을 능가해야 하는 사명 옆에 이 논의는 늘 함께 존재해왔다. 2000년대 들어와서 전통 논의는 20세기의 유물처럼 되어가는 분위기이나, 나는 이 논의가 시들었거나 사라졌다고 보지 않는다. 최근에는 한국다운 정체성을 찾는 작업, 즉 한국인은 누구인가라는 질문으로 계속 이어가고 있다. 건축에도 같은 질문이 가능해서 '한국 건축은 무엇인가' 라는 물음에 답해야 하는 시기가 온 것이다.

이 문제는 서양 건축의 모방을 어떻게 받아들여야 할 것이며 동시에 우리 전통을 어떻게 해석할 것인가라는 두 가지 축을 중심으로 이해해야 한다. 1995년에 이런 문제에 대해 쓴 이 글은 17년이 지난 지금 꺼내 다시 읽어봐도 부분적으로 약간의 변화를 제외하면 여전히 유효하다. 유독 건축에서만 아직 서양 건축의 모방 단계를 벗어나지 못했기 때문이며 전통 논의 역시 만족할 만한 답을 내놓지 못하고 있기 때문이다.

서양 문화는 우리에게 어느 정도의 절대성을 갖는가. 우리는 지난

9-3 그레이엄 건드, 미국 보스턴 스테이트가 75번지 건물
9-4 서울 청담동의 상업 건물

1980년대에 스스로에 대한 자각이 싹트면서 이 질문을 수없이 했다. 그 결과 '재래적' 이라며 천대받던 우리 전통 문화가 지니는 소중함을 깨닫게 된 아름다운 추억도 있다. 그러나 1990년대 중반에 이르러서도 우리의 문화 현상은 크게 달라진 것은 없는 듯하다. 여전히 서양 문화는 우리의 생

사를 결정해버릴 듯한 기세로 생활 곳곳에 더 큰 자리를 차지하고 있다. 또 여전히 그 대안을 전통 문화에서 찾아야 한다는 민족주의 명분이 공고히 반대편에 맞서 있다. 그러나 우리가 미묘하면서도 매우 중요한 변화를 겪고 있음을 간과해서는 안 된다. 이제 우리도 서양 것을 가지고 서양인과 겨뤄 이길 수도 있다는 자신감이 조금씩 생기기 시작한다는 점이다.

한국 현대건축과 서양 문화의 양면성 |

서양 문화란 늘 그래왔다. 우리에게 서양 문화는 이미 거부할 수 없는 절대적 존재로 생활의 일부가 되어버렸지만, 그러면서도 무언가 모를 마지막 한 단계의 거리감을 갖고 항상 저만치 있어왔다. 서양 문화의 국적을 매길 때 나타나는 이런 이중성은 여러 가지를 의미할 수 있다. 한편으로는 어차피 이방 문화일 수밖에 없는 서양 문화가 동양 문화권에 침투해올 때 당연하게 나타나는 초기 조건 같은 한계일 수 있다. 이런 마지막 거리감을 비집고 민족주의가 발호하면서 서양 문화의 횡포를 막아주는 수호자 역할을 한다. 반면 전문 분야에서의 경쟁이라는 관점에서 볼 때 서양 문화는 원류 문화가 갖는 높은 벽 같은 것으로 느껴져왔던 것 또한 사실이다.

우리는 이런 이중성을 갖고 우리 주위를 맴도는 서양 문화를 지난 수십 년간 받아들이며 살아왔고 이제 그 결과 젊은 세대의 입에서는 미국 본토의 것과 유사한 랩송이 거침없이 쏟아져 나오며 어느 예술 분야의 아무개는 서양인보다 기량이 뛰어나다는 찬사도 듣게 되었다. 비보이 대회나 일부 스포츠 종목에서는 이미 우리가 세계 최고의 반열에 올랐다. 최근의 싸이 열풍도 좋은 예이다.

9-5 북촌문화센터 내외벽
9-6 수졸당 내외벽

한때 우리는 서양 것을 맹목적으로 쫓았고 곧 뒤이어 이번에는 우리 것을 얘기해야만 의식 있는 지성인으로 대우받던 때가 있었다. 이런 널뛰기 현상은 건축에서도 마찬가지였다. 서양 건축과 전통 건축은 늘 상호 배타적인 택일의 문제로 건축가들을 괴롭혀왔다. 서양 건축은 전통 건축에 반대되는 개념으로 인식되어오면서 온전한 완결성을 갖는 작품으로 접근되지 못한 채 원류 문화를 모방하는 태도로만 접근되어왔다.

이런 양극화 현상은 우리 손으로 서양 건축을 추구하는 일이 결코 쉽지 않았던 한국 현대사의 어려운 상황에서 기인한다. 우리 것을 얘기하고 재해석해내는 아름다운 작업이 양극화 현상 아래에서는 자칫 자신 없는 서양 건축을 피해 도피처를 찾아 나서는 행위로 비칠 우려가 있다. 혹은 국수적 민족주의니 공격적 민족주의니 하는 부정적 딱지가 붙기도 한다. 더 중요한 것은 우리 것에 대한 담론이 분명 이런 도피적 혹은 방어적 의도 아래 시도된 것도 사실이었다는 점이다.

전통 문화에 귀의하는 일이 타당성을 갖기 위해서는 서양 것을 잘할 수 있음에도 진정 우리 것이 좋아서 선택하는 예술적 필연성이 있어야 한다. 이럴 때 전통 논의는 비로소 온전한 완결성을 갖는 정상적인 예술 작품으로 승화될 수 있다. 서양 것이 어렵기 때문에 편해보자고 우리 것을 선택하는 태도는 게으른 우연성에 예술적 작품성을 거는 무책임한 도박 행위와 같다. 이런 태도는 서양 것을 극복하기 위해 우리 것을 추구하면서도 다른 한편 서양 것에 대한 만성 콤플렉스를 유발하는 자기모순의 결과를 낳아왔다. 이것이 그동안 우리 건축이 전통과 서구의 틈바구니에 끼여 어느 것 하나 진정한 작품으로 창작하지 못해온 데 대한 진단일 수 있다.

한국 건축가들에게 서양 건축은 경쟁의 대상이라기보다는 모방의 대상이었다. 자기 작품이 원류를 모방한 아류라는 사실을 처음부터 가정하고 창작 행위를 시작해야 하는 거세된 예술가의 모습이 그동안 한국 건축가들의 보편적 모습이었다. 작가로서 기본적으로 갖추어야 할 작품에 대한 치열한 열정을 박탈해간 서양 건축은 우리에게는 분명 커다란 해독이었을 수 있다. 창작에 대한 자존심을 포기당한 건축가가 택한 전통 건축은 이번에도 역시 창작의 독립성이 낮은 또 하나의 모방으로 끝나고 말았다. 이런 사실은 지난 수십 년간 우리 건축계가 겪은 시행착오의 결과 얻어낸 값비싼 교훈이었다. 그리고 2010년대로 진입한 지금도 달라진 것 없이 같은 양상이 반복되고 있다.

9-7 요제프 올브리히, 대 글뤼케르트 주택, 독일 다름슈타트
9-8 서울 청담동 웨딩드레스 가게

이 교훈은 우리에게 건축에 대한 '전통 대 서구'의 택일적 태도에서 벗어나 '창작의 독립성'이라는 중립적인, 그러나 가장 기본적이면서도 보편적인 태도를 가질 것을 요구하고 있다. 서양 건축은 더 이상 우리에게 원류 문화로서의 절대적 위치를 가질 수 없다. 모더니즘 건축이 도입된 지 무척 오랜 시간이 흘렀기 때문이다. 이제 한국 건축가에게는 서양 것을 가지

고 서양인과 경쟁해서 이겨야 한다는 사회적 책임감이 주어지고 있다.

유독 건축만 뒤떨어진 한국의 현실 |

괜한 얘기는 아니어서 비슷한 상황에 처한 제3세계권의 다른 나라에서는 이미 이런 요구가 일어나고 있다. 하지만 우리는 유독 건축만 이러지 못하고 있다. 거의 모든 예술 분야와 스포츠에서 세계적 인물이 나오고 있지만 건축만 그렇지 못하다. 아시아의 대표 건축을 모아놓은 여러 권의 책에서 한국 건축가만 빠져 있다. 한국 현대건축가들은 예나 지금이나 서양에서 처음 등장한 첨단 양식을 누가 먼저, 그리고 가능한 한 똑같이 모방해내느냐의 싸움에 작가의 생명을 걸고 있다. 한국을 대표하는 건축가라는 사람에 대해서 건축 잡지에서 준비하는 특집의 내용은 표절을 터트리느냐 마느냐에 머물고 있다.

모든 분야의 전문인에게는 그 시대와 그 사회가 처한 상황에 대한 여러 종류의 유무형적 책임이라는 것이 있다. 하물며 그것이 예술문화 분야일 경우 책임감은 더욱 어렵고 철저한 기준 위에 엄격히 물어야 한다. 특히 그동안 한국 건축가들에게 주어진 기회는 완벽하지는 않더라도 제3세계권의 다른 나라와 비교해서 나쁘지 않은 것이었다. 서구 선진국과 비교해도 그렇다. 왜냐하면 근대화 과정에서 우리나라만큼 건설업 의존도가 높은 나라는 없었기 때문이다.

소위 '작품 하는' 건축가들에게 작품 할 기회가 주어지는 것은 사회가 베풀 수 있는 최대한도의 혜택일 수 있다. 한국 건축가들은 이런 혜택에 대해 작가로서의 적절한 책임을 다하지 못했다. 한 예술문화 분야에 대해

9-9 폴 루돌프, 뉴욕 조안나 스타이켄 아파트의 계단
9-10 나카무라 요시후미의 주택 계단
9-11 관수정의 계단

주어지는 엄격한 책임을 다 해냈을 때 그 전문가 집단에게는 '진정한 예술가' 라는 가슴 뛰는 칭호가 내려진다. 한국 건축가들이 이런 책임을 다하지 못하는 시행착오를 거듭해왔음을 부인할 사람은 많지 않을 것이다. 그런데도 한국 건축가들은 사회가 보내는 이러한 따가운 눈총에도 남부끄러

운 줄 모르고 스스로를 고뇌하는 예술가로 여겨왔다. 그리고 이제 그 대가를 치르고 있다. 최근 아틀리에 사무소들이 고사 직전에 내몰리고 모든 건축 일이 대형 설계사무소 중심으로 돌아가는 상황을 맞게 된 것이다.

그럼에도 아직도 건축가들은 사회를 탓한다. 사회가 건축을 부동산으로만 보며 예술작품으로 보지 않기 때문이라는 것이다. 맞는 말이긴 하지만 간과해서는 안 되는 것이 있다. 건축가들 스스로 부동산과의 싸움에서 졌다는 사실이다. 그동안 사회가 베푼 기회를 스스로 놓쳐버린 데 대한 뼈아픈 자기반성이 빠져 있다. 작품다운 작품, 국민을 감동시키는 작품을 만들지 못했기 때문에 관심은 당연히 돈이 되는 쪽으로, 돈은 더 많은 돈을 만들어주는 쪽으로 쏠리게 되어 있다. 요즘은 정말 작품다운 작품이 나오지 않는다. 오피스 빌딩이나 상업 공간 혹은 주상복합 같은 부동산 건축에서 교복을 입혀놓은 것처럼 똑같은 유리 건물만이 양산된다.

관공서 건축도 마찬가지여서 국가의 자존심과 정체성이 걸린, 너무도 소중한 건물들이 똑같은 유리 교복을 입고 공장에서 찍어낸 물건처럼 나타나고 있다. 한 번 한 번 다시 오지 않을 소중한 기회를 허무하게 흘려보내고 있다. 빌바오 구겐하임에서 보듯 건축물 대작 하나가 탄생하면 미치는 파급효과는 엄청나다. 그런 대작이 나올 수 있는 천금 같은 기회를 유리 교복 건물로 탕진하고 있다. 자기 돈 쓰는 민간은 그렇다 쳐도 관공서는 달라야 할 텐데 관공서가 더하다.

그들도 할 말이 있다. 국내 건축가들의 디자인 실력을 믿지 못하겠다는 것이다. 자칫 로비나 걸어오기 일쑤라는 것이다. 아무 탈 없는 안전 위주로 갈 수밖에 없다는 것이다. 그러자니 일직선 복도에 가지런히 실室을 배치해서 최소한 사용에 불편하다는 말 나오지 않게 하고 외관도 늘 해오던 신 기념비주의를 반복하거나 아니면 요즘 제일 많이 나오는 무난한 양식으로 하면 된다는 것이다. 결국 건축가와 관공서 모두에 책임이 있는 것이다.

여전히 풀어내야 할 서양 건축의 모방과 전통 건축의 현대적 재현 문제 |

최근의 이런 현상은 우리 사회가 한국 건축가들에게 작가로서의 책임을 다시 한 번 묻고 있는 것으로 해석하고 싶다. 한국 건축가들에게는 '창작의 독립성' 이라는 새로운 기준에 의해 질 높은 예술품을 창작해낼 책임이 주어지고 있다. 사실 이것은 전혀 새로운 것이 없는 항시적이고 보편적인 책임이다. 그럼에도 이 문제는 현재 한국 현대건축에서 여전히 서양 건축의 모방과 전통 건축의 재현이라는 쌍 개념을 양축으로 삼아야 해결되는 수준에 머물러 있다. 20세기에 해결하고 넘어왔어야 할 숙제를 못한 탓이다.

건축가들에게 요구되는 '창작의 독립성' 이라는 새로운 기준이 서양 건축의 수용 문제와 관련 지어 무슨 의미를 갖는가. 이제 우리 건축가들도 서양 것을 가지고 서양인과 경쟁해서 이겨야 한다는, 너무도 당연한, 그러나 다소는 버거운 상식을 의미한다. 모 음악가가 어느 콩쿠르에선가 당당히 서양인을 누르고 일등을 한 것과 비슷한 소식이 건축계에서도 들리기를 바라는 소시민적 애국심일 수도 있고 아니면 이제 한국의 건축가도 세계 현대건축의 조류를 이끌어야 한다는 나 같은 역사쟁이의 전문가적 바람일 수도 있다.

아무튼 우리 사회는 이제 한국 건축가들도 자신감 있게 서양 건축의 본류에 합류하라는 책임을 하나 더 얹어 건축가들 등을 떠밀고 있다. 이제

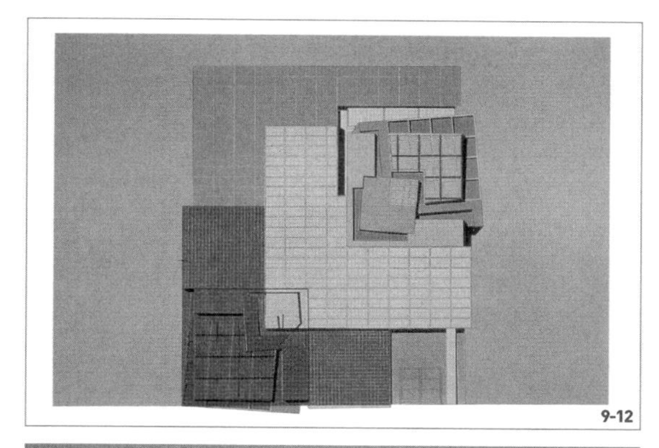

9-12 피터 아이젠먼, 도쿄 고이즈미 산교 빌딩
9-13 피터 아이젠먼, 베를린 코흐가 공동주택
9-14 서울 압구정동의 상가 건물

더 이상 "우리는 한국 사람이니까 어쩔 수 없어" 라는 변명은 설득력이 없다. 이런 변명은 작품성을 포기하고 모방에 의존하겠다는 예술가 스스로의 '2류 선언' 일 뿐 문화적 변별성에 대한 타당한 논리로 들리지 못한다. 너나 할 것 없이 설계할 때면 교과서처럼 손에서 놓지 못하는 서양 건축가들의 작품집과 함께 이런 변명을 과감하게 던져버려야 한다.

어느새 서양 건축은 이방 문화가 갖는 문화적 변별성의 거리를 뛰어넘어 우리에게 '창작의 독립성' 이라는 보편적 기준으로 다가오고 있다. 혹은 선발 주자라며 딱지 붙이던 원류라는 핑계도 통하지 않게 되었다. 세계 시장은 열렸다. 부동산 건축과 관공서 양식에 일거리의 95퍼센트를 빼앗기고 그나마 남은 나머지 5퍼센트도 이제는 외국 건축가들이 잠식해가는 시대가 되었다. 국민들은 더 이상 기다려주지 않는다. 건축주 입장에서 봤을 때 애국심에 호소하기에는 들어가는 돈이 너무나 크다. 더 좋은 작품을 만들어줄 수 있는 외국 건축가가 줄지어 기다리니 한국 건축가들이 할 수 있는 일이라곤 한 가지뿐이다. 좋은 작품 내는 일뿐이다.

동대문역사문화공원의 경우 |

2013년 완공을 앞두고 있는 동대문역사문화공원 현상설계는 좋은 예이다. 이 작품은 이라크 출신 여성 건축가 하디드Zaha Hadid에게 돌아갔다. 당시 현상에 참여했던 한국의 모 건축가가 이런 결정을 두고 강하게 반발, 비판했다. 하지만 그 건축가가 내건 논거의 핵심은 그렇게 역사적으로 중요한 작품을 외국 건축가에게 줬다는 것이었다. 여전히 민족주의를 무기로 내건 것이다. 이런 인식은 문제점이 있다.

이 문제는 무엇보다 그 건축가의 작품이 과연 하디드의 것보다 나았느냐 하는 가장 기본적이고 상식적인 차원에서 평가되어야 한다. 여기에 더해 하디드가 갖는 '해체주의 건축을 창출하고 대표하는 건축가' 라는 타이틀도 무시 못한다. 물론 하디드에게 넘어간 일에 무조건 찬성하는 것은 절대 아니다. 난들 한국 건축가의 손으로 만진 동대문역사문화공원을 산책하고 싶은 마음이 굴뚝같다. 제일 좋은 경우는 우리에게도 그럴 만한 능력을 갖춘 건축가가 있어서 '세계적 해체주의 건축가' 라는 타이틀을 등에 업은 하디드를 정말로 작품으로 이겨서 이 작품을 맡게 되는 것이다. 그런데 누가 봐도 상황은 그렇지 못했다.

이런 상황을 어떻게 받아들여야 할 것인가. 이 문제는 우리나라에 아직 해체주의 작품이 없기 때문에 우리도 해체주의 작품을 한번 가져보고 그로 인해 세계 현대건축의 흐름을 국내에서 직접 접할 수 있다는 명분과, 국가적으로 중요한 작품은 당연히 한국 건축가에게 줘야 한다는 명분 사이의 싸움이었다. 그런데 전자에 무게가 실리기 시작하는 시대로 변한 것이다. 나 개인적으로는 당연히 후자의 명분에 동의한다. 하지만 전자와 같은 논리도 이제 우리에게 하나의 명분이 되었다. 그것도 민족주의 같은 전통적 명분을 누를 정도로 큰 무게를 갖게 되었다.

물론 이 정도 역사성이 강한 작품이라면 당연히 자국 건축가에게 작품을 맡기는 나라도 많다. 하지만 이런 민족주의 기준에 앞서 작품성이라는 좀 더 보편적이고 상식적인 기준이 선행되어야 한다. 아마도 자국 건축가에게 맡기는 나라는 그 정도 일을 맡아서 해낼 만한 훌륭한 건축가가 있기 때문에 그럴 것이다. 더욱이 이렇게 역사성과 명분이 강한 작품을 할 정도가 되려면 독자적 양식 사조를 창출한 건축가여야 한다. 그런데 반발했다는 그 건축가는 이 단계에 이르지 못했다. 제출한 작품은 그만한 수준에 도달하지 못했기 때문에 떨어진 것일 뿐이다. 매우 시시하지만 역시 매우 위대한 이유이다.

그 건축가의 작품이 아주 못쓸 정도는 아니었지만 내가 보기에는 '우리나라에 최초로 세계적인 해체주의 작품을 처음 갖게 된다'는 명분을 누르기에는 많이 부족했다. 그 건축가가 늘 그래왔듯 여기저기에서 조금씩 빌려와서 약간의 손끝 솜씨로 버무려낸 정도였다. 그리고 '역사'니 '장소'니 하는, 판에 박은 단어를 구사하며 포장했다. 더욱이 그는 이런저런 표절 논쟁이 제기되어온 사람이다. 독자적 양식 사조와는 반대편에 있었다는 뜻이다. 해체주의라는 현대건축의 큰 흐름을 앞장서서 개척하고 거기에서 살아남아 이제 본격적으로 작품을 내기 시작하는, 투철한 작가정신으로 무장한 이라크 출신 여성 건축가의 작품은 단순히 외국 것이라 뽑힌 게 아니다. 그런 작가 정신, 장인 정신에 대한 예절 표시이다.

물론 나도 하디드를 높이 평가하지는 않으며 더욱이 동대문역사문화공원에 그녀의 작품이 들어오는 것에는 반대한다. 외국 유명 건축가의 작품을 무조건 신봉하는 것은 더더욱 아니다. 하지만 이것은 원칙론에서만 유효하다. 실제 출품작을 놓고 구체적으로 들어가보면 한국 건축가들의 안이 하디드의 국제적 명성을 누를 만했는가라는 전혀 다른 차원의 질문이 기다리고 있다. 문명에는 원칙론만 가지고 버티기에는 한계를 갖는 상황도 있는 법이다. 지금 정도로 성장한 한국의 상황에서는 더욱 그러하다. 문명에는 원칙론적 명분을 지켜주는 고마운 수호신만 있는 것은 아니다. 이처럼 국제적 명성을 앞세워 밀고 들어오는 이방인도 있다. 한국의 건축가들은 이것을 막을 능력이 없어 보인다. 왜냐하면 이들의 작품이 서양 심사위원들의 눈에는 자신들 건축의 아류밖에 안 되어 보이기 때문이다.

반발했다는 그 건축가는 이런 작가 정신, 장인 정신에 진 것이지 외국 맹종에 진 것이 아니다. 그 건축가에 대해서는 전문가들 사이에서 지속적으로 표절 논쟁이 제기되었다. 그는 외국 건축가는 물론이고 한국의 이론가들이 제시하는 이런저런 이론도 가져다 적당히 버무려 자신의 것으로 둔갑시켜왔다. 이론가들이 이론을 제시하지 못하면 작품도 따라서 질이 떨어지는 현상도 관찰되어왔다. 이런 내용이야 물론 극소수의 전문가만 아는 것이지만 결국 이런 현상이 쌓여서 그 건축가는 이 작품을 맡을 자격이 안 된다는 판정을 받은 것이다. 심사위원으로 참여했던 인사들에게 전해 들은 분위기와 내막도 크게 다르지 않았다.

전통 논의에서 '한국인은 누구인가'로 |

동대문역사문화공원의 에피소드는 전통 논의에 동일하게 적용될 수 있다. 이제 한국인이라고 무조건 한국의 중요한 작품을 맡게 되지 않는 것과 마찬가지로 더 이상 한국적인 건축을 한다고 해서 그것이 서양 건축에 대비되어 갖는 문화적 변별성 덕분에 무조건 좋은 것으로 인식되지는 않는다. 무엇을 하든지 간에 '창작의 독립성'이라는 보편적 기준에서 평가받게 되었다. 이제 우리 건축은 '서양과 전통' 모두를 포함하는 공동의 기준에 따라 작품을 해야 하는 시점에 와 있다.

이런 변화는 전통 논의에서도 동일하게 볼 수 있다. 전통 논의는 여전히 유효하다. 아마도 대한민국이라는 나라가 지구상에서 사라지지 않는 한 영원히 지속될 것이다. 그러나 그 내용은 이전과 많이 달라졌다. 포괄성이 대표적 현상이다. 과거의 지나간 시대를 기준으로 하는 '전통'이라는 개념보다는 현 시점까지 포함하는 '한국인이란 누구인가'라는 주제로 바뀌었다. 마치 독일이 19세기 통일 과정에서 겪었던 혼란기 때 '독일인이란 누구인가' 또는 '독일은 어디로 가야 하는가' 등의 질문을 했던 것과 비슷한 양상이다.

또 하나의 포괄성은 이 문제는 건축에만 국한되지 않게 되었다는 것이다. 이런 새로운 질문 자체가 여러 학문 예술 분야에서 동시다발적으로 제기된 것이다. 이른바 융합 혹은 통섭이라는 새로운 문명 현상에 따른 현상이다. 분과 횡단을 넘어 융합의 시대로까지 내달리고 있다. 건축도 융합 학문에서 제기하는 이런 새로운 질문에 동참해서 포괄적으로 고민하고 답해야 하는 시점으로 넘어왔다. 하지만 이럴 만한 시야를 갖춘 한국의 건축가를 나는 아직 본 적이 없다. 여전히 건축의 좁은 틀 안에 갇혀서 1980년대식 논쟁에서 벗어나지 못하고 있다. 이런 현상이 계속된다면 동대문 역사문화공원에서처럼 한국 건축가들이 한국 사회에서 선택받지 못하는 일이 더 많아질 것이다.

경제 논리에서는 이미 부동산 건축에 완패당했다. 관공서 논리라는 것에는 아예 처음부터 작품성이라는 항목이 들어 있지 않았다. '작품' 한다는 건축가들이 마지막으로 기댈 언덕은 학문과 문화예술 분야다. 하지만 이마저도 급하게 변화하며 건축가들에 새로운 가치 모델을 요구한다. 부동산 건축에 치이고 관공서 건축에서 배제되고 이제 학문과 문화예술 분야에서마저 버림받는다면 건축가들은 정말로 설 자리가 없어진다.

서양 건축은 이제 보편적이고 동등한 기준이 되었다 |

서양 건축에 대해서도 마찬가지이다. 더 이상 민족주의와 대립시키는 이분법 시각으로는 서양 건축을 가지고 경쟁력을 확보하기 어렵게 되었다. 이런 이분법은 허허벌판에 맨손으로 처음 서양 건축을 받아들여 기본 인프라를 깔던 시기에 유효한 것이었다. 이런 이분법에는 서양 건축을 잘 좇아 원본을 표준적으로 정확히 구사하는 것만으로도 한국 건축계에 큰 업적을 남긴 것이라는 논리가 담겨 있다. 결국 암암리에 서양 건축의 모방을 합리화하는 논리인 것이다. 이제 이런 시대는 지나갔다. 한국 건축가들은 손에서 외국 건축가 작품집을 빨리 놓아야 한다. 더 이상 한국의 건축이론가들이 제시하는 내용을 포장해서 우려먹으려는 속셈도 버려야 한다. 현재 한국에서 행해지는 '한국인은 누구인가' 라는 다양한 논의로 눈을 돌려야 한다.

그동안 한국 건축계에서 추구해온 서양 건축은 매우 기형적인 양상을 띠었다. 건축이라는 장르가 지니는 복합적인 특징 때문일 수도 있지만 건축가들 편을 좀 들어주자면 건물이 지니는 문화예술적 가치에 대해 대중이 보여왔던 무지에 기인하는 바가 가장 클 것이다. 일반 대중에 건물은 적어도 예술적 감상의 대상은 아니었다. 그보다는 정해진 기일 내에 무사히 지어내는 일이 건축가에게는 가장 큰 걱정거리였다. 하지만 건축가 쪽에서도 작품으로서의 건축물에 대해 타 예술 분야에서와 같은 치열한 노력을 경주하지 않았음도 함께 인정해야 한다. 물론 이런 판단에 대한 기준을 명확하게 제시할 수는 없다. 어디까지가 치열한 노력이고 어디부터는 아닌지를 명쾌하게 제시하기는 쉽지 않다. 다만 2011년 지금 한국 건축계가 처한 상황이 해답이자 기준이 될 수 있다. 부동산 건축에 패하고 관공서 건축에서 배제되고 외국 건축가들에게 일거리를 뺏기는 현실 말이다.

한국 건축계에서 서양 건축은 예나 지금이나 좋은 레퍼토리를 제공해주는 모방의 대상으로 긴 세월 유통되어왔다. 건축물도 문화예술적 가치를 지닐 수 있다는 사실을 모르는 형편이니 서양 것을 모방한다고 해서 작가로서의 자괴심 같은 것이 생길 리 만무했다. 건축물에 대한 문화 예술적 판정관이 부재한 사회에서 당연히 건축물은 '지어지는' 관점에서 평가될 수밖에 없었고 이러한 상황에서 서양 건축은 언제나 모방의 대상이었을 뿐, 작가의 예술적 자존심을 건 경쟁의 대상일 수는 없었다.

그동안 한국 건축계가 서양 건축을 무책임하게 모방하는 데만 급급해온 이유는 한국 건축가들의 능력이 부족해서도 아니고 서양 건축이 갖는 원류로서의 벽이 무척 높기 때문만도 아니다. 건축물의 가치에 대해 우리가 보여왔던 이와 같은 불균형적인 시각 때문이었다. 우리는 이미 많은 분야에서 서양인들과 훌륭히 경쟁해내고 있으며 그들을 앞서기도 한다. 건축 분야라고 특별히 학습 지진아들만 모아 놓지는 않았을 터, 유독 건축에서만 국가를 대표할 만한 건축가가 나오지 못하고 국내에서조차 여기저기서 패배당하는 일이 발생하는 이유는 결국 건축계 내부에서 찾아야 한다.

우리에게 매우 중요한 문제라는 확신이 섰을 경우, 우리는 음악에서, 스포츠에서, 산업 기술 분야에서 죽기 아니면 살기로 노력해서 목표를 이루어왔다. 문제는 문화예술 분야로서의 건축도 이와 동일한 만큼의 전문적인 노력이 필요함에도 한국 건축가들이 이 사실을 깨닫지 못하는 데 있다. 이제 서양 건축이 우리에 대해 우위를 갖는 근거는 원류 문화가 갖는 초기 조건적 프리미엄도, 문화적 변별성도 아닌 시대가 되었다. 건축가들이 건축에서도 음악이나 미술에서와 같은 치열한 전문 작가로서의 예술적 노력이 필요함을 인식했느냐의 여부에서 그 근거가 기인하는 시대가 되었다.

창작의 독립성이라는 기본적, 보편적 기준에 의해 서양 건축을 대해야 한다 |

이런 필요성을 인식했느냐의 여부는 '창작의 독립성' 이라는 가장 보편적인 예술적 가치에서의 차이로 결론 지어진다. 이것이 우리 건축이 서양 건축에 비해 뒤떨어지는 여러 원인 가운데 자칫 간과하기 쉬운, 그러나 동시에 가장 근본적인 내용이다. 작가로서 작품에 치열한 예술적 정열을 쏟아붓지 않은 상태에서 "어차피 우리는 한국 사람이니까 안 돼"라는 변명이 무슨 소용이 있겠는가. 그것은 '건축물을 문화예술적 작품으로 보지 않는 것이 한국 건축의 특징' 이라고 외치는 '스스로의 2류 선언' 일 뿐이다.

문학 같은 일부 분야에서는 표현 매개나 표현 주제 등이 지니는 문화적 변별성이 뚜렷하기 때문에 어차피 서양의 것과 똑같아지기 힘든 측면이 있는 것이 사실이다. 그리고 우리의 건축이 서양 건축과 다른 이유도 대체로 문학에서의 이런 상황과 같은 것으로 보려는 시각이 주조를 이루어왔다. 그러나 두 상황을 같은 것으로 볼 수 있느냐의 문제는 접어두고서라도 한국 문학에서 나온 예술적 완결성을 갖는 수준 높은 작품과 같은 건축물을 우리 건축가들이 창작해냈느냐라는 질문에 먼저 답해야 한다.

나는 서양 건축사를 전공하다 보니 서양 건축 이론에 대해 강연할 기회가 자주 있다. 그런데 의외로 많은 사람이 그런 이론들이 무척 어려우며 우리에게 그런 것이 필요하느냐는 반응을 보인다. 그러면서도 그 사람들

9-15 상암CGV
9-16 국립중앙박물관
9-17 전쟁기념관

은 돌아서서는 여전히 서양 건축을 좇아야 하는 이율배반적 상황이 벌어지고 있다. 그리고 우리도 이제는 서양 건축의 흐름에 동참해서 그들과 경쟁해야 할 시점이라고 입을 모은다. 그러나 서양 건축가가 100만큼의 노력을 들여 창작해낸 수준의 건물을 10만큼의 노력으로 얻어내려고 하는 모순에 대해서 그들은 다시 한 번 애써 외면한다. 그리고 다시 서양 건축이 갖는 원류 문화로서의 높은 벽을 한탄하는 매우 복잡한 모순적 상황이 벌어지고 있는 것이다.

서양 건축은 우리에게 무엇이며 우리는 그것을 어떻게 받아들이고 다루어야 할 것인가. 서양권이 동양에 대해 품은 악랄한 착취 욕구와 그것을 포장하는 가면적 이중성격은 이제 우리에게 상식이 되어버렸다. 서양 건축도 기본적으로는 이것과 똑같은 양상으로 우리에게 접근해왔으며 아직도 그런 측면이 계속되고 있다. 그러나 이제 서양 건축에 대한 무조건적 거부는 무조건적 모방과 크게 다를 것이 없는 상황으로 흘러가고 있다. 세계 문화와 한국의 현실이 모두 그렇다. 바로 지금 우리에게는 서양 건축의 옥석을 가려내어 수용하고 거부할 줄 아는 현명함이 필요하다. 그리고 그 위에 '창작의 독립성' 이라는 보편적 가치를 만족시키기 위해 정당한 노력을 더기울임으로써 서양 것을 가지고 서양인을 능가하는 것도 서양 문화를 극복해내는 방법 가운데 하나가 될 수 있다.

나는 최근에 이 문제에 대해 좋은 점을 시사해주는 몇 가지 경험을 했다. 첫째는 맥도날드 햄버거 광고인데, 중고등학생쯤 되어 보이는 아이들이 저금통을 털어 어머니의 손을 끌고 맥도날드 가게에서 햄버거로 어머니의 생일파티를 해주는 장면이었다. 어머니는 감동해서 눈물을 흘렸던 것으로 기억난다. 둘째, 『뉴욕타임스』지가 지령 5만 호를 맞이했는데 이것을 축하하기 위해 회장이 사내 간부들에게 보낸 팩스 전문에서 그 회장은 우리가 지령 5만 호를 축하할 수 있는 가장 좋은 방법은 5만 1호를 가장 잘 만드는 일이라고 했다는 소식이었다. 셋째는 역시 얼마 전 어느 토요일 오후 5시 30분에 텔레비전을 보다가 마주친 장면이다. 네 개의 채널 가운데 세 개에서는 미국 프로그램이 방영되고 있었고 그나마 나머지 한 개 채널에서는 화면 가득 외국 폭력 비디오게임 장면으로 채워진 채 중학생들이 나와서 그 게임을 가지고 시합을 겨루는 해괴망측한 프로그램이 진행 중이었다.

서양의 착취 구도와 보편적 경쟁 사이에서 |

우리가 서양 건축을 대해야 하는 태도는 위의 세 가지 예에서 자명하게 드러난다. 첫 번째 '맥도날드' 의 예와 세 번째 '텔레비전 프로그램' 의 예를 경계해야 하며 두 번째 『뉴욕타임스』의 정신을 과감히 수용해야 한다. 이제 서양인들은 사랑까지도 사버리려고 덤벼들고 있다. 참으로 간악하기 짝이 없는 경우지만 안타깝게도 저들은 그러한 광고가 한국 사회에서 충분히 통할 수 있는 때가 되었다는 치밀한 계산 위에 그 광고를 제작했다는 얘기를 들었다. 그런데 우리는 아직도 텔레비전 프로그램의 예에서 보듯이 우리 쪽에서 앞다투어 가슴을 열고 저들의 문화를 무분별하게 수용하고 있다.

우리는 왜 『뉴욕타임스』의 예 같은 저들의 치열한 프로 정신을 배울 생각을 못한 채 저들이 만들어놓은 완제품을 수입해 토요일 저녁의 텔레비전 화면을 미국 사람 얼굴로 가득 채워놓는 우를 범하고 있는가. 이와 똑같은 상황이 건축에서도 벌어지고 있음을 부정할 사람은 많지 않을 것이다. 서양 건축가들이 100의 노력을 들여 하나의 작품을 창작해내는 것을 보고 우리도 100의 노력을 들여야 된다는, 아니 그들과 경쟁하기 위해서는 200의 노력을 기울여야 한다는 프로 정신은 배우지 못하고 10만큼의 노력으로 완제품을 모방하려 든다. 그러고서는 원류 문화의 높은 벽이니 문화적 변별성이니 하는 변명을 늘어놓는, 예술가로서의 직무 유기를 범하고 있다.

우리는 왜 예술가의 고귀한 외길을 걸으며 치열한 작가적 노력을 경주한 훌륭한 외국 건축가들의 직업 정신은 애써 외면한 채 외국 잡지에 나온 완제품만 복사하는 절도 행위를 범하려 드는가. 우리가 자발적으로 행하는 이런 무분별한 수용 행위를 타고 이제 서양인들은 우리의 정신까지도 지배할 수 있다는 자신감 위에 햄버거를 가지고 우리의 가정을 대체하려는 간악한 침탈 행위를 지속하고 있다.

지금까지 해온 복잡한 이야기는 실상 "한국의 건축가들은 공부를 너무나 하지 않는다"라는 아주 간단한 말로 대체될 수 있다. 건축에도 예술 분야로서의 어휘 구사에 대한 기본기 같은 규칙이 있고 반드시 공부해야 할 이론들이 있다. 피아니스트가 실기 연습 없이 피아노 앞에 앉는 것은 모두들 잘못된 것으로 인식하면서도 건축가들이 충분한 연습 없이 건물을 설계하는 데 대해서는 아무도 걱정하지 않는다.

건축에도 그 나름대로 매우 높은 수준의 예술적 전문성이라는 것이 있고 이것에 도달하기 위해서는 어느 예술 분야의 전문 예술인들보다 더 치열한 노력이 필요하다. 이것을 충족하지 못한 기형적 상황이 지금 우리가 주위에서 매일 보는 열악한 건축 환경을 만든 주범이다. 건축물은 길거리에 자리 잡기 때문에 '반강제적 대중성' 이라는 독특한 특징을 갖는 예술품이다. 건축물은 일부러 시간 내서 입장료 내고 굳이 미술관에 가지 않더라도 늘 오가며 보고 그 안에 들어가서 생활하는 가운데 어쩔 수 없이 매일 접하게 되는 항시성과 대중성을 특징으로 갖는다.

이런 특징은 작가에게는 엄청난 특혜일 수 있다. 자신의 작품을 매일 수백 수천 명의 사람이 봐주고 사용하고 만져준다고 생각해보라. 작품을 창작해내는 작가에게 이것 이상 큰 혜택이 무엇이 있겠는가. 그러나 바로 똑같은 이유로 건축가들에게는 역으로 그만큼 더 높은 수준의 예술적 책임감을 엄격히 물어야 한다. 그런데 우리의 건축가들은 안타깝게도 이러한 책임을 다하지 못했고 우리 국민들은 '건축 예술' 이라는 참 괜찮은 하나의 예술 분야를 박탈당한 채 살아왔다. 이제 그 책임을 다할 시점에 우리의 건축가들은 서 있다. 그리고 나는 그 방법으로 치열한 예술적 노력에 의해 수준 높은 창작의 독립성을 가지고 서양 건축가들과 경쟁해서 이길 것을 감히 제안하고 싶다.

10.

카스바와 홍등가

기계문명시대와 미로의 교훈

10. 카스바와 홍등가

기계문명시대와
미로의 교훈

공간의 정리 기능과 반反정리 기능 |

유럽의 오래된 도시에서 자란 사람들은 바둑판식으로 정리된 미국 도시에서 곧잘 길을 잃는다. 거기가 거기 같아 자기가 어디쯤 있는지 모르겠다는 것이다. 재미있게도 미국에서 자란 사람들도 유럽 도시들의 꼬불꼬불한 골목길에서 길을 잃기가 쉬운데 그 이유도 똑같이 도시의 구석구석이 같아 보여 어디가 어딘지 모르겠다는 것이다. 여행객의 에피소드 같은 이 이야기는 건축가들에게는 많은 교훈을 함축한 값진 격언쯤에 해당된다. 이 이야기는 전문 용어로 환언하면 인간에게 가장 바람직한 환경 공간은 정리 기능과 반反정리 기능이 적절히 조화된 공간이어야 한다는 얘기다.

매일의 여러 생활 행태를 담는 인공 환경이 인간에게 미치는 심리적 효과를 정리 기능과 반정리 기능의 양극 개념으로 파악하려는 시도는 건축에 국한된 얘기라기보다는 좀 더 보편적인 인간의 심리 상태에 기초를 둔다. 판도라 상자 이야기에 나타나듯 인간의 만사에는 항상 플러스적인 요소와 마이너스적인 요소의 쌍 개념이 이루는 이분법 구조가 존재해왔

10-1 미스 반데어로에, 베를린 신국립미술관
10-2 콩스탕, 〈음악당 헌정 시가〉
10-3 조반니 피라네시, 〈감옥소 풍경〉

다. '청결'과 '불결'의 쌍 개념도 그 가운데 하나이다. 얼마나 많은 가치가 청결의 이름으로 인간의 만사를 지배해왔고, 또 얼마나 많은 불결의 죄악이 우리를 괴롭혀왔던가. 그런데 문제는 청결이라는 플러스적인 개념이 항상 긍정적인 미덕만을 낳는 것은 아니라는 데 있다. 불결이라는 자기 짝을 잃은 극단적인 청결은 결벽증이라는 무서운 정신병에서도 보듯 때로는 마이너스적인 요소보다 더 부정적인 결과를 낳기도 한다. 이런 가정은 인공 환경이 사람의 심리에 끼치는 영향이라는 문제에서도 정리 기능과 반정리 기능이라는 쌍 개념으로 똑같이 적용될 수 있다. 반정리 기능이라는 심리적 여과 장치를 상실한 채 극단적인 정리 기능만 갖는 인공 환경은 인간에게 엄청난 재앙을 안겨주게 된다. 우리 사회가 지금 겪고 있는 인간성 상실이라는 삭막한 정신병도 건축학적으로 쉽게 설명하자면 바로 극단적 정리 기능만 갖춘 기형적 인공 환경이 초래한 건축에서의 악성 결벽증에 해당된다.

인간은 마을과 도시를 이루어 살아가면서 인공 환경에서 생산과 휴식이라는 두 가지 기본적인 기능을 취한다. 진화와 발전에 대한 욕망이 인간의 제2의 본능이라는 사실을 증명이라도 하듯 인간은 항상 필요한 양 이상을 생산해왔다. 인공 환경의 첫 번째 기능은 이런 발전적 생산을 뒷받침해주는 효율적인 하부구조의 역할을 충실히 해내는 데 있다. 인공 환경의 정리 기능은 효율적 생산을 극대화하는 것이다. 이런 기능을 수행하기 위해 인간들은 규칙적이고 네모반듯한 형태의 공간을 만들어냈다. 더 많은 생산을 위해 구성원들의 행태와 커뮤니케이션을 통제하고 물류 이동의 효율을 확보해야 했기 때문에 공간은 단순화되고 균일화되어갔다. 줄서기와 청소가 필요하듯이 공간의 정리 기능은 일정한 선을 넘지 않는 범위 내에서는 인간 행태에 건강한 생산을 보장해주는 미덕을 지닌다.

기계물질문명과 반정리 기능의 필요성 |

문제는 기계물질문명의 위력으로 무장한 인류가 경쟁과 우월이라는 제2 본능 게임을 본격적으로 벌이기 시작하면서 인공 환경의 정리 기능이 넘지 말아야 할 선을 넘었다는 데 있다. 그 결과 인간은 자신이 만들어낸 생산량에 의해 평가받는 로봇으로 전략했으며 인공 환경에 의해 지배받는 물질문명의 디스토피아가 어느 누구의 예언처럼 현실이 되어버렸다. 건축에서도 이와 동일한 부정적 현상이 온통 세상을 지배해버렸다. 물질 경쟁이 극으로 치달으면서 공간도 극단적으로 정리되었고 마음 한구석 붙이며 편히 쉴, 소박하고 '좀 어질러진 공간'은 모두 쓸려나가 버렸다. 사람들은 알몸으로 투명 유리 방에 던져진 것처럼 마음 붙일 곳을 모두 잃고 불안에 떨게 되었다.

다가올 20세기의 미래에 인류의 인공 환경을 꾸며갈 건축적 이상향을 찾아 여러 대안을 놓고 고민했던 초기 모더니즘 운동은 두 차례의 세계대전을 거치면서 생산 효율이라는 단일 가치의 지배를 받게 되었다. 사람을 둘러싼 환경 공간은 어느새 물리적 크기와 경제적 가치로만 환산되기 시작했으며 건축은 부동산 가치를 증대하는 역할을 통해 자본주의의 부를 축적하는 핵심 분야로 등장했다. 명쾌하고 깨끗한 균질 공간은 모더니즘 건축이 인류에 선사한 최고의 혜택으로 인식되면서 인류의 미래는 편리하고 풍요로운 생활로 가득 찬 테크노피아로 그려지기 시작했다.

그런데 이상하게도 단순 명료한 균질 공간에 살기 시작하면서 사람들은 난폭해지기도 하고 우울해지기도 하는 등 마음의 병을 앓기 시작했다. 네모반듯하고 뻥 뚫린 균질 공간에서는 심리적 휴식 공간이 없었기 때문이다. 사람들은 육체적으로 배설을 하고 휴식을 해야 하듯이 심리적으로도 똑같은 신진 대사와 휴식이 필요하다. 육체적 배설과 휴식에는 단순하고 균질적인 공간이 문제가 안 될 수도 있지만 심리적 배설과 휴식에는 복잡하고 지저분한 공간이 필요하다는 큰 차이가 있음을 사람들은 잊었던 것이다. 물론 여기서 지저분하다는 것은 위생 상태를 말하는 것이 아니라 공간의 다양성을 말한다.

생산 활동의 통제 시스템 속에서 감시받은 끝에는 항상 심리적 휴식을 필요로 하게 되며 그것은 닫힌 공간 안에서 감추어지고 싶은 형태로 드러난다. 어려운 심리학 이론을 끌어들일 필요도 없이 인간은 남들에게 보여도 괜찮은 행동과 감추고 혼자만 하고 싶은 행동을 적절히 섞어 교대로 할 수 있을 때 심리적으로 건강한 상태를 유지할 수 있다. 반드시 행동만이 아니다. 나란 존재, 나란 존재의 육신은 더 그렇다. 이렇게 혼자서만 하고 싶은 행동을 담을 수 있는 공간이 바로 반정리 기능을 갖는 공간이다. 100퍼센트 무균 상태에서는 인간도 공멸하고 만다는 미생물학 이론을 끌어들일 필요도 없이 인간은 정리 기능을 강요하는 깨끗한 공간 옆에 반드시 반정리 기능을 갖는 지저분한 공간을 함께 가져야 한다.

그래야 정신적으로 건강함을 유지할 수 있다. 그 속에서 나 홀로 창피한 짓거리를 감추며 할 수 있어야 정신적으로 건강한 상태를 유지할 수 있는 것이다. 쉬면서 나를 잠시 감출 수 있는 포근한 공간, 그리고 침잠하며 나만의 모습을 잠깐 꺼내보고 빙긋 웃을 수 있는 귀향 같은 공간은 오히려 복잡하고 지저분해야 된다는 역설이 효율과 생산이라는 신흥 종교에 빠져 있던 우리에게는 너무나 어려운 상식이었을 수 있다. 생산 기능이 커질수록 더 큰 휴식 공간이 필요하게 되는 평범한 진리를 애써 무시하다가 급기야는 정리 기능을 갖는 공간 하나만으로도 생산과 휴식 모두가 가능하다는 생억지를 부리며 우리는 마음까지 팔아 엿 바꿔 먹는 치기의 우를 범했던 것이다.

현대건축과 미로 |

1970년대 이후 세계 현대건축을 이끌어가는 큰 흐름 가운데 하나는 바로 이런 모더니즘적 결벽증을 치료하기 위해 우리의 인공 환경 속에 지저분하고 복잡한 반정리 기능의 공간을 많이 만들려는 시도로 나타나고 있다. 유럽에서는 각국의 고도古都에 남아 있는 오래된 도시 조직을 지키고 복원하는 운동으로 구체화되기도 한다. 혹은 이런 선례 없이 단일 건물 중심으로 순수한 조형 운동 형태로도 진행된다. 지킬 것이 없는 미국 도시의 경우에는 아직도 10만 이상만 되어도 도심에 어김없이 바둑판 길을 내고 초고층 건물을 짓지만, 지킬 것이 많은 유럽의 경우에는 정리 기능을 갖는 공간의 도입에 매우 신중한 편이다. 지킬 것이 많은 우리는 지킬 것이 없는 미국의 행태를 따라 하며 한편으로는 건축적 결벽증이라는 마음의 병을 자발적으로 앓고 있으니 참으로 해괴한 일이 아닐 수 없다.

연대기를 기준으로 하면 반정리 기능을 갖는 공간을 도입하여 모더니즘의 결벽증을 치유하려는 최초의 노력은 1960년대 네덜란드에서 있었다. 이미 1950년대 후반부터 일단의 네덜란드 건축가들은 모더니즘 건축의 이상이었던 효율적 정리 기능을 최소한으로 지키는 범위 내에서 환경 공간 속에 반정리 기능을 적절히 조화시키려는 공통의 고민을 시작했다. 이들이 제시한 해결책은 카스바Kasbah라는 주제에 포함된 미로의 미학이었다. 카스바란 첫째, 북아프리카 알제리의 수도인 알제Algiers 중심부에 모여 있는 오래된 골목 마을을 지칭하는 고유 명사이지만, 둘째, 확장된 뜻으

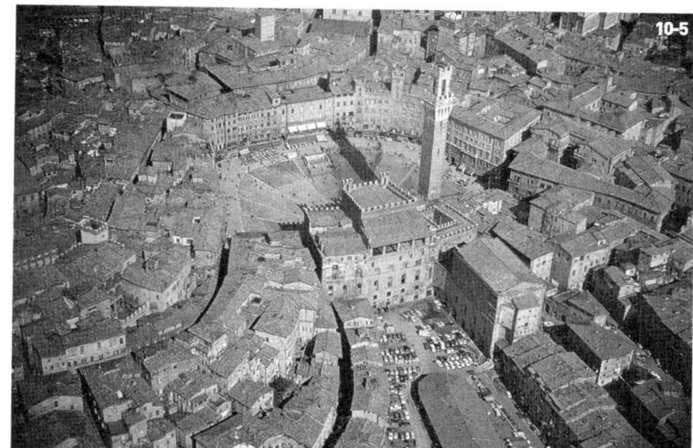

10-4 미스 반데어로에, 로이즈 뱅크 부동산 개발안
10-5 이탈리아 시에나 캄포 광장
10-6 아라카와 슈사쿠 · 매들린 진스, 〈중산층을 위한 되돌릴 수 있는 토지 분할〉

로는 서구의 침입에 대비되는 의미를 갖는 북아프리카 도시 내 원주민의 마을을 지칭한다. 셋째, 더 확장된 뜻으로는 꼬불꼬불한 골목길이 있는 유흥가 혹은 홍등가를 은유적으로 나타내는 말이기도 하다.

이 세 가지 뜻에는 모더니즘 기계문명에 대비되는 여러 가지 상징적 내용이 함축되어 있다. 첫 번째 정의는 감시와 통제로 상징되는 균질 공간의 정리 기능에 대비되는 반정리 기능의 대표적 공간 형태인 미로를 물리적 특징으로 갖는다. 이들 네덜란드 건축가는 모더니즘 균질 공간이 낳은 자아상실증의 치유 공간으로 미로를 택한 것이다. 두 번째 정의는 모더니

10-7 홍등가
10-8 니키 드 생팔, 〈그녀〉

즘 기계문명을 무기로 삼은 서구 제국주의의 무자비한 침탈과 파괴에 대비되는 제3세계권의 평화로운 일상적 삶의 공간을 의미한다. 세 번째 정의는 반정리 기능의 공간이 담아내는 인간 행태 가운데 가장 부끄럽고 비도덕적이면서도 동물적 본능이라는 핑계 아래 보편적 동의를 얻고 있는 매춘이 벌어지는 홍등가를 의미한다.

미로의 배설 기능 |

물리적으로나 상징적으로나 모두 기계물질문명의 균질 공간이 낳은 폐해에 대비되는 개념을 갖는 카스바란 주제는 네덜란드 건축가들이 찾아낸 절묘한 선례였다. 가장 감추고 싶은 남성의 매춘 행위를 반정리 기능을 갖는 미로에 중첩시켜 모더니즘의 균질 공간에 대비시킨 이들의 비유는 건축사적으로 큰 주목을 받지 못한 변방의 자그마한 사건이었다. 아마도 네덜란드가 약소국이었기 때문일 것이다.

이들이 카스바의 주제에서 미로의 미학을 찾아낸 시기는 탈모더니즘 건축의 서막을 연 것으로 평가받는 이탈리아의 로시Aldo Rossi나 미국의 벤추리Robert Venturi의 포스트모더니즘보다 조금 앞선다는 점에서 중요성을 갖는다. 내용적으로 보더라도 이들의 이론보다 더 창의적이고 참신한 것이었다. 로시의 이론은 오래된 예술 전통 속에서 살아온 이탈리아인이면 누구나 늘 갖고 있던 역사 회귀적 성향이 모더니즘의 막다른 시기와 겹쳐지면서 주목을 받은 측면이 강하다. 벤추리의 이론은 역사가 일천한 예술 후진국 미국의 대표적 문화 행태인 대중문화의 흐름을 건축에 적용한 것이다. 반면 모더니즘 생산 체계에 미로의 미학을 결합시키려던 네덜란드 건축가들의 시도는 모더니즘의 문제를 인간이 공유하는 공간적 심리로 환원하여 해결하려 한 점에서 세계 보편적 중요성을 갖는다.

홍등가의 미로가 형성하는 윤락 공간은 남성 우위의 경제 구조와 성의식이 합쳐진 극단적인 성차별 공간임이 틀림없다. 이런 정의에 의하면 기계문명이 낳은 삭막한 균질 공간에 대한 대안으로 카스바의 미로 공간을 제시한 것은 도덕적인 면에서 보았을 때 타당성이 없는 것처럼 보일 수도 있다.

그러나 다른 관점에서 보면 홍등가의 윤락 공간은 남성이 영원히 여성의 굴레에서 벗어나지 못하는 가장 여성 우위적인 공간일 수 있다. 윤락 공간에서 남성들은 가장 창피하면서도 가장 강렬한 본능적인 배설 행위를 한다. 감추어진 공간에서만 할 수 있는 가장 창피한 나만의 짓거리이기에 남성은 성인이 되어서도 배냇짓을 감싸줄 수 있는 여성의 공간이 필요한 것이다.

윤락 공간의 물리적 구조 역시 이런 심리적 기능과 일치하는 특징을 보여준다. 큰길에서 좁은 골목길로 미끄러져 들어가는 맛은 모태 공간을 향한 남성들의 강한 욕구를 자극한다. 좁은 골목길의 속살이 유리와 네온사인으로 된 투명한 유색 공간일 때 남성들은 점막 피부의 감촉을 상상한다. 유리창 속의 여성을 보며 여러 겹의 모태 공간을 확인한 남성은 가장 창피한 배냇짓을 행하며 여성에게 안긴다. 홍등가의 미로 공간은 이처럼 포근하고 내향적인 모태 공간의 특징을 갖기 때문에 대표적인 반정리 기능의 공간인 것이다.

네덜란드 현대건축의 교훈 I

언제부터인가 미래학자 중에는 인간이 가장 경계해야 할 미래의 시나리오는 핵전쟁이나 환경 파괴가 아니라 기계와 컴퓨터가 인간을 지배하는 세상이라고 주장하는 사람들이 나오기 시작했다. 우리는 이런 무서운 시나

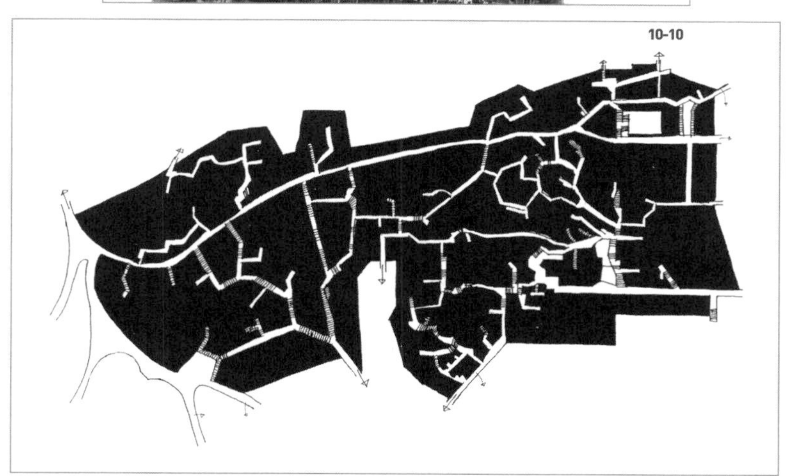

10-9 북아프리카 카스바
10-10 서울 북아현동 골목길 지도

리오를 아직까지는 일부 극단론자의 노파심이라며 무시해버린다. 아니면 기계문명의 발전 속도에 보조를 맞추지 못하는 일부 게으른 사람들이 괜한 훼방을 놓는 것으로 치부해버린다. 어쩌다 우리의 상상을 초월하는 할리우드의 SF 영화가 그런 세상을 실제 장면으로 보여주더라도 결론은 언제나 인간의 승리로 끝나버리는 것을 보면서 생명이 없는 컴퓨터가 인간을 지배하는 것은 절대 불가능한 일이라고 안심하여 잠자리에 든다.

컴퓨터가 인간을 지배하는 일은 스스로 지능을 갖추고 인간이 스위치

10-11 낸시 울프, 〈첫 번째 원〉
10-12 프리덴슈라이히 훈데르트바서, 〈발칸 반도의 이리나랜드〉

10-13 아키줌, 〈뉴 갤러리 계획안〉
10-14 알도 반 에이크, 〈손스빅 박람회 조각 파빌리온〉, 네덜란드 아른험

를 켜지 않아도 혼자서 작동해야 가능한데 금속 덩어리인 이것들이 그럴 리는 절대 없다고 단언한다. 그러나 우리가 만들어낸 인공 환경에 의해 우리 자신이 생산 로봇으로 취급받는 지금 이 순간의 현실이 바로 컴퓨터가 인간을 지배하는 세상의 모습이라는 것을 사람들은 알지 못한다. 사람들은 컴퓨터가 인간을 지배하는 모습이 마치 옛날에 노예들을 쇠사슬로 묶고 채찍으로 다스리는 양상으로 나타날 것이라고 가정하며 아직도 컴퓨터는 내가 스위치를 누르고 작동시키기 전에는 플라스틱 덩어리일 뿐이라고 안심하며 살아간다.

그러나 컴퓨터는 인간의 마음을 지배하는 우회전략을 통해 이미 우리의 군주가 되어버린 지 오래다. 하루종일 스마트폰을 손에서 놓지 못하고 그 노예가 되어버린 사람들의 상태가 좋은 예이다. 도를 지나친 인공 환경의 정리 기능이 낳은 건축적 결벽증의 무서운 현실—몸을 상하고, 마음도

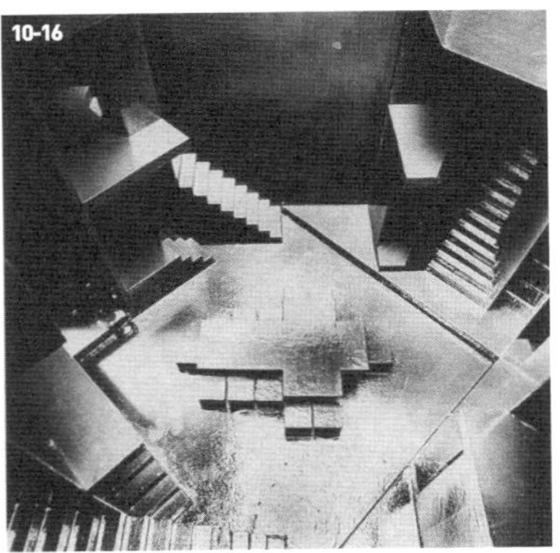

10-15 리카르도 보필, 〈La Muralla Roja〉, 스페인 알리칸테
10-16 가에타노 페세, 〈12인의 코뮨〉

상하고, 아등바등 욕하며 아귀다툼의 경쟁을 하는 우리의 일상생활—이것이 바로 컴퓨터가 인간을 지배하는 세상의 모습인 것이다.

우리는 이미 40~50여 년 전 이런 무서운 미래를 예언하여 그 해답을 카스바라는 유곽 지대의 미로 공간이 갖는 심리적 치유 기능에서 찾으려 했던 네덜란드 건축가들을 알고 있다. 결과적으로 이들의 예언이 적중한 것이 되어버렸지만 사실 이들은 예언가 따위의 거창한 호칭이 어울리는 대가는 아니었다. 이들은 앵글로색슨족의 기계물질문명이 지배하는 전후 세계질서 속의 한구석에서 웅크리고 살아가는 '더치Dutch 나부랭이'였을 뿐이다.

이 시기에 시대 창조적인 웅변과 거창한 예언은 주로 앵글로색슨족의 몫이었으며 그 내용도 기계문명이 가져다주는 밝은 미래의 모습이 대부분을 차지했다. 네덜란드 건축가들은 자신들의 아름다운 공동체 전통과 이것을 담아오던 오래된 도시의 골목길이 갈가리 찢겨나가는 것을 가슴 아파하며 그 해결책을 찾아 나선 따스한 마음의 건축가였을 뿐이다. 그리고 이들이 거대한 기계물질문명을 꾸짖는 데 사용했던 매는 테크노피아의 허구에 윤락 공간인 카스바를 대비시키는 냉소적인 역설이었을 뿐이다.

우리는 네덜란드와 매우 흡사한 농업 사회의 공동체 전통을 갖고 있다. 또한 근대화의 달콤한 열매와 아픈 대가를 경험한 과정에서도 이들과 많은 공통점을 갖고 있다. 네덜란드인들이 기계문명의 결벽증을 치료해줄 건축적 공간으로 찾았던 미로라는 아름다운 골목길도 갖고 있다. 1960~1970년대에 순이와 영자가 눈물을 팔아 돈으로 바꾸어가던 카스바의 공간도 여럿 갖고 있다. 우리는 지금 건축적 결벽증이 중증에 달했음에도 그것을 모른 채 더욱 가열차게 심리적 치유 공간을 허물며 '조국 근대화의 역사적 사명'에 매진하고 있다. 이제 카스바 골목을 지키던 순이와 영자는 하나둘씩 떠나고 홍등가는 재개발되어 한두 군데씩 사라지고 있다. 그런데 우리는 이런 보람찬 일을 왜 심리적 치유 공간의 말살이라는 험악한 건축적 폭력과 동일시하며 행하고 있을까.

당연히 우리는 순이와 영자를 홍등가 골목에서 구해내야 한다. 하지만 미로의 포근함은 어떤 형식으로든 어느 한구석에 남아 있어야 한다. 홍등가 골목의 도덕적 때는 마땅히 지워야 하지만 공간적 때는 우리의 건축적 결벽증을 치유해줄 유일한 약인 것을. 미래의 어느 날 우리의 건축적 결벽증이 한계에 닿아 사형선고를 받게 될 때 우리는 심리적 치유 공간을 없앤 대가를 치러야 할 것이다. 그리고 그 값은 상상도 못할 엄청난 크기가 될 것이다. 이것은 예언이 아니라 생활일 뿐일진대.

11.

팝 건축과 대중문화

소비산업사회와 건축의 대중성 문제

11. 팝 건축과 대중문화

소비산업사회와
건축의 대중성 문제

건축가라는 직업의 정체성 문제 |

건축가는 엘리트인가, 예술가인가 아니면 사장님인가. 많은 건축가는 자신의 직업이 이 세 가지를 합쳐놓은 것이라 생각한다. 여기에 엔지니어를 추가하게 되면 금상첨화이긴 하지만, 의외로 많은 건축가가 이 부분에는 별 관심이 없다. 건축가들은 이 셋을 합해서 스스로를 비즈니스 감각을 겸비한 고급 예술가라고 정의하고 싶어 한다. 그렇기 때문에 이들은 동물원, 시장, 유흥업소와 같은 상업 유흥시설은 천박하다는 이유로 설계하기를 꺼린다. 이보다는 어려운 상징성과 미학 개념 들로 설명될 수 있는 고상한 건물들, 이를테면 미술관이나 박물관 같은 것을 원한다.

수준 있는 건축가의 반열에 들기 위해서는 바흐, 그것도 특히 그놈의 무반주 첼로 조곡을 듣는 게 하나의 교복처럼 되어버렸다. 이들에게 삐삐밴드나 현철 아저씨 음악을 권하는 것은 사복 입고 등교해서 하루 종일 벌서라는 것과 같다. 간혹 이해심 있는 건축가들이 서태지의 사회적 영향력을 인정하기는 한다. 그러나 도밍고가 존 덴버의 유행가를 부르는 것은 다

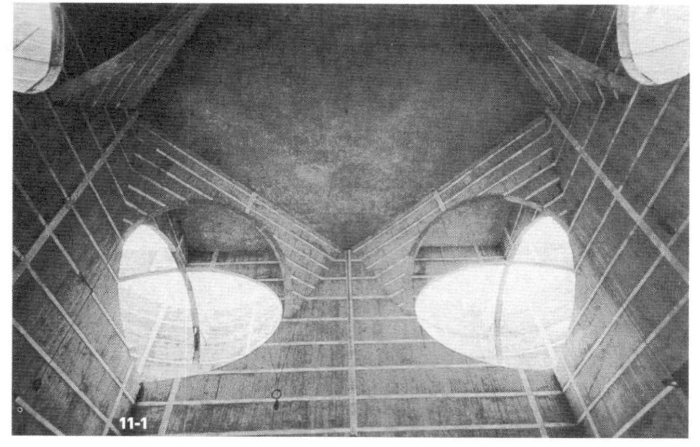

11-1 루이스 칸, 국회의사당, 방글라데시 데카
11-2 한스 홀라인, 에터니트 전시회, 빈

른 장르의 일로 한정지으려 들며 건축에서는 가당치 않다고 결론 짓는다.

건축가들에게 가장 큰 고민은 자신들의 고상한 예술성을 이해하지 못하는 대중의 우매함이다. 건축가들은 사회의 전반적인 수준이 받쳐주지 못해서 작품 하기가 힘들다고 말한다. 같은 논리로 작품 세계를 이해해주는 수준 높은 건축주를 만나는 일을 성공의 제1 조건으로 꼽는다. 자신들은 시정에서 벌어지는 대중의 즉흥적인 욕구와는 무관한 선민이어야 한다. 검은 재킷을 입고 르 코르뷔지에의 동그란 안경을 쓴 건축가들이 슥슥 그려내는 스케치는 항상 신화의 한 장면을 옮겨놓은 신비한 세계여야 한다. 건축가라고 즉흥적인 욕구가 없으랴마는 그것은 김 마담이 다 알아서 해줄 일이다. 작품 하는 순간만은 신선이어야 하고 거기서 나오는 정신적 찌꺼기는 배설하듯 모아서 풀어버리면 된다.

건축가에게 대중이란 무엇인가. 아니 그보다 대중에게 건축가란 무엇인가. 혹시 대중에게 건축가는 "무덤이 열린다. 저 세상이 열린다"라거나 혹은 "꿈마다 건물이 계시처럼 나타나 '컨닝구' 한다"라는 얘기를 작품 설명이라고 해놓고 대중더러 이해하라고 생떼 쓰는 자아도취증 집단으로 비치지는 않는가. 아니면 그 반대로 일부 건축가들은 부동산 개발 사업의 충실한 하수인이 되어 직업의 정체성을 잃어버린 지 오래다. 물론 이제 그것도 오래 쌓이다 보니 건축가란 직업을 구성하는 중요한 항목으로 자리 잡게 되긴 했지만 말이다.

대중에게 건축가는 너무 어려운 집단이거나 아니면 그 반대로 분양 면적을 가장 많이 만들어내는 기능공쯤으로 비치는 양극화된 모습으로 받아들여지고 있다. 잘해야 드라마에서 바람피우기 적합한 직업으로 그려지지만 이것은 그다지 유쾌한 일이 아니다. 드라마에서 바람피우는 배역으로 설정하기 제일 좋은 직업으로 건축가가 유행한 적이 있고 지금까지도 계속되고 있지만 실제와는 거리가 먼 허상에 가깝다.

건축가는 대중이 일상생활을 보내는 공간을 만드는 일을 하기 때문에 어떤 면에서는 대중과 가장 친밀해질 수 있는 직업이다. 일부러 화랑이나 음악회에 가지 않더라도 건축은 그 주위를 오가는 수많은 사람에게 강제로 보인다. 건물은 레코드 가게 앞을 지나며 듣게 되는 음악만큼 부담 없이 항시적으로 대중과 함께할 수 있는 특징을 갖는다. 이게 건축만의 커다란

11-3 필라델피아 번화가의 상가
11-4 미국 대도시 슬럼가의 스프레이 캔 아트
11-5 트릭스터, 〈시카고〉

장점일 수 있다. 대중이 문화예술의 주인이 되어버린 소비산업사회에서는 더 그렇다. 그런데 건축가들은 저절로 주어진 이런 장점을 애써 무시하며 대중에게서 멀어지고 있다. 남들은 일부러 얻으려 애쓰는 장점인데도 말이다.

건축가에게 대중은 무엇일까 |

그렇다고 건축가들이 그토록 원하는 대로 건축이 고급 예술 분야로 편입되었다고 말할 수는 없을 것 같다. 그러기에 건축은 처음부터 실용성이 너무나 강했다. 이렇듯 건축은 대중성과 상업성과 고급 예술 사이에서 힘든 방황 끝에 제자리를 놓쳐버리는 상황에 처하게 되었다. 이 순간에도 우리 주위에서는 수많은 건물이 뚝딱뚝딱 올라가고 있지만 막상 일반 사회에서나 문화예술계 쪽에서나 모두 건축을 자리매김하지 못하고 있다. 최근 들수록 건축가는 점점 부동산 개발 사업의 하수인 쪽에 가까워진다. 건축가라는 단어도 따라서 낯설어지며 그 자리를 '설계사' 라는 직업명이 대신한다. 건축학과 학생들까지도 1~2학년 같은 저학년 때에는 스스로 '설계사' 라는 단어를 더 많이 쓴다. 주변에서 들은 단어가 그것뿐이기 때문이다. 대중에게 건축가는 점점 예술가가 아니라 기능인이 되어간다.

중요한 건물 준공식을 보도하는 언론 보도에 정작 그 건물을 설계한 건축가 이름은 등장하지 않는다. 초청조차 받지 못하는 경우가 허다하며 설사 초청받는다 해도 가보면 대우는 영 '아니올시다' 이다. 귀빈석은 꿈도 못 꾸고 초청받은 보통 인사 가운데 말석이나 하나 내주면 고마울 정도이다. 잘해야 협력업체 직원 정도로 취급받는다. 건물을 건축가의 작품으로 보는 것이 아니라 내가 돈 주고 기능공을 부려 만든 내 재산으로 보기 때문이다. 건축가는 돈만 주면 서로 덤핑 쳐가며 내가 하겠다고 아우성대는 시장의 인테리어 수리업자나 다름없는 대우를 받는다.

이런 어려운 상황은 모더니즘 건축이 낳은 반대급부의 성격이 짙다. 건축을 고급 건축으로 보며 스스로를 예술적 엘리트로 자처하는 인식은 서양의 경우 르네상스에서 시작해서 바로크의 아카데미 시기를 거쳐 19세

11-6 ■ 11-7 시내 번화가 상업 공간

기 제국주의까지 이어졌다. 길다면 길고 짧다면 짧은 역사이다. 문제는 모더니즘에 들어와 건축가들은 여기에 '시대정신Zeitgeist의 창조자'라는 무척 버거운 큰 짐을 스스로 하나 더 얹은 데 있다. 그 전까지는 그냥 고급 예술가였는데 이제는 시대를 앞장서서 이끌어나가는 거창한 역할까지 더한 것이다.

대단한 엘리트주의였다. 하지만 정작 그들이 이런 몽상을 하게 된 근거는 매우 빈약했다. 기계문명 시대의 이상향을 건축으로 정의해보겠다는 야심에서 출발했지만 결과는 결국 철근콘크리트와 철골 구조를 이용한 물질 이상향을 납품하는 수준에 그치고 말았다. 아주 극소수 건축가들이 자신들의 건축 세계를 현란한 이론으로 포장하며 기계 이상향을 대표할 건축 모델로 제시했지만 실제 사용자가 그 건물에서 느끼는 상식적 감성과는 너무나 거리가 멀었다.

건축이 둘로 쪼개진 것과 같았다. 건축가의 이론으로 존재하는 허구적 건축과 실제 사용자가 현실에서 느끼는 경험적 건축으로 말이다. 더 큰 문제는 이런 건축가들이 제시한 이상향으로서의 건축이 외모로만 봐서는 그냥 단순한 육면체 박스형 건물과 다를 것이 없다는 데 있었다. 이런 엘리트 건축가들이 작품으로 손댈 수 있는 건물은 잘해야 1~2 퍼센트, 나머지 98~99 퍼센트는 결국 삭막한 콘크리트 박스로 채워지는 비극이 발생했던 것이다.

한국 현대건축가들은 서양 모더니즘 거장들의 이런 모습을 모델로 삼고 있다. 이 경우 대중은 항상 계몽의 대상이거나 아니면 자신들의 새로운 작품에 깜짝깜짝 놀라며 박수 쳐주는 충실한 동원 관객으로 남는다. 모더니즘 건축가들은 피카소의 입체파와 기계문명의 효율성이라는 시대 가치를 잘 조합해내어 미니멀리즘 경향의 이상적 건축 모델을 완성시켰다. 이들은 여기에 대한 공로로 미스터의 지위를 누리고 고급 예술로서의 건축을 논할 수 있게 되었다. 서양에서 먼저 그랬으며 이것을 모방한 한국도 마찬가지였다. 한국 현대건축가들은 서양 대가들의 작품을 모방하면서 이런 태도도 함께 흉내 냈다.

대중에게서 창작 아이디어가 나오는 시대 |

이 과정에서 한국 현대건축가들은 중요한 사실을 놓치게 된다. 문화를 주도하는 계층 가운데 하나로 자리 잡기 시작한 대중에 대한 무관심이었다. 모더니즘 건축이 완성된 시기는 1920년대인데 이때에는 서양에서도 아직 대중 계층이 뚜렷하게 형성되지 않았다. 문제는 이런 1920년대 모델을 현재 한국 건축을 주도하는 건축가들이 신봉한다는 사실이다. 대중에 대한 인식이 없던 시기에 완성된 건축 모델을 추종하기 때문에 당연히 대중에 무관심할 수밖에 없다.

그러나 시대가 바뀌어 이제 대중과의 교감은 작품성을 결정하는 중요한 기준 가운데 하나이다. 단순한 공명심이나 연예인 같은 대중성을 의미하는 것이 아니다. 작품과 창작에 대한 아이디어가 대중의 생각과 살아가는 방식에서 나온다는 것이다. 건축만 그런 것이 아니다. 현대 예술은 거의 모든 분야가 그렇다. 이제 대중은 창작 아이디어의 보고이다.

이것을 놓치고 나니 아이디어는 고갈되고 그렇다 보니 외국 건축가 작품집을 기독교인이 성경 책 끼고 살 듯 끼고 산다. 아니면 이론가들이 던져주는 이야기에 의존한다. 이론이란 현상이 있으면 그것을 보고 만드는 것이다. 순서가 뒤바뀌니 창작의 독립성이 있을 리 없다. 이론가들이

11-8 로버트 벤추리, 델라웨어 하우스
11-9 로버트 벤추리가 자동차 시대-상업자본주의 시대의 대표 아이콘으로 생각한 라스베가스의 상업 간판

설계에 직접 써먹을 이론을 제시하지 않으면 5년 전 10년 전 자기 건물을 우려먹는 '창작의 근친상간' 을 범한다. 이것이 현재 한국을 대표한다는 건축가들의 수준이다.

1920년대 성기 모더니즘 모델에는 또 다른 위험성이 내재한다. 자본주의 체제하에서 삭막한 콘크리트 박스를 양산할 위험이다. 이 모델을 완성시킨 서양의 거장들은 어려운 미학적 해석을 통해 자신들의 박스 건물을 순수 예술품으로 제시했지만 그 내용은 난해하다. 이 모델을 열심히 추종하는 한국 현대건축가들도 제대로 이해하지 못하는 사람이 부지기수인데 하물며 일반 대중으로 내려가면 더 말할 것도 없었다. 대중에게는 이 모델이 그저 '싼값으로 가게 하나 장만하기에 좋은 찬스' 이상의 의미를 갖지 못했다. 그 결과 지금 우리가 현대 도시의 삭막한 건축 환경을 지칭할 때 사용하는 '회색의 콘크리트 더미'라는 말이 생겨나게 되었다.

건축가들은 이것이 자신들과는 무관하다고 생각한다. 물론 그렇다. 직접적 책임은 없다. 그러나 간접적 책임은 있다. 1920년대 서양의 성기 모더니즘 모델이라고 하는, 시간과 공간 모두에서 괴리가 큰 이방 양식을 추종한 것이 책임의 핵심이다. 한국적 모델을 창시하지 못했다. 한국적 모델은 한국의 대중이 생각하고 느끼고 생활하는 모습에서 나온다. 대중을 계몽의 대상으로 보는 엘리트주의는 서양 거장들의 모델만 아이디어 대상으로 참고할 만한 가치가 있다는 창작 사대주의로 귀결되었다. 대중은 건축가들이 원하는 대로 계몽되어주었고 건축가들이 제시한 모델을 자신들의 일상생활로 가져다 쓰기 시작했다. 그 결과 굳어진 현실이 '회색의 콘크리트 더미'이다.

소비산업사회와 건축의 대중성 |

성기 모더니즘의 엘리트주의는 서양에서도 1950~1960년대에 소비산업사회가 시작되면서 도전받게 되었다. 건축가들에게 대중성이라는 큰 숙제가 새로 등장해서 다가오기 시작했다. 제2차 세계대전 이후 미국이 주도하는 새로운 질서 속에서 건축은 전후 복구, 미국식 팝 문화 그리고 제3세계의 근대화라는 새로운 사회적 환경에 직면하게 되었다. 이 셋은 얼핏 서

11-10 클래스 올덴버그, 〈피카딜리 광장의 립스틱〉
11-11 쇼핑 공간

로 연관성이 없어 보일 수도 있지만 건축적으로 불 때는 같은 이야기였다. 이전까지 생산 중심으로 진행되던 자본주의에 소비라는 반대 축이 형성되면서 소비산업사회에 진입하기 시작했다.

1950~1960년대가 바로 이런 후기 자본주의가 시작되는 시기였고 팝 문화의 종주국인 미국과 영국의 영어권에서 이에 맞는 새로운 건축 모델을 찾으려는 시도를 먼저 시작했다. 이 시기에 영어권의 몇몇 젊은 건축가

들은 팝아트의 개념에 해당되는 팝 건축이라는 새로운 건축 모델을 선보이며 후기산업사회의 도래를 긍정적으로 받아들였다. 포스트모더니즘 건축도 이것의 하나였다. 이 시기 대부분의 건축가들은 모더니즘의 말기적 한계라는 어려운 상황에 처해 있었다. 양식사적 투쟁 목표가 상실된 후기 시대는 사실 이 엘리트 예술가에게는 가장 힘든 시기일 수 있다. 이 시기 건축가들은 부동산 개발에 차출되어 적절한 값에 품을 팔거나, 죄 없는 건물을 해괴한 형태로 뒤틀며 아이디어를 짜내려고 애쓰거나, 아니면 슬그머니 선배들의 작품을 뒤적이며 벌써부터 모더니즘의 리바이벌을 모의하고 있었다.

물론 이런 현상은 한 사조의 말기 때 나타나는 전형적인 폐단으로, 따지자면 사회의 책임이 컸다. 그러나 건축가들 역시 변화한 사회에 적응하지 못하고 건축을 여전히 엘리트들의 고급 예술로 가정하고 문제를 풀어가려는 한계에 갇혀 있었다. 대부분의 건축가들이 후기 모더니즘의 어려움에 동의하면서도 대중문화 시대의 도래라는 상황 변화는 고려 대상에 넣고 싶어 하지 않았다. 이런 가운데 엘비스 프레슬리와 비틀스의 중간 세대쯤에 속하는 일단의 젊은 건축가들은 건축에 팝 문화의 개념을 도입하는 발상의 전환을 통해 상황 타파를 모색하게 되었다.

이들은 미디어를 매개로 공유하는 팝 문화를 후기 모더니즘의 핵심적 구성 요소로 인정하고 여기에 동화될 수 있는 건축 모델을 찾는 작업을 벌여나갔다. 건축에서 엘리트와 고급 예술의 개념을 지우고 대중의 즉흥적 감성에 맞는 건축을 새로이 정의하자는 제안이었다. 어떤 면에서는 건축에서의 마지막 금단의 벽을 허무는, 참으로 불경스러운 도발 같은 것이었다. 이름도 들어보지 못한 새파란 애송이가 야전 점퍼를 입고 나타나 건축을 술집 간판이라고 정의하고 그것도 모자라 베니어합판으로 고전 오더를

오려내 보이는 일대 반란이 일어났던 것이다.

점잖은 영감 건축가들에게 이들은 이유 없이 머리를 기르고 담벼락에 붙어 서서 길 가는 어른들을 째려보는 불량청소년이나 다름없었다. 잘해야 아이들 학예회 무대나 맡으면 꼭 맞을 광대 정도로나 비춰졌다. 이들의 제안은 이처럼 판을 뒤엎는 몸부림이었기에 그만큼 반향도 컸다. 작가로서의 생명을 건 도박이라고나 할까. 더욱이 이들이 미국 동부 아이비리그와 영국 명문대 출신의 멀쩡한 엘리트라는 사실이 알려지면서 이들의 항변은 새로운 문화 운동으로 주목받기 시작했다. 40대의 대통령을 선택했던 젊은 사회는 이들의 반항을 이유 있다고 인정하여 멍석을 깔아주고 구경꾼들을 모아주었다.

포스트모더니즘과 팝 건축 |

이른바 포스트모더니즘의 시작이었다. 대중성에 좀 더 치중해서 좁혀보면 팝 건축이라 부를 수도 있다. 건축도 대중문화의 한 장르가 될 수 있다는 한 가지 가정을 받아들이고 나자 많은 가능성이 새로이 열렸다. 시내 중심가의 가로 풍경을 건축적 소재로 받아들이는 발상의 전환이 있었고 건축 어휘가 이전과는 비교도 할 수 없을 정도로 다양해지는 결과를 낳았다. 이때까지 건축가들은 자신의 건물이 가로변 풍경의 수준을 향상시켜줄 거라 믿으며 주변 환경에 대해 늘 한 수 가르친다는 입장이었다. 이제는 수많은 불특정 대중의 손에 의해 자연 발생적으로 형성된 시내 거리의 모습에서 건축적 모티브를 찾아내는 발상의 전환이 일어난 것이다.

이런 변화는 후기산업사회의 보편적 가치를 중산 대중의 소비문화에

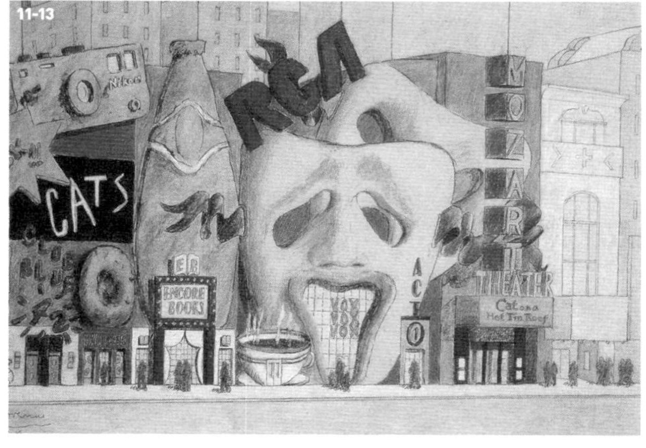

11-12 더그 브랜슨 · 나이젤 코츠, 카페 봉고 · 보헤미아 재즈클럽
11-13 마이클 그레이브스, 뉴욕 42번가 복합건물 계획안

서 찾아야 한다는 시대정신론을 기본 배경으로 갖는다. 성기 모더니즘이 기치로 내걸었던 '시대정신의 창출' 은 여전히 유효하되 그 내용이 '대중을 계몽한다' 에서 '대중에게서 아이디어를' 로 바뀐 것이다. 건축은 한 시대의 보편적 가치를 표현해야 되는데 과연 이 시대의 보편적 가치가 무엇인지 찾는 작업이 진행되었고 논쟁이 벌어졌다.

시내 번화가의 쇼윈도에 진열된 마네킹이 곧 중세 성당의 스테인드글라스에 새겨진 성인聖人에 해당되는 이 시대의 보편적 상징물이라는 주장이 힘을 얻어갔다. 포스트모더니즘의 기초를 닦은 로버트 벤추리는 "중심가에서 벌어지는 일은 곧 선善이다"라는 함축적인 말로 이러한 보편적 가치와 시대정신을 대변했다. 대중의 욕망의 배설구가 고급 건축가들에게 건축적 모티브로 다가오기 시작했다.

포스트모더니즘이나 팝 건축은 이처럼 이 시대의 사회 현상을 대표하는 소비 자본주의의 상행위를 건축적 언어로 번안하는 문제에서 출발했다. '상행위'는 인간의 일상 현실 가운데 가장 다이내믹하고 건축가의 상상력을 자극하는 행위일 수 있다. 건축가들은 색채, 재료, 건축 형태 등에서 이전의 틀에 박힌 사고에서 벗어나 좀 더 젊어질 것을 요구받고 있다. 건축가들이 열린 마음으로 다운타운가에서 벌어지는 인간의 원색적 행위에 공감해야 하는 시대가 되었다.

이전까지 건축가들은 엘리트주의에 사로잡혀 건물에 나붙은 간판이나 네온사인을 천박한 키치로 여기며 고상한 지위를 지키려 애써왔다. 이제 생생한 소비 현장의 생동감을 전해주는 상업 건축의 전파자 역을 요구받기도 한다. 일단의 건축가는 레스토랑, 커피숍, 옷 가게, 구두 가게, 바, 미용실, 클럽 같은 소비 공간 제작에 참여하여 일상적 상행위가 주는 조그마한 즐거움을 대중과 공유하고 있다.

모더니즘 엘리트주의의 횡포 |

대중에 대한 건축가의 봉사라는 개념은 이미 모더니즘 초기부터 중요한 이슈였다. 19세기 말쯤 되면 일반 대중이 사회에서 차지하는 비중이 커지면서 초기 단계의 대중 사회mass society가 나타나고 있었다. 근대적 대도시가 그 장이었다. 대중이 바쁘게 오가며 일상 생계를 벌이는 생생한 도심의 현장에서였다. 많은 초창기 모더니즘 건축가는 새로운 도시의 모습을 집합적으로 묶어 거리 예술street art이란 개념으로 파악하기 시작했다.

일반 대중의 새로운 일상생활이 만들어내는 거리 예술은 모더니즘 문명이 선사한 다이내믹한 경험들을 생생하게 대변하고 있었다. 거리의 게시판은 기계문명과 상업자본주의 시대에 새로이 번창하는 온갖 계획들을 선전하는 포스터들로 가득 메워졌다. 새로 지은 백화점에는 열심히 일하는 중산층의 밝은 모습이 넘쳐흘렀다. 아직 마차가 다니기는 했지만 분명히 거리 곳곳에는 기계문명이 가져다준 새로운 스피드의 세계가 펼쳐지고 있었다. 활력들이 어우러져 만들어내는 참신한 도시의 얼굴은 선구적 건축가들에게는 더없이 좋은 소재였다. 건축가들은 도심을 거닐며 얻어지는 근대적 상상력이라는, 이전과는 다른 새로운 발상을 시도했다.

근대적 대중성의 개념을 제일 처음 건축적으로 표현해낸 양식이 아르누보였다. 아르누보 건축은 상행위 공간을 철물 장식과 벽화라는 파사드façade 장식의 개념으로 구성함으로써 길거리를 오가는 대중에 대한 시각적 서비스를 추구했다. 그러나 아르누보 건축가들도 엘리트 의식이라는 마지막 금단의 벽은 넘지 못하는 한계를 드러냈다. 대중에 대한 서비스로 제공된 파사드 장식은 여전히 어려운 신화의 내용이거나 신자연주의니 하는 철학적 지식이 요구되는 엘리트 유희의 산물이었다.

그 후에도 대중이라는 개념은 모더니즘 건축 내내 중요한 슬로건으로 등장했지만 계속해서 개혁 엘리트들이 구색을 갖추기 위해 차용한 명분의 성격이 짙었다. 1920년대 추상 아방가르드 건축에 들어오면서 엘리트주

11-14 카를 잘츠만, 전기 가로등이 처음 선보였을 때의 베를린 야경 모습
11-15 라파예트 백화점, 프랑스 파리

의가 갑자기 증폭했고 대중은 건축가들의 예술 세계와 큰 거리감을 느끼게 되었다. 그 대신 대중은 이들 작품의 결정판이랄 수 있는 성기 모더니즘 모델에서 예술성을 걷어내고 '싼값에 가게 하나 장만할 찬스' 라는 물질적 가능성만을 파악하게 되었다.

이때부터 이미 모더니즘 건축은 이것을 앞서서 이끌던 엘리트 건축가들의 자부심과는 상관없이 '삭막한 콘크리트 상자에 의한 인간성 파괴' 라는 실패의 길로 접어들기 시작했다. 모더니즘 거장들은 대중을 염려해주었지만 결과적으로 싼 집을 제공하는 물리적 시혜만 베푼 꼴이 되어버렸다. 대중 눈높이에 서서 대중에게 문화적 감성을 서비스하려는 의식은 아직 이들의 프로그램에 들어 있지 않았던 것이다. 모더니즘 건축은 대중에게 너무 난해하다는 지적이 처음부터 꾸준히 있어왔으며 결국 몇몇 엘리트끼리 모여 자화자찬을 벌이는 그들만의 잔치가 되어버렸다.

그 한편에서 대중은 고층 건물에 짓눌리고 자동차에 내몰리며 콘크리트 더미 속에서 근근이 연명해가는 모더니즘식 도시 생활을 살아가게 되었다. 이것은 물론 '싼값에 가게 하나 장만' 하는 물리적 시혜에 대해 치른 대가였다. 몽매하기만 한 대중은 엘리트 건축가들의 잔치에 끌려가 떡이나 받아먹고 박수나 쳐주다 몸 뺏기고 마음 뺏긴 꼴이 되어버렸다. 무지의 대가로는 꽤나 가혹한 것이었다.

엘리트주의에 대한 반성으로서의 팝 건축 |

현대건축에서 팝 건축은 분명히 모더니즘 건축의 이런 횡포에 대한 반성에서 시작된다. 반성이 기성세대에 대한 반항인지 아니면 기성세대를 대신한 속죄인지는 그다지 중요하지 않을 수도 있다. 중요한 사실은 현대 건축에서 팝 건축가들은 기성세대 건축가들과는 완전히 다른 기상천외한 발상을 통해 대중의 즉흥적 감성을 문화 영역으로 편입시키려는 시도를 하고 있다는 사실이다.

이를 위해 팝 건축가들은 팝아트의 기본 개념을 빌려 일상 생활용품을 건물 형태로 직접 차용하는 과감한 파격도 불사한다. 이런 형태가 때로는 건물의 기능을 직접 설명해주는 만화 같은 즐거움을 주기도 한다. 생활 주변에서 흔히 접하는 기성 오브제가 대중의 감성 공간 속으로 들어오면서 이 시대만의 새로운, 그러나 매우 쉬운 예술적 긴장감을 만들어낸다. 때로는 어려운 고전 어휘를 '아이러니' 라는 더 어려운 개념에 의해 변형시켜 친숙한 형태로 제시하기도 한다.

이런 새로운 시도는 더 이상 엘리트 건축가들의 유희가 아니라 대중

11-16 폴 안카르, 니귀에 여성용품 상가, 벨기에 브뤼셀
11-17 폴 코쉬, 폴 코쉬 하우스, 벨기에 브뤼셀

을 웃기려는 광대 짓 같은 것이다. 이제 대중은 더는 건축가들에게 "무덤이 열린다, 저 세상이 열린다"라는 어려운 작품 설명을 듣고 눈을 껌뻑이는 무안함을 당하지 않아도 된다. 그저 코미디 한 편 보듯 매일 오가는 시내 거리 귀퉁이의 건물을 보고 반갑게 웃기만 하면 된다. 팝 건축가들은 심지어 장남감이나 동물 모습까지도 건물 형태로 차용하려 든다. 유치원의 유아 어휘와 동물원의 유원지 어휘는 팝 건축가들의 대중적 센스를 가늠하는 척도가 되었다. 대중은 이제 건축가들이 "꿈마다 건물이 계시처럼 나타나 '컨닝구' 한다"라고 말하고 헛기침 한 번 하며 무게 잡아도 믿으려 하지 않으며 주눅 들지도 않는다.

1970년대부터 본격적인 소비산업시대를 맞이하기 시작한 서구 선진국에서는 팝 건축이 중요한 장르로 자리 잡은 지 이미 오래다. 신화와 성경을 해석하여 솔로몬 신전을 추측 복원하는 작업을 하는 건축가가 이와 동시에 수갑 형태를 차용한 보석 디자인을 함께 하는 일이 조금도 이상하지 않게 느껴지게 되었다. 해체주의 철학과 반反디자인 개념을 추구하는 어려운 해체주의 건축가가 다른 한편으로는 망원경 모습의 건물을 지어놓고 대중에게 박수를 받기도 한다.

그러나 이보다 늦은 1980년대 말부터 소비산업시대에 진입하기 시작한 우리 사회에서는 아직도 건축가들이 '꿈속의 저편 세상'에 머물고 싶어 하는 것 같다. 물론 서양에서 있었던 대중주의 건축을 그대로 닮자는 것은 아니다. 하지만 한국적 소비문화에 기초를 둔 새로운 발상의 전환은 꼭 필요하다. 우리 사회에서도 대중은 소비문화가 벌어지는 도시 공간의 주인공이 되었지만 건축적으로는 아직 그에 합당한 대우를 받지 못하고 있다. 도시 내 소비 공간 속에서 대중은 돈을 쓸 때만 손님 대접을 받을 뿐이다. 그 엄청난 공간 단위 속에서 매일매일 벌어지는 그 엄청난 행위를 하나의 문화 현상으로 묶어 건축적으로 소화해내는 일은 아직 기대하기 힘든 것 같다. 많은 간판과 쇼윈도가 펼쳐 있지만 그것은 대중의 주머니를 노린 호객 행위 쪽에 가깝다. 당신의 행위가 하나의 문화 현상이 되어 건축 장르로 발전할 수 있도록 같이 고민해보자는 친절함이 아직은 결여되어 있는 것 같다.

그나마 소비 공간을 벗어나면 대중의 모습은 더욱 초라해진다. 주위의 빌딩은 온통 대중을 무시하고 위압하며 대중 쪽에서의 수준 향상을 강요하고 있다. 대중은 도시의 주인공이면서도 건축적으로 그리고 공간적으로 항상 내몰림당한다. 대중의 주머닛돈, 쌈짓돈을 긁어모아 만든 대기업 사옥은 대중에게 별천지와 같다. 그곳에 들어가려면 동네 세탁소에서

양복이라도 한 벌 빌려 거울 앞에서 며칠 동안 우아한 포즈를 연습해야만 될 것 같다.

건축가들은 누구 하나 건축주에게 당신의 공간이 대중을 위한 것이 되어야 한다고 말할 엄두를 내지 못한다. 그보다는 아직 대중의 수준이 좀 더 향상되어 자신들의 작품을 이해해주길 바라고 있다. 그 옛날 왕족과 귀족이 주인이던 시대에 건축가들은 이들에게 충실히 복종했다. 그러나 이제 대중이 주인인 시대가 왔다는데 건축가들은 대중 위에 군림하려 든다. 건축을 기준으로 볼 때 아직 대중이 주인인 시대는 오지 않고 있다.

아직도 대부분의 한국 현대건축가들은 건축의 본질은 공간이라고 굳게 믿고 있으며 건물의 외피를 대중주의로 꾸미는 것은 절대 해서는 안 되는 수준 낮은 짓으로 여긴다. 작가로서 갖는 이런 철학은 당연히 존중되어야 한다. 문제는 이들이 만들어내는 공간이 서양의 추상 아방가르드 건축가들의 모델에 매우 강하게 의존한다는 점이다. 대중의 일상생활과 국민성에서 찾아낼 수 있는 공간 모티브들도 부지기수인데 이런 것이 있다는 사실조차도 모른 채 서양 모더니즘 공간의 틀에 강하게 갇혀 있다. '대중주의=외피 장식' 이라는 공식은 창의력이 부족한 한국 현대건축가들이 자기합리화를 위해 부리는 억지이자 속단이다. 대중주의에는 공간 요소도 충분히 존재한다.

한국 현대건축의 어려운 상황에 대한 돌파구는 대중에 있다 |

한국의 상황은 어떠한가. 요즘 작품 하는 건축가들은 힘들다는 말을 자주

한다. 사회가 자신들의 바람과 반대로 흘러간다고 한다. 내가 봐도 그렇다. 하지만 이 문제는 양쪽에서 살펴보아야 한다. 건축가 쪽에서 보면 큰 일거리는 대부분 오피스 빌딩이나 대형 상업 시설로 모두 몰려서 설계사무소를 유지하기가 힘들 정도라고 하소연한다. 건축주에서 요구하는 사항들도 작품성과는 거리가 먼 것이 많아지는 추세이다. 하지만 사회에서 보면 그 반대이다. 한마디로 훌륭한 작품이 나오지 않는다. 김중업, 김수근, 이희태 등 1960~1980년대를 이끌어가던 스승 · 선배 건축가들보다 못하며 1990년대에 의욕적으로 나타났던 다양한 모색 같은 과감한 혹은 진지한 실험 정신도 없다.

서양도 마찬가지이긴 하다. 설계 시장이 고층 건물과 대형 상업 건물 중심으로 완전히 넘어간 건 우리나 서양이나 같다. 대폭 줄어든 나머지 일거리를 가지고 작품을 해야 한다. 서양에서는 해체주의나 사이버 건축 등 컴퓨터를 이용한 비정형주의와 상대주의 공간 운동이 작품 활동을 이끌어가는 것이 첨단 경향이며 비겁한 리바이벌리스트들이 네오 모더니즘으로 세상을 현혹하며 엉덩이 비비고 한구석을 차지하고 있다. 이 가운데 전자 경향은 한국 사회나 건축계에 뿌리내리기 힘들어 보인다. 일단 사회적 요구가 없을뿐더러 건축가들의 순발력도 이에 못 미친다.

상황이 이렇다 보니 서양 사조에 전적으로 의존하는 한국 현대건축가들은 좇을 모델이 고갈된 형국이다. 작품다운 작품을 내지 못하니 사회에서 외면당하고 일거리는 오피스 빌딩, 상업 공간, 주상복합 등으로 몰린다. 후기 자본주의 시대에는 원래 이런 법이라지만 우리나라가 특히 심한데, 그것은 결국 건축가들이 일거리를 유발할 만한 작품을 만들어내지 못했기 때문이다. 이런 현상에 대해 건축가들은 사회가 수준이 낮아서 자신들의 작품을 이해하지 못한 것으로 받아들이지만 이것은 매우 자기중심적인 생각일 수 있다. 상황이 이렇게 어려워진 이유에 대해 다음과 같은 좀 더 섬세한 역사적 해석이 필요하다.

성기 모더니즘은 생산 중심의 자본주의에 맞는 건축이었다. 하지만 서양에서는 이미 1960년대에, 우리 사회도 1990년대에서 2000년대에 들어 소비 자본주의라는 새로운 문명 체제에 맞는 건축 모델을 찾는 일이 시대적 요구로 등장했다. 성기 모더니즘 때 엘리트가 주도하던 추상 아방가르드 건축의 시기가 끝나면서 이제 일상적 주변 공간을 만들어가는 시기에 접어들게 된 것이다. 이것이 대중성의 핵심 의미이다. 수준을 대중에게까지 낮추라는 뜻이 아니다. 모든 건축가가 로버트 벤추리처럼 할 이유는 전혀 없다. 대중문화 시대에도 고급 예술로서의 건축은 여전히 유효하며 좋은 건축가란 당연히 그래야 한다. 단, 작품 아이디어의 출처와 작품성의 기준을 대중의 생각과 생활 방식에서 찾아야 한다는 뜻이다. 이것을 고급 예술로 승화해야 한다. 우리의 문제는 주요 건축가들이 이 시대의 고급 예술에 맞지 않는 성기 모더니즘 모델을 여전히 좇고 있다는 것이며 이보다 좀 젊거나 시대 변화에 적응한다는 건축가들은 서양의 네오 모더니즘을 모방하고 있다는 것이다. 성기 모더니즘이 서양의 1920년대를 대표할 정도의 국지적 보편성은 가질지 모르지만 지구 저편 동북아의 한 나라에서 2000년대에까지 창작의 모델이 될 만한 보편성과 근원성을 갖지는 못한다.

후기 자본주의 시대에 전혀 적응하지 못하는 한국 현대건축 |

건축가들만의 순수한 예술적 논의에서 작품 아이디어가 나오던 시기는

1920년대 추상 아방가르드의 성기 모더니즘이었다. 이제 시간이 참 많이 흘렀다. 고급 예술을 하되 시대에 맞는 고급 예술을 하라는 뜻이다. 그럼에도 현재 한국 건축을 이끌어간다는 대표 건축가들은 여전히 1920년대 성기 모더니즘의 엘리트주의에 갇혀 있다. 이것이 진정 엘리트인가. 90년 전에 남의 나라에서 완성된 모델을 모방하는 수준에 머무는 것이 진정한 엘리트인가. 창의 역량이 부족한 사람이 남의 고급 정보를 훔쳐 내 것인 양 포장해낸 염치없는 표절자가 아닐까.

성기 모더니즘이라고 다 나쁘다는 것은 아니다. 그것을 이 시대에 맞게 해석해내야 한다. 그렇지 못하면 나쁜 것이 된다. 현재 한국 건축을 대표하는 건축가는 두 종류이다. 나이가 많은 세대는 성기 모더니즘 모델에 좀 더 직접적으로 갇혀 있다. 좀 젊은 세대는 서양에서 1990년대 이후 본격적으로 등장한 네오 모더니즘을 모방한다. 네오 모더니즘은 서양 건축가가 성기 모더니즘 모델을 관 속에서 끄집어내 우려먹는 사조인데 이것을 다시 모방하는 것이다. 늙은 세대가 보여준 태도라는 것이 원본을 추종하는 것이니 그것을 보고 배운 젊은 세대는 그 원본을 우려먹는 서양 사조를 다시 추종하는 것이다. 두 경우 모두 시간과 공간 모두에서 두 겹의 괴리가 패여 있다. 너무도 큰 불일치이다.

사회는 후기 자본주의와 대중주의의 시대로 접어들었음에도 한국의 현대건축에는 이를 반영할 대중주의가 없다. 모든 건축가가 대중주의를 추구할 필요는 없지만 최소한 몇 명만이라도 있어야 한다. 이들이 할 일은 정말 많다. 대중적 욕구 자체를 고급 예술로 승화하는 일, 상업 공간이 지나치게 상업적이거나 장식적이 되지 않게 완충 작용을 해주는 일, 한국인의 정서에 맞는 한국적 상업 공간을 새롭게 창출하는 일, 주변 조형 환경이 고급 건축과 상업 건축으로 양분된 것을 가운데서 이어주는 일, 반드시 상업 공간에 국한될 것이 아니라 좀 더 근원적으로 한국인에게 맞는 한국적 공간을 창출하는 일 등.

현재 한국 현대건축에는 상업 시설을 전문적으로 설계하는 건축가가 없다. 중요한 큰 일거리는 RTKL 같은 외국 사무소에서 하며 한국에서는 대형 설계사무소가 이들 외국 사무소의 국내 하청 일을 하는 정도이다. 스스로 상업시설을 설계해보지만 하청 일을 하면서 배운 원청업자의 아이디어를 보고 흉내 내는 수준이다. 코엑스몰이나 상암CGV 등에서 보듯 이들의 어휘는 대단히 현란하고 자극이 심하다. 이런 건축은 역으로 소비를 비정상적으로 부추긴다. 한국 사회가 실질 소득과 구매력 기준 소득 사이의 편차가 큰 데에는 이런 소비 환경이 지나치게 자극적인 것도 큰 요인이다. 이는 고스란히 가계부채나 카드빚 같은 사회적 부담으로 귀결된다. 상업 공간을 고급 예술과 연계시키고 문화적으로 좀 더 다듬는 등 중화 작용을 할 한국 건축가가 없었기 때문이다. 고급 건축가들이 온전히 상업 시설 전체를 설계할 수는 없다 해도 여러 실험적 작업을 통해 부분적으로 훈수를 두며 조금씩 간여할 수는 있다.

이런 작업이 후기 자본주의 현상이 나타나기 시작한 1990년대부터 꾸준히 축적되어왔으면 작금의 상황은 벌어지지 않았을 것이다. 이런 상황 아래에서 2000년대 들어 사회 경제 체제가 완전히 후기 자본주의 시대로 넘어가면서 설계 시장에서 소비 상업시설이 차지하는 비중이 폭발적으로 증가하고 있다. 정작 이를 설계할 국내 건축가가 없다 보니 주요 작품은 외국 건축가 몫이 되고 있다. 그리고 사회 전체가 국적도 모르는 과도한 장식주의의 유혹에 넘어가 늘 욕망의 흥분 상태에 빠져 헐떡거리는 일상을 살고 있다. 그런데도 건축가들은 아무 말이 없다.

12.

현대 도시와 '수평-수직선'의 문제 1

제3 메트로폴리스와 수직선

12. 현대 도시와 '수평-수직선'의 문제 1

제3 메트로폴리스와 수직선

인간은 자기 몸에서 수평선과 수직선을 찾아 건물에 투영했다 |

인간이 땅 위에 터를 일구고 군집을 시작한 이래 건축 행위는 무자비한 자연 속에서 인간만의 존재 근거를 획득하는 유용한 수단이었다. 벽을 쌓고 기둥을 꽂아 지붕을 막으니 휴식과 정착이 가능해졌다. 건축은 일차적으로 인간에게 물리적 보호막shelter을 제공하며 시작되었다. 이것이 전부는 아니었다. 인간은 축조 행위를 통해 자신의 흔적을 남겨 지상에서 존재 근거를 획득하고 싶어 했다. 제일 좋은 방법은 건물이 자신의 몸을 닮게 만드는 것이었다. 기계문명을 꿈도 못 꾸던 아득한 수천 년 전, 이 때문에 자연의 비밀과 교감하는 인간의 본능은 지금으로서는 상상도 할 수 없을 만큼 발달해 있었다. 인간은 자신의 몸이 대우주macrocosmos인 자연을 닮은 소우주microcosmos임을 알았고, 다시 자신이 짓는 건물이 소우주인 자신의 몸을 닮기를 원했다. 이렇듯 건물은 인간의 몸을 닮으며 시작되었다.

12-1 이반 레오니도프, 〈파고다〉
12-2 수평선과 수직선이 혼재해 있는 서울 도심 전경

인간이 건물을 자신의 몸에 닮도록 빚어내는 방법은 여러 가지였다. 몸의 각 부분 간의 비례 관계에서 황금비와 같은 아름다운 조화의 이미지를 찾아내었다. 머리와 심장이 사지에 대해 갖는 관계에서 기념비의 위계 질서를 찾아 모방했다. 자신의 몸에 새긴 문신의 주술적 효과를 믿는 인간은 똑같은 바람에서 건물 표면에 장식을 시작했다. 이것이 전부가 아니었다. 또 한 가지 중요한 주제가 있었는데 수평선과 수직선의 문제였다.

인간이 땅 위에 터를 일구고 축조적 질서를 통해 존재의 근거를 획득하기 시작한 이래, 땅의 품에 안기려는 수평 의지와 땅에서 벗어나려는 수직 욕망은 늘 중요한 건축적 고민이 되어왔다. 팔을 벌려 능선과 지평선에 자신의 몸을 맞추어본 인간은 자신이 짓는 건물도 이런 자연의 모습을 닮기를 원했고 건물에 여러 겹의 수평선을 그었다. 그와 동시에 직립 동물인 인간은 땅에의 종속을 거부하는 욕망을 본능의 하나로 갖게 되었으며 땅 위에 우뚝 솟은 자신의 직립상을 닮은 수직의 이미지를 지어내는 모의를 시작하게 되었다.

중력을 박차고 힘차게 뻗은 나무는 신격화되었다. 건물이 드리우는 수직선의 높이는 단순한 구조물의 문제를 벗어나 인간의 존재 이유를 설명해주는 구도적 성격마저 띠게 되었다. 욕망은 커져 급기야 건물을 높이면 하늘에 가까이 갈 수 있을 것이라는 허망한 환상으로 발전했다. 땅에서 벗어나 하늘을 날고픈 본능적 욕망을 물리적 크기로 구체화해주는 축조 행위가 단순한 기술만의 문제를 넘어선 종교적 의미까지 갖게 되었다는 뜻이다.

자연의 조건을 극복한 인간은 수직 구조물에 의해 신의 세계에 다가설 수 있다는 생각을 하게 되었다. 그 높이가 땅 위에서 얼마인지는 중요하지가 않았다. 수평선과 맞닿은 하늘의 자락을 찢고 공중에 또 하나의 인간 세계를 창출하려는 욕망은 유토피아의 의미를 지녀왔다. 땅에서 벗어나 공중에 짓는 세계는 하늘과 가까운 신화의 세계였으며 땅 위의 속진俗塵을 다스리는 천상의 세계라고 믿게 되었다.

탈현실의 목표를 지닌 수직 욕망은 인류 문명사에서 기술 발전을 촉발한 중요한 동인 가운데 하나가 되어왔다. 각 시대가 제시하는 인간의 새로운 존재 방식 속에 수직 이미지가 중요한 내용을 차지해왔다는 뜻이다.

12-3 작가 미상, 〈우리는 어디로 가는 것일까〉
12-4 외젠 데에, 〈낭만적 풍경〉
12-5 로맹 드 티르토프, 〈무도회장〉

각 시대의 첨단 기술을 동원해서 짓는 새로운 수직의 이미지는 항상 그 시대의 상식적 한계를 뛰어넘는 환상 세계의 기능을 해왔다. 궁극적으로 수직 이미지는 이런 기능을 통해 인간들이 모여 사는 도시 공간 속에 위계질서를 형성하는 초점 역할을 해왔다.

수직 높이가 돈의 크기로 환산되는 모더니즘의 제3 메트로폴리스 |

바벨탑으로 대표되는 고대 문명의 제1 메트로폴리스가 그러했으며 고딕 성당으로 대표되는 중세 문명의 제2 메트로폴리스가 그러했다. 고딕 성당의 수직 이미지가 도시의 공간 구조를 지배하던 18세기까지만 해도 인간이 축조하는 수직 구조물은 혼란스러운 지상 세계를 정리하는 신탁神託의 장소였다. 적어도 모더니즘 문명 이전까지 인간의 수직 욕망은 신의 허락 아래 신의 세계로 가까이 가려는 초월적 욕망을 의미했다. 바벨탑 신화의 교훈을 기억하고 있는 서양 기독교 문명은 신의 허락을 벗어난 교만한 수직 욕심이 가져올 재앙의 크기를 직감해내는 본능을 지켜왔을 것이다.

문제는 모더니즘 문명이 시작되면서 일어났다. 새로운 과학기술에 의해 300미터의 에펠탑을 지어본 서구 사회는 세상 질서에 대한 새로운 신앙심에 들떠 모더니즘 문명의 닻을 올렸다. 신탁을 상징하던 고딕 성당의 높이를 간단히 넘어버린 서구 사회는 수직 욕망을 허락하던 마지막 금기를 깨고 바벨탑의 교만을 다시 갖기 시작했다. 첨단 과학기술로 무장한 서구 사회는 수직 기록을 경신하는 속세의 쾌감에 맛 들이게 되었다. 날마다 새로운 수직 기록에 의해 신의 자락에 좀 더 가까이 다가갈 수 있다는 착각을 다시 하기 시작한 서구 사회는 이것이 모더니즘의 과학기술 문명을 이룩해낸 공로에 대해 신이 내린 새로운 축복이라는 잘못된 믿음을 품기 시작했다.

그러나 수직 구조물에 대해 이런 새로운 맹종을 갖게 된 동기는 너무 단순하고 유치한 것이었다. 좀 더 많은 공간을 가져 이것을 돈으로 바꾸고 싶어 하는 지극히 세속적인 물욕이었던 것이다. 에펠탑이 초기 자본주의

12-6 몽쉬 데지데리오, 〈바벨탑〉
12-7 중세 고딕 성당
12-8 『르 상트랄』지에 실린 에펠의 그림. 에펠탑 옆에 서 있다.
12-9 고층 빌딩에서 내려다본 고딕 성당

의 형성을 돕는 데 결정적 역할을 했다는 사실은 이미 시시한 상식이 되어 버린 지 오래다. 에펠탑을 벽으로 막아 분양하면 얼마가 될까 주판알을 튕겨본 서구 사회는 너도나도 자본주의 개척에 앞장서게 되었다. 수직의 높이를 돈으로 바꾸어내는 '첨단 경영 기법'은 부동산 개발이라는 새로운 분야를 탄생시켰고 이제 부동산은 자본주의의 부를 축적하는 가장 유용한 매개가 되었다.

땅에서 멀리 벗어날수록 더 많은 돈을 쥐게 되는 '참으로 괜찮은 장사'에 맛 들인 서구 사회가 수직 욕망을 허용해준 신의 마지막 조건이었던 바벨탑의 교훈을 되새길 여유를 가질 수는 없었을 것이다. 그보다는 인간이 만들어놓은 300미터짜리 철탑에 감격한 신이 이제 바벨탑의 금기를 허용했을 거라고 스스로를 속이는 편이 더 수월했을 것이다. 이것은 숫제 신이 가장 싫어할 수도 잇는 세속적 욕심을 신의 세계에 좀 더 가까이 가고 싶어 하는 인간의 지극정성으로 합리화하려는 추악한 비극이었다. 이미 19세기부터 '물신物神'이 기독교 신을 몰아내고 그 자리를 차지했을 때부터 이런 현상을 충분히 예상할 수 있었다.

이렇게 시작한 모더니즘 문명의 제3 메트로폴리스는 도시 공간을 인간들이 물욕 경쟁을 벌이는 장으로 오염시켰다. 새로운 수직 기록은 곧 더 많은 부의 기록을 의미했지만 적어도 표면적으로는 중력을 극복한 존재 의지의 기록으로 포장되었다. 가장 높은 구조물이 도시 공간의 초점 역할을 해오던 제2 메트로폴리스까지의 전통은 물론 어김없이 지켜졌다. 그러나 제2 메트로폴리스까지는 도시 공간이 경심敬心이라는 정신적 위계질서에 의해 구성되었던 데 반해 제3 메트로폴리스에서는 인간의 욕심 크기에 의해 재편되었다. 가장 큰 욕심을 담아주는 구조물이 도시의 가장 중요한 핵으로 군림하는, 무엇이라 이름 붙이기 민망한 문명 체계 속에서 우리는 매일 밥도 먹고 사랑도 하며 일상생활을 보내게 된 것이다.

초기 모더니즘의 수직선 대안 운동 |

1900년도 들어 세계의 주요 대도시들이 겪는 여러 가지 도시문제는 모더니즘의 빗나간 수직 욕망에서 기인하는 측면이 많다. 이 때문에 모더니즘 초기부터 대도시의 수직 이미지를 물질적 욕심이 아닌 다른 동기로 접근하려던 운동도 있었다. 수직 이미지를 공중에 또 하나의 세계를 짓는 창조 문제로 해석하려는 시도였다. 기계문명 시대에 도시가 수직으로 높아질 수밖에 없는 현실을 인정하면서도 이것이 단순히 물리적 크기로만 환산되는 것에는 신중을 기하려는 운동이었다. 그 대안으로 수직 이미지를 통해 새로운 존재 방식을 찾아서 표현하려 했다.

수직선은 중력을 극복하는 역동주의dynamism나 수직적 기념비다움monumentality 같은 새로운 조형성의 표현 문제로 제시되었다. 마천루 운동이 대표적인 예이다. 물론 마천루가 오피스 빌딩의 부동산 장사와 맥을 같이하며 여기에 적지 않은 도움을 준 것은 사실이나 적어도 출발점은 순수 조형 의지였다. 인간의 존재 의지를 새로운 수직선이라는 새로운 스케일로 표현하려는 건축 고유의 문제로 접근했다는 뜻이다. 바벨탑의 욕심 같은 것이 전혀 개입하지 않았다고 볼 수는 없었겠지만 마천루 운동의 조형 목록에는 하늘에 이르겠다는 종교적 불경은 들어 있지 않았다.

수직선을 첨단의 개념으로 이해하려던 일부 건축가들은 마천루를 당시의 또 다른 첨단 발명품인 비행기와 경쟁시켜보기도 했다. 마천루 끝에 비행기를 걸어본다거나 하는 애교를 부리기도 했다. 건물의 수직선으로

12-10 셔먼 로턴, 〈마천루〉
12-11 로베르 콩바, 〈바벨탑〉

하늘을 나는 비행기를 잡으려는 욕심이 단순한 물리적 욕심이 아닌 인간의 존재 의미의 또 다른 표현 방식이었기 때문에 이것은 추하지 않은 애교로 받아들여질 수 있었다. 마천루는 자본주의의 부의 상징이 아니라 기계 문명이 낳은 새로운 존재 의미를 수직 이미지로 표현해내는 수직 이상향이었다.

하지만 이것도 잠시, 20세기 전반부 서구 사회는 제국주의와 자본주의라는 두 겹의 급박한 경쟁에 내몰리게 되었고 여기에 유용하게 동원될 잠재력이 무궁무진한 마천루를 순수 조형 운동으로 놔두지 않았다. 더 근원적으로 따지면 마천루를 탄생시킨 가장 기본적인 동인이 자본주의의 부동산 투기였음을 부정할 수는 없다. 물질적 부라는 유인 요소가 아니고서야 인간들로 하여금 100층 건물이니 200층 건물이니 하는 허무맹랑한 기록에 집착하게 할 수는 없었을 것이다. 이런 씨앗은 급박한 경쟁 상황과 맞물려 결국 마천루를 부를 축적하는 부동산 투기의 총아로 만들어버렸다.

초기 모더니즘에는 이전과 다른 엄청난 스케일의 수직선이 손에 쥐어지자 이것이 무엇을 의미하는지에 대한 최소한의 경외심 같은 겸손함이 남아 있었다. 이것을 조심스런 실험적 건축 운동으로 접근하려던 신중함도 있었다. 그러나 대공황을 거치며 자본주의가 생사의 기로에 서게 되고 곧이어 제국 경쟁이 제2차 세계대전을 향해 치킨 게임 양상으로 전개되면서 수직선을 둘러싼 초기 모더니즘의 순수 조형 운동은 모조리 사라지게

12-12 마리오 키아토네, 〈다리와 볼륨 연구〉
12-13 이반 레오니도프, 〈중공업 인민위원회〉

되었다. 마천루를 실제로 짓는 동인에는 부동산 투기만이 남아 대도시를 지배하는 유일 권력이 되었다.

부동산 투기의 총아로 전락한 마천루 운동 |

수직으로 수백 미터를 치솟는 거대한 구조물이 현실적 욕심에 의해서만 추구되었을 때 그 폐해가 어떠할 것인가에 대한 심각한 고민은 더 이상 용납되지 않았다. 수직선을 물질적 부로 환산해내려는 욕심은 통제 선을 벗어나기 시작했고 현대 문명의 고질병인 도시문제도 본격화되기 시작했다. 서구 문명의 정수가 양극 개념 사이의 적절한 균형임을 생각해볼 때 수직선에 대한 적절한 통제 장치를 상실한 현대 도시의 수직 욕망이 어떠한 결과를 가져올지는 이미 뻔한 일이었다.

모더니즘 건축의 수직선에 대한 잘못된 믿음과 이에 따른 도시문제는 제3세계의 대도시에서 특히 심각하게 나타났다. 제3세계에서 모더니즘 건축을 매우 왜곡된 형태로 받아들였기 때문이다. 유럽이나 미국의 초창기 모더니즘 건축이 수직선에 대한 고민과 함께 진행되었던 데 반해 제3세계권에서는 이것을 생략한 채 수직선을 부동산 증대의 수단으로만 받아들이게 되었던 것이다. 제2차 세계대전 이후 미국식 상업자본주의의 주도 아래 모더니즘 건축은 제3세계권으로 빠르게 퍼져나갔다. 대부분의 경우 예술 양식 운동으로서가 아닌 군사정권의 개발 독재를 위한 유용한 수단으로 둔갑했다. 가장 빠른 시기에 가장 가시적인 성과물을 만들어주는 수직선은 핵심적 내용이 될 수밖에 없었다.

서울도 예외는 아니어서 이런 현상은 1960~1970년대에 시작되어 최

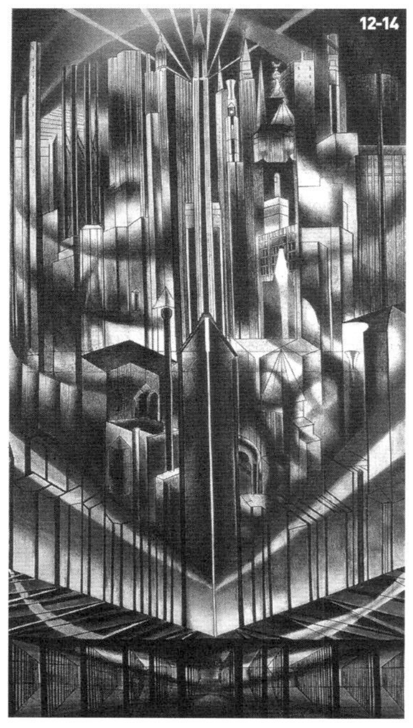

12-14 조지프 스텔라, 〈뉴욕의 참다운 목소리: 마천루〉
12-15 Bus, 〈21세기의 비행〉

근에는 10여 개에 이르는 구청이 각자 세계에서 제일 높은 건물을 짓겠다며 마천루 경쟁에 목숨을 걸고 있다. 이러다가는 동사무소까지 나설 것 같은 형국이다. 아직도 우리가 겪고 있는, 어떤 면에서는 더 심해져만 가는 여러 가지 도시문제는 바로 모더니즘 건축의 수직선에 대한 잘못된 이해에서 비롯된 것인데 말이다. 우리가 모더니즘 건축의 수직선을 얼마나 잘못 받아들이고 있는지는 뉴욕 맨해튼에 대한 우리의 이해 정도에서 잘 알 수 있다. 맨해튼의 진정한 가치는 초기 모더니즘의 실험적 수직선 운동이 집약적으로 실현된 데에 있음에도 우리는 그것을 물리적 높이로만 받아들이는 것이다.

맨해튼에 대해 이런 편견을 갖게 된 이유는 맨해튼을 우리의 구세주인 미국의 힘과 부를 상징하는 이상향으로 받아들였기 때문이다. 맨해튼

12-16 카지미에시 포드사데츠키, 〈도시: 인생의 공장〉
12-17 페르낭 레제, 〈건설 노동자〉

은 우리가 미국을 통해 모더니즘 건축을 받아들이는 과정에서 가장 먼저, 그리고 가장 큰 충격을 받으며 접한 지상 낙원이었다. 이때 지상 낙원이란 당연히 우리의 상상력의 한계를 벗어난 맨해튼의 물리적 크기를 의미했다. 맨해튼 하면 가장 먼저 떠오르는 건물이 '세계에서 제일 높은 엠파이어스테이트 빌딩'이었지, '아르데코 건축의 정수 엠파이어스테이트 빌딩'이 아니었다. 이 건물의 옥상 전망대에서 맨해튼 마천루의 도열을 한 번이라도 보고 온 사람들은 식구나 친구들을 모아놓고 그 엄청난 천공天空의 역사役事를 소개하던 때도 이때였다.

서울을 최대한 맨해튼에 닮게 꾸미는 일이 우리의 역사적 사명이라는 맹신을 의심하는 사람은 없었다. 군사정권을 더 말할 것도 없었다. 수도 서울의 스카이라인은 이들의 성적표였다. 어려운 여건에서 모든 국력을 쥐어짜서 지은 삼일빌딩은 박정희의 야심작이 되었다. 그 앞을 가로지르는 삼일고가도로의 '유려한(?) 콘크리트 곡선'과 삼일빌딩을 겹쳐 찍은 사진은 박정희가 스스로에게 걸어준 제일 자랑스러운 훈장이었다. 실제로 박정희는 이 사진을 무척 아끼며 자랑스러워했다. 수직선에 대한 이런 맹신은 이제 구청장 레벨까지 내려가서 한 나라 안에서 10여 명의 구청장끼리 세계 최고 높이의 경쟁을 벌이는 희한한 일이 벌어지게 되었다. 조금만 더 있으면 동사무소에서 200층 건물을 짓겠다고 나설 판이다.

맨해튼 마천루의 진정한 의미 |

그러나 사실 맨해튼의 진수는 단순한 물리적 높이보다는 공중에 지어지는 또 하나의 인간 세상에 지상 세계를 옮겨놓은 데에 있다. 모더니즘 건축에서 구조 생산성에 의존한 수직선 시도는 뉴욕보다는 시카고에서 먼저 시도했다. 서양 모더니즘 건축에서 뉴욕은 도시 자체의 크기와 중요성에 비해서 이름이 자주 거론되지 않는 편이며, 특히 마천루 운동과 관련된 건축사적 중요성은 시카고가 더 크다고 할 수 있다. 모더니즘 초기부터 뉴욕과 시카고는 근대화의 첨병 자리를 놓고 라이벌 관계에 있었다. 두 도시가 내건 정체성은 많이 달랐다.

뉴욕은 대서양을 끼고 유럽 대륙을 마주하면서 미국 동부, 나아가 미국 전체의 문화 예술 및 경제의 중심지 역할을 떠맡게 되었다. 시카고는 링컨 대통령이 미국 남부 농업 지역의 흑인 노예를 빼앗아와 만든 중서부 신흥 공업 지역의 중심지로 떠오르며 미국을 산업 제국주의로 이끌고 간 장본인이었다. 뉴욕과 시카고는 미국의 자본주의 체제를 구성하는 두 축으로 상호 보완과 동시에 경쟁적 위치에 있었다. 마천루 운동은 이런 경쟁이

12-18 파트리크 토자니, 〈높은 마을〉
12-19 안헬레스 산토스 토로에야, 〈세상〉

구체적 결과물로 드러나는 장이었다. 각각 떠맡고 있던 역할에 따라 건축적 고민도 달랐다. 시카고는 공업 중심지답게 처음부터 철골 구조라는 신기술을 이용한 순수 공학적 고민을 한 반면 뉴욕은 부르주아의 상업 문화를 예술성을 가미한 수직 건축으로 번안해내는 고민에 직면하게 되었다.

뉴욕의 마천루 건축은 처음부터 독특한 양상을 나타냈다. 우리가 흔히 '뉴욕' 하면 떠올리는 철골과 유리로 지어진 날렵하고 모던한 건물은

12-20 조지아 오키프, 〈뉴욕 야경〉
12-21 뮤지컬 〈뉴욕의 스카이라인〉의 한 장면
12-22 슈레브, 램 & 하먼, 맨해튼 엠파이어스테이트 빌딩
12-23 윌리엄 밴 앨런, 맨해튼 크라이슬러 빌딩

사실 맨해튼에는 별로 없다. 특히 제2차 세계대전 이전에 지어진 건물에는 전혀 없다. 이런 건물은 19세기 후반부 시카고에서 시작되어 시카고를 중심으로 진행되었다. 20세기 초 뉴욕의 마천루는 고전 건축 어휘나 고딕

성당의 모습으로 표피를 싸는 의외의 방향으로 전개되었다. 숫자로만 보면 이런 종류가 현재 맨해튼의 대부분을 차지하고 있다. 이 때문에 맨해튼을 걸어보면 실제 인상은 의외로 무겁고 어두운 편이다.

맨해튼의 마천루 건축이 처음부터 이렇게 특이한 양상으로 전개된 이유는 역시 뉴욕이 갖는 미국의 대표성에서 찾아야 할 것 같다. 뉴욕이 미국의 자본주의를 경영하는 중심지 역할을 떠맡으면서부터 부동산 개발은 자본주의의 부를 축적하는 중요한 수단으로 운영되었으며, 나아가 전 세계를 상대하는 수많은 오피스를 입주시키기 위해 맨해튼의 모더니즘 건축은 처음부터 초고층으로 시작할 수밖에 없었다. 그러나 그와 동시에 뉴욕은 당시 문화 후진국이었던 미국을 대표하여 유럽 대륙의 '아버지 국가'들을 상대해야 하는 또 하나의 커다란 책임을 떠맡고 있었다.

이런 두 가지 책임을 건축적으로 풀어낸 결과가 바로 고전 건축의 어휘나 고딕 성당의 모습으로 단장한 마천루 건물이었던 것이다. 이런 경향은 1930년대에 프랑스에서 아르데코 양식을 수입해서 고층 건물에 적용하면서 절정을 이루게 된다. 한때 세계에서 가장 높던 건물로 우리에게 친숙한 엠파이어스테이트 빌딩도 이때 아르데코 양식으로 지어졌다. 건축사적으로 볼 때 이 건물의 핵심은 높이가 아닌 아르데코 양식에 있다. 일반인이 갖는 기록의 호기심과 다른 것이다. 물론 맨해튼에도 팬암 빌딩처럼 반질반질한 글라스 박스들이 군데군데 있긴 하지만, 이런 건물들은 나치의 박해를 피해 미국으로 망명 온 독일 국제주의 건축가들이 제2차 세계대전 이후에 지은 것들이다.

하늘에 지은 또 하나의 마을 |

마천루에 역사주의 양식이나 아르데코로 외피를 입히는 일이 반드시 좋다는 것은 아니다. 골격과 외관 사이의 불일치는 순수하게 건축적으로 보면 바람직하지 않은 현상이다. 아르데코는 미국이 대공황을 겪은 뒤 살아남기 위해 이전의 생산 자본주의에서 소비 자본주의로 전환하면서 소비를 부추기는 첨병 역할을 한 양식이기도 하다. 이런 비판적 시각은 당연히 유지되어야 하는 것이지만 우리는 사물은 이렇게 한 면만 봐서는 안 된다. 첨단 건물은 첨단 양식으로 지어야 한다며 유리 마천루를 추구한 운동이 현대 대도시에 끼친 폐해도 함께 보아야 한다.

이런 관점에서 역사주의나 아르데코로 외피를 씌운 마천루 운동에 담긴 또 다른 측면도 함께 보아야 한다. 이런 건물에는 역사 양식이나 장식 양식이 갖는 감성적 기능을 최대한 살려 삭막한 단순 구조물의 위험성을 중화하려 한 고민이 담겨 있다. 지면에서 올려다보는 것과는 다른 수직 세계가 펼쳐지는 것도 색다른 점이다. 맨해튼 마천루의 옥상에는 또 하나의 완전히 다른 세계가 존재한다. 옥상에 사람들이 모여서 또 하나의 마을을 이룰 생각을 하게 된 가장 큰 이유는 물론 비싼 집값과 땅값에 못 이겨 공간을 조금이라도 더 효율적으로 이용하려는 데에 있다. 혹은 지상과의 거리가 너무 멀기 때문에 오르내리는 시간을 절약하기 위해 옥상에 또 하나의 생활 터전을 마련한 것 같아 보이기도 한다.

옥상에는 길이 나고, 마당이 가꾸어지고, 자동차도 다니고, 마을도 생겼다. 시계탑과 광고탑이 서고 공사판이 벌어지기도 한다. 심지어 피라미드를 세우기도 한다. 옥상 마을 사람들의 눈높이에 맞춘 새로운 세계가 지상에서는 전혀 상상치 못했던 60~70층 높이의 고공에 펼쳐지는데, 어떤

12-24 맨해튼 가디언 빌딩
12-25 맨해튼 월스트리트 16번지 빌딩 옥상의 피라미드
12-26 맨해튼 70번가 135번지 빌딩 옥상의 '피티어스의 기사'
12-27 맨해튼 고층 건물 옥상에 붙은 트럭 광고

면에서 맨해튼 마천루의 진수는 건물 자체가 아닌 고공 세계에 있을 수도 있다.

마천루로 대표되는 모더니즘 건축의 수직선 운동에는 이처럼 많은 교

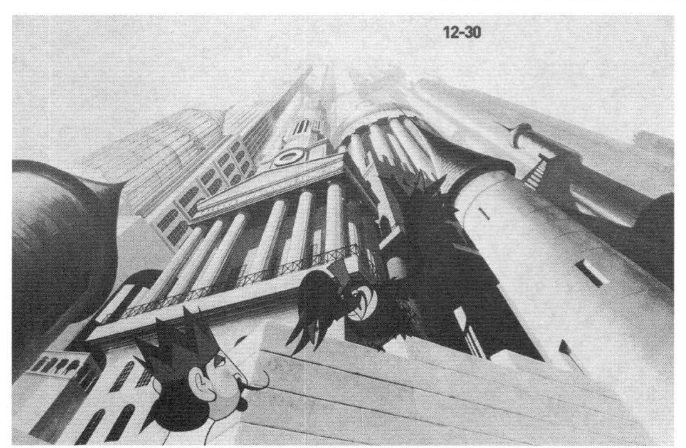

12-28 빌라르 드 온쿠르, 스케치북 도판 15
12-29 알렉산드르 로드첸코, 〈균형 잡기/심각하게 흔들리며〉
12-30 폴 그리모, 만화영화 〈왕과 새〉의 한 장면

훈적 선례들이 간직되어 있다. 우리는 이것을 올바로 이해하지 못한 채 모더니즘의 수직 욕망을 부동산 가치와 같은 물리적 크기로만 환산하고 있다. 마천루는 분명 20세기의 바벨탑이며 20세기 인간 욕망의 집약체이다.

그러나 모더니즘 마천루의 진정한 의미는 바벨탑의 교만함보다는 근대사적 존재 의미를 수직적으로 풀어낸 또 다른 표현 의지에서 찾아야 한다. 마천루를 수직에 대한 신앙적 맹종으로만 이해해서는 그 참맛을 알 수 없다.

마천루는 기계문명이라는 20세기의 새로운 보편적 가치를 건축적으로 푸는 과정에서 생겨난 귀납적 해답일 수 있다. 마천루는 그 엄청난 높이에도 불구하고 사람의 손아귀 안에서 다루어질 수 있는 지상의 유토피아로 남아야 한다. 마천루가 사람의 손아귀를 벗어나 사람을 다스리는 추악한 욕심의 집약체로 남아 있는 한 대도시는 점점 현대 문명의 쓰레기통으로 전락해갈 뿐이다. 하늘을 마을 삼는 신전, 그러나 지상을 굽어봄을 잊지 않는 20세기의 신전, 이것이 모더니즘 마천루의 이상적 모델이 되어야 한다. 지상의 유일한 직립 동물이었던 인간은 자신의 우뚝 솟은 모습을 건물이 닮길 바랐다. 모더니즘 마천루에는 이런 교훈이 남아 있는가. 아니면 졸린 신화로만 남게 되었는가.

13.

현대 도시와 '수평-수직선'의 문제 2

제4 메트로폴리스와 수평선

13. 현대 도시와 '수평-수직선'의 문제 2

제4 메트로폴리스와 수평선

수직선을 얻고 수평선을 잃은 현대 대도시 |

제3 메트로폴리스의 수직선은 우리에게 무엇을 남겼는가. 그것은 자연이 허락한 절대 조건 내에서의 수직선이었는가. 20세기 현대 도시의 수직선은 반드시 그렇게 될 수밖에 없었던 절박한 근거를 가졌는가. 찬란한 인류 문명의 족보에 올릴 만한 자랑스러운 수고였는가. 우리는 제3 메트로폴리스의 수직선에서 무엇을 얻고 무엇을 잃었는가.

현대 도시의 수직선은 우리에게 현대적 상상력이라는 완전히 새로운 개념의 장을 열어놓았다. 앙천의 흥분 끝에 이어지는 역동감은 어느새 20세기의 미덕인 청년의 달음박질을 상징하는 절대 가치를 가지며 새로운 활동의 장을 열어놓았다. 누구도 가르쳐준 적은 없지만 현대적 교통수단이 만들어내는 짜릿한 스피드의 세계에는 당돌한 수직 실루엣만이 제격이라는 사실이 현대적 상식으로 동의되어버렸다.

이전 문명이라고 앙천仰天의 역동성을 찾지 않았을 리 없지만 바벨탑

13-1 레아 그룬디히, 〈원자탄 투하〉
13-2 부동산 투자 정보

의 신화가 아직까지 무의식적 잠재 본능으로 간직되던 이때만 해도 건축물에서 앙천 행위는 그 위에 존재하는 절대자에 초점을 맞추기 위한 구도 행위의 일부였다. 그렇기에 이때의 수직선에는 겸손한 절제의 질서가 내재되어 있었고 따라서 수직선의 높이가 곧 재화로 환산되는 불경은 상상할 수 없었다. 이때까지 앙천은 절대자의 존재를 지상에 증명하는 종교 매

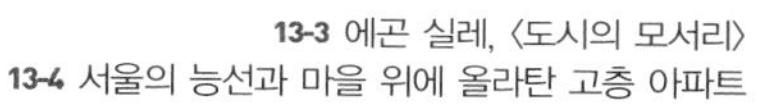
13-3 에곤 실레, 〈도시의 모서리〉
13-4 서울의 능선과 마을 위에 올라탄 고층 아파트

개 이상은 될 수 없었다.

제3 메트로폴리스의 수직선은 우리에게 무엇을 주고 무엇을 가져갔는가. 많은 건축가들과 예술가들이 현대적 수직선의 매력 속에서 새로운 예술을 정의하려는 꿈을 꾸고 있을 때 이미 한쪽에서는 수직선의 높이를 재화로 환산해내는 치열한 돈놀이를 극단으로 모의하고 있었다. 수직선이 던져주는 앙천의 역동성은 사실 여기에 따라붙는 '달러 이자보다 훨씬 센' 재산 증식 효과 때문에 백배 천배 짜릿하게 느껴졌을 것이다. 제3 메트로폴리스의 수직선은 분명 우리에게 이전과는 비교도 할 수 없을 만큼 많은 재화를 가져다 주었고 이것을 합리화해줄 수 있는 감성적 가치인 앙천의 역동성까지 덤으로 얹어주었다.

그러나 이렇게 시작된 새로운 삶의 방식은 진정 우리에게 행복에 겨운 생활을 가져다 주었는가. 제3 메트로폴리스는 과연 주어진 대지의 조건을 잘 경영하여 얻어낸 찬란한 인류 문명의 훈장인가. 혹시 그것은 신의 자락에 똥침을 놓는 불경은 아니었는가. 제3 메트로폴리스의 수직선은 과연 우리에게 아낌없이 주기만 하는 고마운 도깨비 방망이인가. 진정 '미래' 이고 '첨단' 이며 '발전' 이었는가. 우리는 그 대가로 무엇을 잃었는가.

제3 메트로폴리스의 수직선을 얻은 대가로 우리는 도시 속에 남아 있던 마을과 능선을 잃었다. 이것은 곧 군집이라는 삶의 방식을 잃은 것이며 수평 능선이라는 자연을 잃은 것이었다. 신이 설정한 마지막 대지의 조건인 중력을 범하여 '탈脫중력' 이라는 새로운 삶의 방식을 시작한 지 어언 백여 년 혹은 수십 년, 인류는 과연 찬란한 유토피아를 건설했는가. 제3 메트로폴리스의 초창기에 내건 그 수많은 유토피아의 약속은 어떤 모습으로 남아 있는가.

수직선이 낳은 마음의 병을 치유하기 위한 제4 메트로폴리스의 수평선 운동 |

우리를 둘러싸고 벌어지는 수많은 반목과 질투와 욕심의 경쟁은 어디서 온 것인가. 우리의 숨통을 조이는 일상 속 마음의 병은 중력의 한계를 거부하고 수평선을 버린 제3 메트로폴리스의 교만에서 비롯된 것은 아닌가. 아직도 제3 메트로폴리스의 프로그램을 인류 역사상 가장 위대한 성전聖戰으로 섬기는 맹신이 남아 있는가. 그리고 이것을 아쉬움이 남는 미완성의 역사役事로 단정 지으며 마지막 완성 점을 찍으려는 욕심이 남아 있는가. 우리는 아직도 더 많은 수직선을 원하고 있는가. 제3 메트로폴리스의 수직선은 이제 시작에 불과할 뿐이며 여전히 다음 세기의 인류 운명을 책임

13-5 낸시 홀트, 〈태양 터널〉
13-6 과리노 과리니, 성 신도네 예배당 천장 돔, 이탈리아 토리노

질 이상적인 환경 조건으로 남을 것인가. 지금 벌이는 150층 경쟁이 몇십 년 후에는 200층 경쟁으로 증폭되어 있을 것인가.

우리는 제3 메트로폴리스의 수직선을 현대 문명의 당연하고도 절대적인 환경 조건으로 받아들이며 살아가고 있다. 그러나 현대 도시의 수직선을 둘러싸고 제기되는 위와 같은 수많은 질문은 이제 '도시병'이라는 상당히 구체화된 현상으로 나타나기 시작하고 있다. 사실 현대 도시에 필연적으로 유발될 부작용들에 대한 선각적 경고는 이미 반反기계문명 운동이라는 포괄적 문화 사상 운동의 한 부분으로 꽤 일찍부터 강력하게 제기되어왔다. 현대적 건설 기술이 본격적인 발전을 시작한 때부터, 아니 그보다도 더 일찍이 산업혁명의 기계음과 망치 소리가 울림과 동시에 다른 한편에서는 이후에 전개될 현대적 환경 조건을 물리적 재산 수단이 아닌 행복한 삶의 질로 정의하려는 일단의 선각적 주장이 있었다.

선각자들의 눈은 백 년 전, 이백 년 전에 이미 기계문명의 편리함이

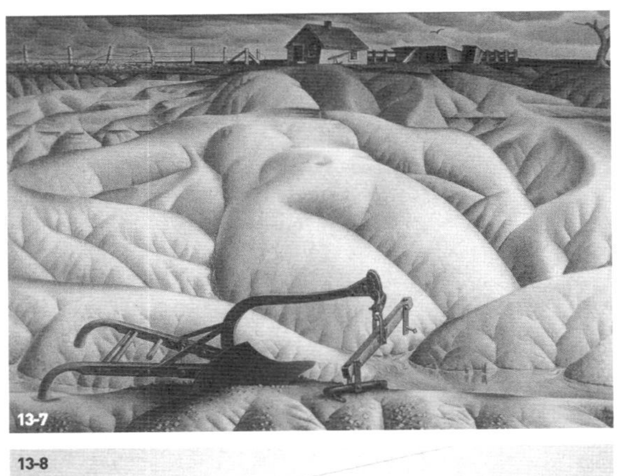

13-7 알렉산더 호그, 〈버려진 모태의 땅〉
13-8 능선을 파내는 도심 재개발 현장

인간의 탐욕적 본능을 얼마나 부추겨놓을 것인지, 그리고 우리는 그것에 얼마만큼의 대가를 치르게 될 것인지를 꿰뚫어보고 있었다. 그러나 영악이 지나쳐 미련한 인류는 이미 수직 도시에 따라붙을 재화의 크기를 직감해내곤 이것에 이끌려 언제 끝날지도 모르고 돌아올 수도 없는 욕심 경쟁의 긴 여정에 들어서고 말았다.

이렇게 백여 년이 흐른 지금, 이제 수직 욕망의 한 극단을 경험해본 인류는 한쪽 구석에서나마 그것의 부작용을 치유하는 프로그램을 꾸미게 되었다. 환경 운동의 일환인 자연회귀 같은 포괄적인 운동에서 도시 내에 마을과 같은 전통 공간을 복원시키려는 운동에 이르기까지 다양하다. 대지 예술Earth Art의 모티브를 건축적으로 차용하는 개념적 운동에서 대도시 내에 보행자를 위한 전용 공간과 녹지 휴식 공간을 확보하려는 구체적 운동에 이르기까지 다양하다. 나는 이런 경향들을 통틀어 제4 메트로폴리스의 수평선 운동이라 부르고자 한다. 제4 메트로폴리스는 제3 메트로폴리스의 환경 조건과 대비되어 그 한계와 폐해를 극복하기 위한 새로운 개념이 시도되었다는 시간적 구별의 의미를 갖는다. 수평선 운동은 제3 메트로폴리스의 수직선에 대한 치유적 대안의 의미를 갖는다.

마을을 복원하려는 제4 메트로폴리스의 수평선 운동 |

현대 문명의 제3 메트로폴리스가 시작되기 전까지 '도시' 라는 곳은 수평적 군집을 담아내던 '터' 였으며 이것의 출발점은 '마을' 이라는 군집 단위였다. 사람들은 땅 위에 터를 일구고 모여 살기 시작하면서 강과 산과 논두렁으로 구획되는 공동체 단위를 꾸려나갔고 이때 마을은 가장 기본적인 단위였다. 마을은 한 사람이 주변 환경의 범위를 마음속에 담아낼 수 있는 크기의 물리적 공간 단위이다. 그와 동시에 그 구성원들에게 같이 사는 법과 일상을 정으로 꾸려가는 법을 가르치는 정신적 공간 단위이기도 하다.

마을은 사람들이 만든 인공적인 군락 집단이었지만 그것은 어디까지나 자연이 허락하는 범위 내에서 이루어졌다. 그곳에는 아직 자연이 결정해주는 존재 방식의 한계를 지킬 줄 아는 겸손함이 남아 있었으며 이것이 투영되어 나타나는 수평선에 담긴 제의祭義적 의미를 온몸으로 느낄 줄 아

13-9 레온 크리에, 런던 도크랜드 민트가 계획안
13-10 세베리노, 〈논리와 본능을 이용한 현실적 꿈〉

는 본능이 살아 있었다. 그렇기에 이때의 마을은 곧 자연의 일부였다. 인공적 군집의 정도가 심하다고 해도 그것은 여전히 자연의 품 안에서 모든 결정 조건을 정의해내는 제2의 자연이었을 따름이다.

땅과 하늘과 바다라는 인간의 모태적 자연 공간이 강한 수평선을 몇 겹 형성하며 그려내는 고요한 규율성은 인간의 마음속에 수치심과 경외감이라는 양심의 마지막 보루를 지켜주는 절대적 율법이었다. 사람들은 염치를 알았고 욕심의 한계를 들여다볼 줄 알았다. 아주 작은 재화에 감사하고 만족할 줄 알았다. 자연의 모태 공간 속에서 마을은 곧 능선이었고 구릉이었으며 강이었고 개천이었다. 마을이 자연의 자락 속에 안기며 만들어내는 여러 겹의 수평선이 인간의 대지를 결정짓는 완경玩景 조건이었을 때, 사악한 욕심은 그런대로 다스려질 수 있었고 사람들은 모여 사는 것이 즐거움이라는, 확신에 찬 동의를 나누어 갖고 있었다. 여러 겹의 자연으로 이루어진 마을은 원칙이 살아 있는 정신적 토양일 수 있었고 삶은 질서와 조화를 잃지 않는 즐거운 제의였다.

문명이 발달하면서 사람들은 도시라는 더 큰 군집 단위로 모여 살기 시작했다. 그러나 제3 메트로폴리스의 수직선 운동이 본격화되기 전까지만 해도 도시는 여전히 수평적 군집의 '터'였으며 모든 환경 조건은 자연의 허락 안에서 결정되는 묵시적 규율이 추상같이 살아 있었다. 수직선을 올렸지만 그것은 신을 영접하는 제의적 공간 한 곳에 신의 허락 아래, 그것도 수십 년 혹은 수백 년에 걸친 경건한 구도적 축조 행위 끝에 겨우 얻어졌다.

우리도 마찬가지였다. 초기 근대기까지 사람들은 도시에 모여 살았지만 찻길과 큰 골목, 구멍가게와 작은 골목을 경계 삼아 두고 온 마을과 똑같은 모습으로 군집의 터를 꾸려갔다. 그리고 자신들이 모여 사는 방식에 대한 마지막 허락은 항상 능선과 개천이라는 도시의 자연 윤곽 속에서 얻어졌다. 추상같은 자연의 규율을 좇는 귀의적 겸손함이 가장 아름다운 미덕으로 지켜졌다.

마을의 수평선을 낳은 자연의 능선 |

사람들의 마음속에 강하게 남아 있던 마을의 개념은 도시의 범위가 커지고 삶이 각박해지는 가운데에서도 도시살이를 그나마 살 만한 것으로 지

13-11 모태의 땅에 펼쳐진 수평선
13-12 이브 브루니에, 〈워털루〉

켜주던 마지막 보루였다. 마을은 한 사회 단위가 지니는 삶의 위계질서를 담는 문화적 공간이었기에 그곳에는 전쟁터에서 돌아온 휴가병을 맞는 어머니의 마음과 같은 것이 아직 남아 있었다. 마을은 화려하지도 않고 높지도 않고 깨끗하지도 않지만 그곳에는 이웃들이 살아가는 생활의 자취를 담아내는 묘한 기능이 살아 있었다. 그렇기에 마을에는 일상의 궤적이 쌓여 생긴 잔잔한 여운이 남아 있었으며 마을을 감싸는 능선의 윤곽은 이것을 확인시켜주는 자연의 허락 같은 것이었다. 이 모든 것이 이제는 싸구려 신화로 부스러져 남아 있을 뿐이건만.

자연이 제시하는 능선의 윤곽은 도시에서의 군집 생활에 온정의 체취를 남기기 위해 건드려서는 안 될 마지막 환경 조건 같은 것이었다. 그리고 제3 메트로폴리스의 수직선 운동이 본격화되기 전까지만 해도 도시의 군집 속에는 능선이 지니는 절대 조건의 가치를 경외심으로 떠받드는 신앙적 동의가 여전히 굳건하게 퍼져 있었다. 능선은 대도시 속에서 눈을 들어 마음의 평온을 찾을 수 있는 수평선을 만들어준다. 능선이 그려내는 수평선은 도시의 인공적 수직선 사이에서 쉽게 흥분해버리는 사람들의 마음을 가라앉혀 주는 신성한 심리적 기능을 가졌다.

그렇기에 대도시에서 능선은 넉넉한 물을 대주는 강만큼이나 중요한 물리적 조건이다. 예로부터 물이 풍부하고 능선이 아름다운 동네 사람들은 인심이 어질었다. 어진 강은 절대 혼자 나올 수 없는 것. 어진 강이 있는 곳에는 그만큼 어진 능선이 늘 함께 있었다. 능선은 무엇보다 이 도시를 일구어온 중산층이 뿌리박고 살아오던 '터' 였다. 아침에 능선의 포근한 자락에서 나와 저녁에 다시 그 자락으로 들어가는 일상생활의 은근함은 우리네 도시살이 속에서 맛볼 수 있던 참 괜찮은 매력이었다. 저 아래 사거리의 사람 사는 모습을 내려다보며 저녁밥을 지을 수 있는 능선 위의 마을은 자연이 허락한 가장 축복받은 인간의 군집 조건이었다. 석양을 받아 붉게 빛나면 좋고 석양을 등에 지면 더욱 좋았다. 우리네 마을살이가 그런대로 살 만했던 추억으로 남아 있을 수 있는 것도 그것이 능선의 품 안에서 일어났기 때문이었다.

자연이 허락한 능선을 파괴한 대가로 얻은 마음의 병 I

제3 메트로폴리스의 수직선은 이 모든 것을 철저히 파괴하여 도시의 군집 개념을 욕심 경쟁의 장으로 바꾸어버렸다. 우리네 도시에서 마을의 개념을 지웠고 능선의 윤곽을 찢어 없앴다. 그 대가로 주어진 현대적 조형 환경 속에서 인간의 군집 단위는 획일화된 공간에 의해 수직적으로 일렬 정리되었으며 각 공간 단위는 오로지 물리적 크기와 층수, 호수라는 숫자에 의해서만 구분될 뿐이었다. 수직 군집은 도시 집중을 불렀고 도시 집중은 더욱 극심한 수직 군집을 요구하게 되었다.

수평 군집에 의해 형성되었던 마을의 경계는 점점 사라져갔고 더 많은 집을 갖기 위해 능선은 철저하게 파괴되어갔다. 수십 미터짜리 콘크리트 박스들을 앉히기 위해 연한 속살 떼어내듯 능선은 잘려나갔다. 수십 년 살아오며 평생을 가꾸어온 터에서 쫓겨나 수직 공중 위에 내앉은 사람들은 이제 더 이상 순박하던 우리네 이웃이 아니었다. 자기가 사는 곳에 마음을 붙이지 못한 불안한 영혼의 인간들이 모여 사는 삶이란 너무도 뻔한 것이었다.

우리네 도시는 이제 멀리 눈길 한번 줄 곳 없는 답답한 속박의 욕심 경쟁장으로 변해갔다. 능선을 더 많이 잘라낼수록 더 큰 돈이 손에 들어오는 불경스러운 게임의 법칙에 중독된 영악한 인간들은 이성을 잃고 능선 지우기에 열심이었다. 저렇게 한번 지워진 능선은 다시는 우리 손에 돌아오지 않는다. 능선과 함께 마을도 지워지면서 군집이라는 존재 방식에 대한 기본 개념 역시 바뀌어버렸다.

모여 사는 것이 곧 즐거움이던 마을 생활의 확신은 어느새 투기 경쟁으로 바뀌어버렸다. 자연이 설정한 마지막 대지 조건이었던 중력을 범하고픈 목적이라는 것이 고작 수직 군집에서 파생되는 투기적 욕심이었을 때 이미 신의 징벌은 시작되었으리라. 그리하여 우리네 도시 삶은 원인도 알 수 없고 그 끝은 더더욱 알 수 없는 온갖 추악한 마음의 병으로 누더기가 된 채 고단한 지옥의 중독증 같은 모습으로 변질되어버렸다. 신의 징벌이었다.

들꽃 같고 산꽃 같던 능선 위 마을 생활은 어디 가고 신의 자락에 똥침 놓은 처절한 대가를 치르며 우리네 생활이 이처럼 힘든 고행길이 되어버렸는가. 제3 메트로폴리스의 수직선은 우리에게 많은 재화를 주었지만 그 대가로 우리에게서 너무나 소중한 것들을 거두어가 버렸다. 신의 징벌이었다. "유황불에 떨어져 고통 받는 벌"을 믿는 사람이라면 현대 도시 속에서 부동산 투기에 짓눌려 살아가는 우리 모습을 보면 될 일이다. 예수는 이미 재림했으며 심판은 이미 있었고 판결도 끝났다. 신의 징벌이었다.

이제는 기억 속 한 자락을 차지하면서 옛날 일이 되어버린 9 · 11테러도 신의 징벌의 시각으로 해석할 수 있다. 바벨탑의 교훈은 물론 기독교에서 나온 이야기인데 이것이 유효하다는 가정이 성립된다면 그 교훈은 똑같이 세계무역센터 쌍둥이 빌딩에도 적용될 수 있다. 신의 허락을 받지 않고 인간의 욕심으로 쌓아올린 수직 욕심에 대해 신이 바벨탑을 벌한 것과 똑같이 벌한 것이라는 해석이다. 바벨탑은 아랍문명의 구조물이고 세계무역센터는 기독교문명의 구조물이었지만 그 차이는 신에게 고려 대상이 아니었다. 모든 기준은 그 수직 구조물이 신이 허락한 것이었는가의 여부였다.

제3 메트로폴리스의 수직선을 대체하는 제4 메트로폴리스의 수평선 Ⅰ

제4 메트로폴리스의 수평선 운동은 제3 메트로폴리스의 수직선이 남긴 욕망의 병을 치유하려는 최신 첨단 조형 환경 운동이다. 기계문명에 의한 과학 운동만이 최신이나 첨단의 개념으로 정의되던 우리의 상식에서 볼 때 반反기계문명 운동이 첨단의 조건을 결정하는 최근의 존재 상황은 하나의 커다란 역설로 받아들여진다. 그러나 이것은 이제 더 이상 역설일 수 없는, 엄연한 진단에 기초를 둔 당연한 현실일 뿐이다.

인류의 문명 발전사에서 첨단이라는 개념은 항상 한 시점에 처한 인류의 존재 상황을 가장 이로운 방향으로 인도하는 변화의 의지와 다름없었을 뿐이다. 이렇게 보았을 때 현대 문명의 제3 메트로폴리스 운동을 한 세기 이상 운용해본 21세기의 현 시점에서 앞으로 인류의 존재 상황을 가

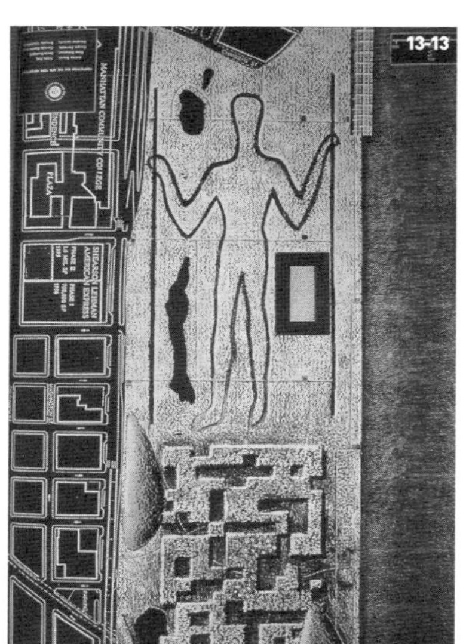

13-13 아키줌, 맨해튼 서쪽 부두가 계획안
13-14 렘 콜하스, 〈엑소더스 혹은 건축의 자발적 속박〉

13-15 한스외르그 보트, 〈하늘의 버팀목〉
13-16 에밀리오 암바즈, 후쿠오카 인터내셔널 홀

장 이롭게 이끌어줄 변화의 기운을 문명병의 치유 기능에서 찾으려는 움직임은 인류 문명사에서 지순한 순리의 것이다. 여전히 우리의 미래를 더 많은 수직선과 이것으로 정의되는 더 큰 재화로 결정하려는 20세기식 발상은 이제 가장 시대에 뒤진 마지막 몸부림 같은 것이 되고 있다. 우리는 아직도 수직 욕망의 추악한 미몽 속에서 깨어나지 못하고 있는가.

13-17 한스외르그 보트, 〈황금 나선형〉
13-18 안드레아 브란치, 〈제4 메트로폴리스〉
13-19 아서 다이슨, 렌치오니 주택, 캘리포니아 생어
13-20 리카르도 포로, 아바나 미술대학, 쿠바
13-21 닐스-올레 룬, 〈우리 자신의 가정을 꿈꾸며〉
13-22 아돌포 나탈리니, 〈연속적인 기념비〉

13-23 페이 존스, 파인코트 파빌리온, 미국 미시시피
13-24 드미트리 무어, 〈스메르트의 제국 탑〉

제4 메트로폴리스의 수평선 운동은 도시 내 조형 환경의 개념을 '자연에 귀의하는 수평적 군집'이라는 본래의 기능으로 회귀시키려는 노력으로 정의될 수 있다. "인간을 감동시킬 수 있는 것은 자연밖에 없다"라는 믿음에서 출발하는 이 운동은 인간의 조형 환경 속에 수평선을 복원시킴으로써 수직 욕망이 낳은 기계문명병을 치유하려는 신성한 제식祭式이다.

자연을 거슬러 얻은 병은 인간의 손에 의한 그 어떠한 치료로도 고쳐질 수 없으며 오로지 자연에 귀의할 때에만 고쳐질 수 있다. "자연이 살 수 없는 땅에서는 인간도 살 수 없다"라는 교훈은 이제 단순한 지식을 넘어 인류를 지탱해줄 유일한 교훈이 되어버렸다. 교훈이 주는 절실한 체험의 무게는 재화 따위로는 비교할 수도 없이 절대적이 되었다. 현대 기계문명의 도시병을 20세기 내내 절감한 서구 선진국은 이미 십여 년 전부터 제4 메트로폴리스의 수평선 운동을 강력하게 전개해오고 있다. 앞에서 언급

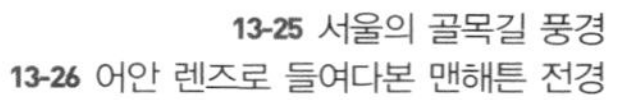
13-25 서울의 골목길 풍경
13-26 어안 렌즈로 들여다본 맨해튼 전경

한 여러 운동이 예이다.

서구 선진국에서는 1980년대를 넘어서며 이런 운동이 조형예술을 이끄는 주요 경향 가운데 하나로 이미 거스를 수 없는 큰 흐름을 형성하고 있다. 그 결과 도시의 자연적 윤곽인 능선과 오래된 인공적 골격을 지키고 복원하려는 운동, 탈중력의 거만을 버리고 땅에 단단히 뿌리박은 친자연적 디자인 모티브를 차용하려는 운동, 건물 사이의 외부 공간을 보행자 눈높이에 맞는 휴먼 스케일로 처리하여 원시 거석 구조물로 구성되는 현대판 제단 등을 제시하는 새로운 이상향 운동에 이르기까지 다양한 친자연 운동을 전개하고 있다. 자연의 품 안에서 펼쳐지는 수평선은 이런 여러 운동 사이의 공통적 모티브 역할을 해내고 있다.

지난 20세기는 수직 욕망과 도시 집중으로 상징되는 비정상적인 물질 욕심의 세기였다. 제4 메트로폴리스의 수평선 운동이라는 치유적 첨단 조형 운동이 본격화되고 있음에도 아직도 많은 사람이 자신들의 조형 환경을 투기적 욕심의 대상으로 파악하는 것 또한 부정할 수 없는 현실이다.

이런 욕심은 몇백 년 만에 찾아오는 문명 변혁기 때나 되어야 치유가 가능할 것일지도 모른다. 문명 변혁은 결국 자본주의의 말기 상황 같은 진단이 한편에서 나오기 시작함을 볼 때 의외로 빨리 올 수도 있을 것이다. 아니면 그 반대로 현재의 상황이 몇백 년 계속 갈 수도 있다.

어쨌든 서구 선진국에서 기계문명의 도시병에 제동을 거는 치유의 문화 운동이 시작되었다는 상황은 지금이 인류 문명사에서 막다른 골목에 다다른 전환의 시기임을 의미하는 것이다. 그렇다면 아직도 투기와 재화 놀이에 눈이 먼 우리는 무엇인가. 우리는 서구 문명이 찌꺼기로 남긴 추악한 수직 욕망에 매달려 세계 문명사의 교훈을 잊은 채 또 한 번 뒷북만 치고 말 것인가. 21세기의 문명은 자연 회귀와 고향 회귀라는 또 한 번의 거대한 엑소더스를 예언하고 있건만. 인간의 군집이란 자연이 허락한 자락 내에서만 이루어져야 하는 것을. 인간의 욕심을 위해 자연의 자락에 칼질한 20세기는 우리의 역사에 가장 치욕적인 후회의 세기로 남으리라.

14.

지난 세기말과 지금 세기말

■

세기말 현상과 모던 휴머니즘의 의미

14. 지난 세기말과 지금 세기말

세기말 현상과
모던 휴머니즘의 의미

20세기 말의 혼란기가 계속되는 21세기 |

인류는 한 세기가 끝나갈 때쯤이면 다가올 세기에 대한 기대와 지나간 세기에 대한 아쉬움이라는 양극의 심리 상태가 낳은 복잡한 마음의 병을 앓게 된다. 변혁과 발전을 준비해온 사람들은 마치 과제 마감 시간이 다가오기라도 하듯, 아니면 새 신부에게 반드시 드레스를 입혀야 하듯, 다음 세기를 포장할 새로운 테크노피아의 모습을 정리하여 내보이기 위해 초조하게 시간을 재며 희망에 들떠 있다. 그러나 의외로 많은 사람들이 이들이 제시하는 밝은 기계문명의 환상을 바라보는 마음 한구석에 "좀 더 나은 미래는 없다"라는 불안감을 가지며 오히려 편안함을 찾아 지나간 세기를 되짚어 보기도 한다.

세기말이 다가올수록 인류는 스스로에게 다음 세기에 대한 이 두 가지 입장 가운데 하나를 선택하라고 강요하게 되며, 양극 싸움의 틈바구니에 낀 인류는 대안을 찾아 때로는 압박감에 못 이겨 여러 가지 병리적 행위를 통해 탈출구를 모색하게 된다. 한 세기 단위로 나타나는 공통적 심리 현상은 '세기말 현상fin-de-siede phenomena' 이라는 단어로 불리게 되었고, 복잡한 심리적 변화가 집약적으로 수반되는 세기말에는 반드시 예술사의 전개도 급박하게 돌아가기 마련이었다.

이런 이유로 예술가들은 예술사의 전개 과정을 100년 단위에 끊어 맞추어 해석하려는 경향을 보여왔다. 동서양을 불문하고 100이라는 숫자는 인류를 둘러싸고 일어나는 온갖 복잡한 현상을 인위적으로 정리해주는 기능을 가져왔으며, 때로는 신화적 혹은 미신적 의미까지도 가져온 것이 사실이다. 이런 의미에서 세기말의 복잡한 문화 현상은 예술사들에게 더없이 재미있는 관찰거리 가운데 하나였다.

우리는 20세기 말이라는 하나의 세기말을 거쳐 21세기로 진입했다. 하지만 우리의 문명 수준과 정신 상태는 아직 세기말의 불안 증세에서 벗어나지 못하고 있다. 지금의 세기말에도 예외 없이 가치관의 혼란이라는 세기말적 공통 현상을 겪고 있다. 과학기술의 발전을 믿는 사람들은 21세기에 펼쳐질 가공할 신문명의 혜택을 상상하며 거의 종교적 황홀경에 빠져 있지만 그것에 대해서 우리는 이번에도 예외 없이 젊은 세대들의 즉흥적 가치관이나 문란한 성풍조라는 값비싼 반대 대가를 치르고 있다. 인터넷, 게임, 스마트폰 등 IT기기에의 심한 중독증이라는 또 다른 대가도 톡톡히 치르고 있다.

많은 문명 비판론자들은 이미 오래전부터 기계문명의 발전에 비례하여 인류 미래의 비극도 커질 것이라고 경고해왔으며, 신문명의 혜택을 가장 많이 받게 될 젊은 세대들은 이런 경고에 동의라도 하듯 기계문명이 주는 즉각적이고 유해한 편리함에는 소아병적으로 탐닉하면서도 막상 기계문명의 정신사적 역할을 결정해야 되는 가장 근본적인 자신들의 책임에

14-1 쿠르트 베너, 〈뮤즈 여신〉
14-2 오브리 비어즐리, 〈살로메 C〉

대해서는 힘겨워하며 퇴폐와 파괴라는 '악성 기계문명병'으로 답변하고 있다.

건축적으로 보더라도 포스트모더니즘이라는 매우 포괄적이며 모호하기까지 한 전환기적 움직임이 시작된 이래 21세기를 이끌어갈 이상적 건축관을 곧 제시할 수 있을 것 같아 보이던 많은 건축가들과 역사 이론가들은 시간이 지날수록 오히려 더 큰 편차를 갖는 세기말적 다원주의 경향을 보이고 있다.

실로 지금 세계의 건축계에는 수많은 종류의 양식 사조와 이론이 넘쳐흐르고 있는데 이것은 정보의 홍수를 이루며 한국 건축계에서도 즉각 수입이 되고 있다. 정보의 부족으로 힘들어하던 때가 엊그제인데 어느새 우리는 너무나 많은 가치관이 인스턴트식 단순 정보의 형태로 넘쳐나는 세기말에 접어들고 있다. 그러나 다른 한편 그 많은 양식 사조와 이론 중

그 어느 것도 다음 세기의 인류 미래를 이끌어갈 건축적 가치관으로 동의받지 못한 채 조무래기 저널 스타들만 양산해내고 있다. 우리는 이러한 20세기의 세기말적 상황을 어떻게 해석해야 하는가.

19세기 말의 모던 휴머니즘에서 얻는 교훈 |

우리는 어느새 20세기 말이라는 또 하나의 세기말을 요란과 법석 속에 보냈다. 19세기의 지난 세기말은 가까운 과거라는 간접 경험의 대상으로 존재하며 아직 우리의 곁을 떠나지 않고 있는데, 이처럼 두 개의 세기말을 동시에 경험하게 된 우리는 그만큼 풍부한 역사적 시기에 살고 있는 것으로 이해될 수 있다. 그리고 19세기의 지난 세기말은 20세기의 지금 세기말에 많은 역사적 교훈을 주며 모처럼 제몫다운 역사적 역할을 톡톡히 해내고 있다.

나는 별로 기대할 것이 없어 보이는 지금 세기말의 복잡한 건축 현상에서 미래 지향적 가치라는 긍정적 가능성을 읽어낼 수 있는 역사적 교훈을 찾아보고자 한다. 그 내용은 오히려 100년 전 19세기 말의 고민 속에 있다고 생각한다. 그것을 한마디로 요약해 '모던 휴머니즘Modern Humanism'이라 부르고자 한다.

지난 19세기 말에 관한 비교적 생생한 여러 가지 전언에 의하면 인류가 겪은 여러 번의 세기말적 충격 가운데 지난 세기말의 문화적 충격이 가장 극심했던 것으로 전해지고 있다. 거기에 비해 우리가 지금 겪는 지금의 세기말은 이렇다 할 이슈 없이 세기말치고는 비교적 조용한 편이라 할 수 있다. 구체적 실체 없이 억지로 뉴스거리를 만들어내려는 매스미디어의

14-3 에른스트 슈퇴어, 〈무제〉
14-4 알폰스 무하, 〈인간의 파빌리온〉

농간만이 몇 달 시끄럽게 들썩거렸을 뿐이다. 그렇기 때문에 지금의 세기말은 특별히 고민할 필요가 없는 항시적 역사진행기로 보는 사람들도 많은 것이 사실이다.

그러나 지금 세기말의 다원주의적 건축 운동이 쏟아놓은 주장들은 그 절규와 편차를 볼 때 결코 간단한 문제들이 아니다. 건질 건 별로 없지만 그럴수록 정착하지 못하고 떠도는 현대 기계문명의 허망함을 드러내는 것 같아 진지한 관심을 기울일 필요가 커져간다. 이번 세기말은 1000년의 시간 단위인 밀레니엄의 장이 바뀌는 시기와 겹치면서 우리에게 이제 기계문명이 인류 문화사에서 갖는 정신사적 위치에 대한 결론을 내릴 때가 되었다고 다그치고 있다.

특별한 충격적 이슈 없이 내용만 치열한 다원주의 현상이 지배하는 지금의 세기말이 오히려 더 위험한 시기일 수 있다. 지난 세기말은 문화적 충격이 컸던 만큼 그에 대한 대안도 확실한 초점을 갖는 혼전의 시기였지만 지금 세기말은 현상과 강변만 난무하는 산만한 준비기로 전락할 위험성을 내포하고 있다. 이런 가운데 우리는 다시 한 번 세기말이라는 시간 단위에 맞추어 지난 세기를 정리하고 21세기를 예언하는 세기말적 과제를 제출해야 할 의무를 갖게 되었다. 나는 이러한 세기말의 과제에 대한 해답으로 '모던 휴머니즘'의 개념을 제시하고 싶다. 여기에 대한 지혜는 지난 세기말 인류가 했던 고민 속에 쌓여 있는 '기계문명 시대의 새로운 인간적 가치'에 대한 실험들에서 찾을 것을 제안한다.

20세기 말인 지금 세기말과 19세기 말인 지난 세기말 사이에 100년이 흘렀다. 이 시간은 예술사적으로 무슨 의미를 갖는가. 우리의 문화는 지난 세기말의 그것보다 발전했는가. 우리는 지난 세기를 고민하며 보낸 선조보다 나은 가치관 아래에서 밝은 확신을 가지고 예술 행위를 하는가. 우리는 지난 세기말의 선조들이 했던 그 치열한 고민들에서 무엇을 배웠는가. 우리의 예술은 그들의 그것보다 어떤 점에서 얼마만큼 진보했는가.

지난 세기말과 지금 세기말 |

지난 세기말이 지금 세기말과 구별되어 갖는 가장 큰 차이는 19세기 말은 과학 정신과 기계문명의 충격을 최초로 겪은 시기였다는 점과 그렇기 때문에 그만큼 19세기 말에는 기계문명에 대한 확신과 열망도 컸고 동시에 그것에 대한 불안과 허무감도 비례적으로 컸다는 점이다. 그에 따라 19세기 말에는 기계문명에 적합한 정신적 가치를 갖는 고민과 처음부터 반反기계문명의 분명한 판단 위에 신문명에 맞는 여러 가지 휴머니즘적 가치를 찾는 작업이 매우 치열하게 경쟁적으로 진행되었다.

이에 반해 지금 세기말은 100년 동안의 모더니즘 운용 경험을 바탕으로 20세기를 정리하는 회귀적 다원주의 성격이 강하게 나타난다. 지금 세기말은 보기에 따라서는 구체적 결과물을 만들어본 경험만이 줄 수 있는 차분한 안정 속에 세기말치고는 다소 싱거운 논쟁들만 양산해내는 것 또한 사실이다. 이것은 '첫 경험' 에 흥분되어 치열하게 모든 것을 쏟아부었던 지난 세기말의 격정에 대비되어 지금 세기말만이 갖는 장점이라면 장점이랄 수도 있는 것이다.

그런데 두 세기말 사이에는 이러한 차이점을 예술사적으로 무의미하게 만드는 더 큰 공통점이 존재한다. 그것이 바로 근대기라는 인류사의 가장 큰 점프jump를 촉발한 기계물질문명을 정신 문명사적으로 자리매김하려는 지난 세기말의 총체적 고민에 대한 결론을 아직도 내리지 못하고 있다는 사실이다. 지금 세기말에 벌어지는 다원주의적 현상들이 강변하는 내용이란 결국 기계물질문명 아래에서 인간에게 조화로운 가치를 줄 수

14-5 제임스 엔소르, 〈해골들의 불 쬐기〉
14-6 알폰스 무하, 〈모나코 몬테카를로〉

14-7 폴 고갱, 〈신의 날〉
14-8
빅토르 오르타, 타셀 하우스, 벨기에 브뤼셀

있는 새로운 문화 운용 시스템이 무엇이냐에 대한 고민이며, 그 해답을 아직도 얻어내지 못하고 있다는 점에서 100년 전의 지난 세기말과 100년이 지난 지금 세기말은 똑같은 역사적 미아인 것이다.

더욱이 지금 세기말에서 하는 고민의 구체적 종류도 기본 개념은 이미 100년 전에 제시된 것이다. 우리는 아직도 모더니즘 시대에 살고 있으

14-9 에드바르트 뭉크, 〈우울〉

며 우리가 사는 지금 세기말은 여전히 지난 세기말의 고민이 반복되는 기간인 것이다. 지금 세기말의 현상은 지난 세기말의 것이 100년의 화장을 하고 조금 다르게 나타나는 것뿐이다. 지금 세기말의 고민들에 대한 해답은 지난 세기말 기계문명의 충격에 대한 '첫 경험' 끝에 모든 것을 쏟아부으며 갈망했던, 그렇기에 꽤나 순수했던 '모던 휴머니즘'의 내용 속 구석구석에 박혀 있다. 이것을 찾아 끄집어내어 보면 지금 세기말의 고민에 대한 방향을 찾을 수 있다.

두 번의 세기말을 거치며 계속되고 있는 모더니즘 예술의 고민을 한마디로 요약하면 과학 정신과 기계문명이 몰고 온 문화적 충격을 어떻게 예술적으로 수용할 것인가의 문제이다. 계몽주의를 거치며 등장한 과학 정신과 기계문명은 서구 문명을 이끌어오던 기존의 헬레니즘 고전 문화와 기독교 정신의 양극 구조를 뿌리부터 뒤흔들며 전례가 없는 가장 큰 문화적 충격을 낳았다. 서양 문명의 두 뿌리인 고전Hellenism과 기독교Hebrewism를 지칭하는 이른바 '2H'의 허구성과 비도덕성을 지적하고 전통의 권위를 전면 부정하면서 다가올 근대기를 이끌어갈 새로운 주역으로 과학 정신과 기계문명을 제시했다.

지난 세기말의 장밋빛 물질 이상향과 정신적 불안 Ⅰ

데카르트와 뉴턴 그리고 다윈 이래 일단의 급진론자는 인류의 물리학적 혹은 생물학적 존재 방식에서뿐 아니라 문화예술 작업에서까지도 진화를, 그것도 일직선적인 진화를 제1의 미덕으로 정의하기 시작했다. 산업혁명을 거치며 기계력이라는 새로운 힘과 스피드의 세계를 경험한 또 다른 일단의 급진론자는 기술물질 문명이 지니는 물리적 가능성으로 기독교의 정신 세계나 고전 문화의 인문적 규율 같은 정신적 가치를 대체하려는 시도를 지속적으로 해왔다.

이들은 공통적으로 기술물질 문명의 무기인 발전과 효율과 물리적 부의 축적이라는 풍요의 열매를 새로운 가치로 내걸며 인류를 유혹하기 시작했고 그 유혹이 성공을 거두기 시작하면서 기술물질 문명은 기독교 문화와 헬레니즘 고전문화 틈바구니에 자신의 독립적 영역을 확보하는 데 성공했다. 19세기 후반부에 오면 기술 물질문명은 한계에 다다른 고전 문화를 대체할 역할을 놓고 기독교 문화와 각축을 벌이는 적자의 위치로까지 격상되었다. 이것은 결과적으로 헬레니즘 고전 문화와 기독교 문화의 양극 구도가 이끌어오던 서구 문화 체계에 갑자기 낯선 제3의 기술물질문명이 끼어들어 하루아침에 양극 구도를 2각 구도로 바꾸어버린 커다란 변화를 의미하는 것이었다.

이런 변화가 몰고 온 문화적 충격은 가히 엄청난 것이었고 이것은 19

14-10 스탠리 타이거먼, 〈목욕탕 파빌리온 건축안〉
14-11 폰 게르칸, 마르크 & 파트너, 슈투트가르트 공항

세기 말의 세기말 상황을 전례 없는 치열한 고민의 시기로 만들어놓았다. 기계물질문명을 신봉하는 진보론자들은 20세기의 인류 미래에 대한 새로운 유토피아 프로그램을 내놓으며 이전 시대와 대비되는 '발전' 이라는 새로운 신앙이 가져올 풍요로운 미래 생활을 제시했다. 이를테면 모더니즘 건축가들이 제시한 물질 이상향도 이것의 하나였다.

그런데 새로운 변혁을 주장하는 모더니스트들이 제시하는 온갖 장밋빛 발전상에도 불구하고 이 시기에는 동요와 갈등도 심했다. 부가 소수에 국한되었기 때문만도 아니었다. 적어도 이론상으로는 모든 사회 구성원이 새로운 기계문명의 혜택을 골고루 나누어 갖는 완전히 새로운 미래 생활이 구체적 모습으로 제시되었다. 예술가들은 그들대로 모더니즘 문명에서 새로운 예술적 체험이 낳을 미지의 즐거움으로 들떠 있었다.

이상하게도 기술적으로 물질적으로 더 발전하고 희망에 찬 세계가 현실로 다가올수록 그것에 비례해서 세기말의 불안감과 허무주의는 더욱 커져갔다. 일종의 모순일 수도 있는 19세기 말의 이런 상황에 대한 설명은 여러 가지가 있을 수 있지만, 가장 큰 이유는 기계문명의 출현이 몰고 온 가치관의 심한 대결 구도 속에서 인류가 흑백논리식의 양자택일을 강요받았기 때문으로 볼 수 있다.

인류사의 큰 위기일 수 있는 극단적 상황이었다. 일찍이 일단의 선각자들이 이것을 예견하고 모더니즘 시대를 이끌어갈 이상적 가치 체계는 한 가지 매개를 편 가르기식으로 선택하는 데서 찾아서는 안 된다고 경고했다. 이들은 반대로 인류의 미래에 얼마나 조화로운 세계를 제시해줄 수 있는가라는 기준에 따라 여러 매개가 지니는 다양한 측면을 선별하여 재구성한 전혀 다른 제3의 가치 체계를 시도했다. 니체, 베르그송, 아도르노, 벤야민, 하이데거 등 우리가 알고 있는 현자들이 대표적인 경우이며 19세기 말에 있었던 모던 휴머니즘은 예술 분야에서의 대표적인 예이다.

모던 휴머니즘에서 찾는 지금 세기말의 고민에 대한 해답 |

기술과 산업이 발달하면서 인류는 더욱 다양한 종류의 가치 체계와 문화 수단을 갖게 되었다. 그런데 모든 매개는 긍정적인 면과 부정적인 면을 동시에 갖기 때문에 어느 한 가지 매개의 배타적 선택은 반드시 일정 부분의 부정적 결과를 수반하게 된다. 매개의 차용 기준은 처음부터 절대적으로 정해져 있는 것이 아니라 운용하는 과정에서 인류에게 얼마나 좋은 결과를 줄 수 있는가에 따라 선별적으로 차용되어야 한다. 물질이 인류에게 풍

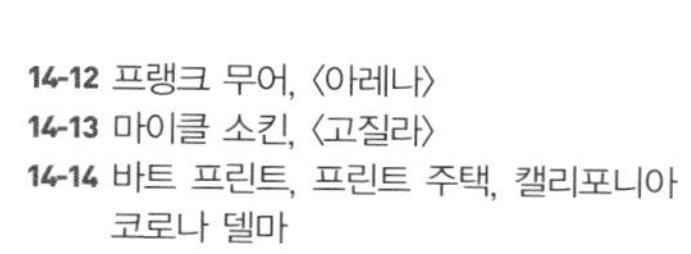

14-12 프랭크 무어, 〈아레나〉
14-13 마이클 소킨, 〈고질라〉
14-14 바트 프린트, 프린트 주택, 캘리포니아 코로나 델마

요로운 미래라는 좋은 결과를 줄 수 있기 때문에 중요한 매개로 추구되어야 하듯이 물질이 낳은 불안감과 황폐함을 치유하는 것 또한 정신적 정서적 안정이라는 또 다른 좋은 결과를 주기 때문에 똑같이 중요하게 함께 추구되어야 한다. 모던 휴머니즘은 이것을 추구한 것이었다.

모던 휴머니즘은 이처럼 인류의 손에 주어진 여러 매개에서 인류에게 긍정적 결과를 줄 수 있는 정신적 · 정서적 가치 체계를 찾으려던 노력이었다. 1890년대에 있었던 일련의 반反기계문명 운동을 이끌며 종교와 신화의 해석, 원시주의, 상징, 페미니즘과 성의 해석, 일상생활의 모습, 꿈과 환상의 세계, 자연주의 등 여러 주제를 다음 세기의 인류 여정을 밝혀줄 대표적인 모더니즘의 가치로 가정하고 추구했다. 모두 물질에 찌든 영혼을 치유하는 휴머니즘 정신으로 무장한 가치들이었다.

여기에 머물지 않고 기계문명에 대해서도 가치관의 파괴를 유발하는 극단적 폐해는 철저히 반대하는 한편 인류의 조화로운 신문명 창조에 도움이 되는 긍정적 측면은 과감히 차용했다. 이런 역사관은 1890년에서 1920년경에 이르는 초기 모더니즘 기간의 여러 건축 사조에 다양한 형식으로 영향을 끼쳤다. 그러나 기계문명으로 더욱 단단히 무장한 서구 사회는 두 번의 세계대전을 통해 스스로를 철저히 파괴하면서 모던 휴머니즘 운동 자체를 배부른 유희로 만들어버리고 말았다.

그 후 제2차 세계대전의 충격에서 벗어나기 시작한 1960~1970년대 들어 현대건축가들은 모더니즘의 물질주의가 남긴 폐해를 치유하기 위한 다양한 건축 운동을 새롭게 전개해서 현재에 이른다. 그런데 이들이 찾으려 했던 내용 가운데 많은 것이 이미 지난 세기말의 모던 휴머니즘에서 제시한 것들이었다. 지난 세기말 선각자들이 했던 고민은 여전히 유효하며 지금 세기말의 고민에 대한 답 역시 여기에서 상당 부분 찾을 수 있다. 이

14-15 알솝 & 슈퇴르머, 국립문화센터, 영국 스완시
14-16 라이문트 아브라함, 〈지혜의 탑〉
14-17 임레 마코베츠, 루터파 교회, 헝가리 시오포크

것은 곧 현대건축가의 힘든 노력에도 불구하고 20세기 후반부 역시 모더니즘 기계문명이 세팅해놓은 물질주의로 흘러왔음을 보여주는 반증이기도 하다.

지금 세기말은 지난 세기말과 하나의 시간의 끈으로 묶여 있으며 우리는 아직도 모더니즘 속에 살고 있다. 포스트모더니즘이 모더니즘을 멋지게 부정하면서 20세기 후반을 이끌 가치관이 될 것처럼 법석을 떨었지만 그것은 모더니즘의 속성을 모른 데서 나온, 좀 더 엄밀히 얘기하면 모던 휴머니즘을 모른 데서 나온 금세기 최대의 오해가 되어버렸다. 인류 예술사의 전개에서 포스트모더니즘 정도의 고민을 가지고 모더니즘이 겪었던 변혁의 종착역을 가려냈다고 주장하는 것 자체가 웃기는 일이다.

고딕은 300년간, 그리고 르네상스는 200년간 지속되었다. 고딕 시기 동안에 있었던 몇 번의 세기말은 평상시와 다름없이 무덤덤하게 지나갔을 수도 있다. 그러나 모더니즘은 다르다. 인류는 물질기계문명이라는 매우 위험한 무기를 손에 넣고 날뛰고 있다. 서구 사회는 그것을 채 100년도 사용하지 않았는데도 이전과 비교도 할 수 없을 정도로 힘든 정신적 갈등과 정서적 불안을 겪었다. 모더니즘이 몇백 년 동안 계속될지는 아무도 모르는 일이며, 인류 문명의 마지막 단계일지 누가 아는가.

지금 세기말은 모더니즘의 한 자락에 불과한 것일 수도 있다. 우리 후손은 지금 세기말보다 더 지루하고 더 치열하고 더 불안한 몇 번의 세기말을 더 겪을 것이다. 우리는 그들에게 어떤 교훈을 남길 수 있단 말인가. 그들은 우리가 지난 세기말을 뒤적여 찾아낸 것과 같은 교훈을 지금 우리가 하는 고민에서 찾아낼 수 있을까. 우리는 지난 세기말 선각자들이 집대성한 모던 휴머니즘 같은 지혜의 보고를 만들고 있기는 한 것일까. 아니 그런 능력이나 인식이 있기나 한 것일까.

15.

기술 이상과 약식 하이테크 건축

15. 기술 이상과 약식 하이테크 건축

모더니즘 건축의 기술 이상 |

모더니즘 건축은 산업화 이전의 절대주의 전통에 대한 반발로 시작되었는데, 이들이 추구했던 내용은 우리가 흔히 알고 있는 것보다 훨씬 다양했다. 건축보다 하급 개념으로 취급되던 엔지니어링을 건축적 가치를 형성할 수 있는 조형 분야로 편입시킨 일도 그 가운데 하나였다. 물론 이런 경향에는 처음부터 극단적 효율을 추구한 예도 있지만 초기 모더니즘의 엔지니어링 건축을 이끈 건축가들은 이상하리만큼 기술을 중화하는 데 관심이 많았다. 공장 건축이 좋은 예여서 이들은 공장을 새로운 구조 기술 및 이것이 만들어내는 새로운 조형 의지를 실험하는 장으로 받아들였다. 고층 건물도 마찬가지여서 적어도 미스 반데어로에Ludwig Mies Van Der Rohe급의 건축가들이 제시한 기술 이상의 모델에는 지구 중력의 문제에 대해 고전적 심미성으로 섬세하게 대응하는 디테일의 미학이 살아 있었다.

그러나 제2차 세계대전을 거치면서 엔지니어링 건축에 대한 인식은 급격히 효율 중심으로 쏠리게 된다. 전후 복구 문제 및 미국이 주도하는

15-1 DMC 누리꿈 스퀘어
15-2 고려대학교 100주년기념관
15-3 동부금융그룹 사옥

상업자본주의 아래에서 효율의 가치가 극단화되면서 엔지니어링 건축은 전례 없는 전성기를 누리게 된다. 미국의 도시는 물론이고 그 영향 아래 있는 수많은 제3세계의 대도시는 바야흐로 부동산 개발과 맞물려 물질 이상의 열기에 휩싸이게 된다. 기술 이상이 물질 이상으로 모습을 바꿔 전성기를 맞이하게 된 것이다.

엔지니어링 건축과 함께 짝을 이뤄 성기 모더니즘을 일궈낸 추상 아방가르드 건축도 이 흐름에 쓸려가 버리게 된다. 철골 구조의 고층 건물 옆에 콘크리트 박스를 양산하며 수직-수평 스케일로 짝을 이뤄 현대 대도시를 회색의 디스토피아로 만들어버린 것이다. 본래의 엔지니어링 건축이 근대적 이상으로 추구했던 정교한 구조미는 아류와 극단적 간결화로 인해 심하게 변질되었다. 우리는 반성이나 별 고민 없이 상자 같은 건물을 현대 물질문명이 낳은 인간성 파괴라는 폐해의 주범으로 당연시하게 되었다. 더없이 정교한 조형 미학을 선사할 수 있는 유일한 매개인 건축이 삭막함의 대명사로 전락한 것이다. 모두 기술 이상이 물질 욕심에 점령당한 탓이었다.

기술 이상과 기술 미학 |

모더니즘 건축이 추구한 기술 이상은 과연 삭막한 고철 덩어리와 콘크리트 덩어리만 양산해낸 주범인가. 우리는 모더니즘 건축이 추구한 기술 이상의 본질과 이것이 자본주의의 총아로 채택되면서 도심 내 고층 건물에 적용되는 과정에서 변질된 내용을 구별할 줄 알아야 한다. 미스 반데어로에조차 자신의 건축적 고민을 이해하지 못한 아류 건축가들이 자신의 모델을 모방하면서 1960년대 미국 및 제3세계 대도시의 도심이 황폐화하는 것을 보고 일찍이 포스트모더니즘이 도래할 것을 예견했다.

이런 배경 아래 기술 이상의 가치를 여전히 신봉하는 일단의 건축가는 박스형 건축의 폐해를 엔지니어링 건축의 정수가 곡해된 데에서 비롯된 것으로 보고 올바른 기술 이상의 실현에서 그 대안을 찾으려 하고 있다. 그 흐름은 크게 둘로 나눌 수 있다. 하나는 형태 조작을 도와 건물을 조각적 특징이 강한 조형물로 접근하려는 경향이다. 건축의 성립 조건 가운데 하나인 조형 의지will to form를 이 시대의 새로운 기술로 발전시키겠다는 의도이다.

다른 하나는 기술 이상을 기술 미학으로 승화하려는 시도로, 후기 모더니즘에서 하이테크 건축에 이르는 큰 흐름을 이룬다. 이런 흐름은 양면성을 갖는다. 비판적으로 보면 기술이 후기 자본주의나 상업자본주의에 동원되어 물질 욕망을 부추기는 수단으로 남용되는 것으로 볼 수 있다. 반면 현대 대도시와 자본주의의 현실을 인정할 수밖에 없다는 전제 아래 기술 이상을 가능한 한 기술 미학으로 표현하려는 차선책의 의미를 갖는다.

1990년대 한국 현대건축에서도 동일한 현상이 관찰된다. 한국은 세계에서 유래가 없는 압축 근대화를 이루었지만 그에 대한 대가로 기계물질문명의 폐해를 세계 어느 나라보다 혹독하게 치르는 나라이다. 부동산 개발에 봉사한 건축도 그 주범 가운데 하나이다. 그러나 이에 대한 치열한 반성 운동은 없다고 해도 좋을 정도로 미미하다. 온 국민이 콘크리트 더미에 깔려 신음하고 있는데 주류 건축가 가운데 단 한 명도 이를 경고하고 대안을 찾는 사람은 없다. 모두 콘크리트 추상 놀음에 전념하고 있다.

이런 상황에서 일부 감수성이 예민하거나 이들 주류 건축가보다 좀 어린 세대가 차선책으로 기술 이미지를 현대적으로 화장한 경향을 새롭게

15-4 이화여대 캠퍼스 복합단지(ECC)
15-5 DMC 트루텍
15-6 SK텔레콤 빌딩

들고 나오고 있다. 하이테크 건축의 등장이 좋은 예이다. 이는 후기 모더니즘을 뛰어넘은 현상으로 이해할 수 있다. 한국 현대건축은 엄밀한 의미의 후기 모더니즘을 가져보지 못한 채 다양하게 변형된 네오 모더니즘이나 제2 후기 모더니즘 중심으로 1990년대 이후를 보내오고 있다. 이 과정에서 후기 모더니즘 다음 단계인 하이테크 건축으로의 점프 현상이 나타나고 있다.

약식 하이테크 건축의 등장 |

물론 서양 선진국 수준의 제대로 된 하이테크 건축은 아니다. 이번에도 후기 모더니즘 때처럼 약식에 가깝다. 그러나 하이테크 건축은 후기 모더니즘이 다른 경향을 흡수하며 제2 단계로 다양하게 구사되는 것과 달리 집중도가 강한 양식 사조이다. 그렇기 때문에 변형 응용되는 정도는 약하며 주로 약식으로 많이 구사된다. 하이테크 건축으로 제대로 지으려면 기본 설계에서 실시 설계 등 디자인 전반에서 기술력이 많이 필요하며 공사비도 크게 증가하는 등 요구사항이 많기 때문에 약식으로 많이 활용하고 있다.

약식 하이테크를 만회하는 방법으로 가장 많이 사용되는 경향이 건물 형태를 뒤트는 것이다. 이것 역시 정식 비정형주의까지는 가지 못하고 있다. 비정형주의는 가장 최근에 유행하는 사조로, 이것도 제대로 지으려면 하이테크 건축을 몇 배 능가하는 공사비가 든다. 결국 비정형주의도 약식으로 나타날 수밖에 없는데 그 양상을 보면 비정형주의라는 이름보다는 여전히 후기 모더니즘이 더 어울릴 것 같다. 혹은 부분적으로 신구축주의 어휘를 섞어 쓰긴 하지만 그야말로 어휘 차용 수준이고 정식 사조 이름을 붙일 정도의 종합적 통일성은 보이지 않는다. 종합하면, 약식 하이테크에 후기 모더니즘이 결합된 약식 비정형주의로 정리할 수 있다. 이것이 압축 근대화 다음 단계에 한국 건축이 기술 이상에 대해서 갖는 기본 인식이다.

현대 한국 사회에 약식 하이테크 건축이 등장한 현상은 여러 가지 의미를 갖는다. 긍정적으로 보면 이제 한국 사회도 부를 축적해서 후기 자본주의를 운용할 단계에 접어들었음을 의미한다. 기계문명의 궁극적 목적과 이상이 물질적 풍요를 통한 이상향을 제공하는 것임을 볼 때 여기에 한 발 가까이 간 것으로 볼 수 있다. 특히 이전 압축 근대화 시기에는 기술을 대량생산의 수단으로만 받아들였는데 이제는 다양하게 구사할 수 있게 되었다는 뜻일 수도 있다.

현대 문명에서는 어쩔 수 없이 기술이 절대 신의 위치를 점해가고 있으며, 현대건축에서 나타나는 다양한 경향 역시 기술의 절대 가치에 대한 다원주의적 대응에서 연유한다고 볼 때 이제 한국 사회도 현대 기술을 운용하는 능력에서 국제화된 첨단 수준에 이른 것으로 볼 수 있다. 현대 기술을 먼저 발명해서 운용하기 시작한 서구 선진국 건축에서 나타나는 그런 다원주의 경향은 우리가 생각하는 것보다는 훨씬 격렬하고 진지하게 진행되고 있다. 인류의 미래 운명이 기술 발전에 의존하는 정도는 하루가 멀다 하고 심해져가고 있다. 이런 상황에서 서구 선진국에 근접하는 기술 운용 단계에 접어든 것을 보면 이제 우리에게도 기술 이상향이 실현된 날이 멀지 않아 보인다.

건축으로 좁혀 봐도 하이테크 건축은 현재 전 세계적으로 가장 크게 유행하는 양식 경향 가운데 하나이며 특히 모더니즘 건축의 근간인 산업 문명의 가치를 조형성이 강한 기술 이미지로 번안해낸다는 점에서 산업화에 국가의 운명을 맡긴 우리에게도 공통의 관심사가 아닐 수 없다. 이렇게 보았을 때 우리도 하이테크 건축을 구사하게 되었다는 사실은 우리의 건축적 관심이 근대 기술 문명의 범세계적 보편 어휘 구축에 쏠려 있음을 의미하는 것으로 볼 수 있다. 더욱이 하이테크 건축이 자잘한 산업 부재들을 질 높은 수준으로 공급해주는 생산 시스템을 필요로 하는 것을 볼 때 이런 기반 시설이 취약했던 우리의 현실에서 철물을 자르고 두드려 이만한 건물을 만들어내기까지에는 건축가의 많은 수고가 뒤따랐을 것이다. 이러저러한 이유로 이제 우리 손으로도 지구촌 단일 문명권을 대표하는 세계 보편 어휘를 창출해낼 수 있게 된 사실은 누가 뭐라 해도 우리 건축계의 발전을 의미한다 할 수 있다.

하이테크 건축과 앵글로색슨의 문화 침투 Ⅰ

정반대 해석도 가능하다. 핵심은 하이테크 건축이 과연 세계 보편 어휘인가라는 것이다. 아니 그보다도 건축 양식 어휘로 사용하는 기술이라는 것이 반도체와 같은 일반 산업 분야에서의 기술처럼 문화적 가치에 대해 중립적이며 오직 한 가지 기준으로만 척도가 될 수 있는 세계 보편적 매체인가라는, 좀 더 근원적인 질문을 한 번쯤 해볼 필요가 있다. 이 문제는 거슬러 올라가면 '국제주의 양식' 이라는 특이한 이름의 사조에서 이미 시작된 것이다. 1920년대 성기 모더니즘을 낳았던 추상 아방가르드 건축은 1930년대에 접어들어 유럽 각국과 미국으로 퍼져나가면서 세계 보편적 양식이라는 뜻의 '국제주의 양식' 으로 정착된다.

제2차 세계대전 이후에는 우리나라를 포함한 제3세계권으로 급속히 퍼져나갔다. 근대화에 꼭 필요한 건설 산업을 일으키기 위한 구체적 목적

15-7 동아일보 신사옥

이 제일 컸지만 고급 건축가들조차 이 양식을 20세기의 대표 양식으로 아무 의심 없이 받아들이며 열심히 좇고 모방했다. 그 근거는 '국제 보편적 양식' 이라는 데 있었다. 이 양식이 '국제 보편적' 인 근거는 고전 오더처럼 특정 국가나 문화를 상징하는 요소가 하나도 없이 모든 가치에 대해 중립적인 추상 양식이라는 것이었다.

이를테면 붉은색은 이 나라에서도 붉은색이고 저 나라에서도 붉은색이며 철도 이 나라에서도 철이고 저 나라에서도 철이라는 논리였다. 이 당시 우리나라는 근대 산업화의 지각을 만회하기 위해 하루라도 빨리 '국제화' 를 달성하는 일에 국가의 운명을 걸고 있었다. 같은 논리가 30~40년의 시간이 흐른 뒤에 하이테크 건축이라는 더 세련되고 부드러워진 양식으로 모습을 바꿔 수입 통용되고 있다. '국제화'가 '세계화'로 확장, 발전되어 우리의 운명을 훨씬 강하게 옥죄게 된 정치 경제 상황에 대응되는 건축 현상이었다.

하지만 건축 기술은 반도체나 핸드폰의 기술과는 다르다. 건물이라는 것 자체가 문화적 배경 아래 탄생해서 문화적 코드를 강하게 담고 있는 예술품이다. 원자재로서의 철은 어느 나라에서나 'Fe'라는 가치중립적인 화학물질로 같지만 이것이 건축 부재로 둔갑하면 얘기는 달라진다. 1851년 런던 대박람회의 수정궁에 사용한 철물 부재는 앵글로색슨족의 문화 아이콘이었다. 따라서 이 건축 양식을 받아들인다는 것은 영국의 문화를 수입하는 것과 같으며 이 양식을 좇는다는 것은 영국의 문화에 종속되는 것이다. 같은 논리가 국제주의 양식과 하이테크 건축에도 똑같이 유용하다.

하이테크 건축을 짓게 된 것을 기술의 첨단화를 이룩한 것으로 해석하는 일에도 주의가 필요하다. 하이테크 건축은 영국에서 이미 1960년대부터, 좀 더 확장하면 1950년대부터 시작되었다. 그 시작도 가치중립적인 산업 활동으로 자연스럽게 일어난 것이 아니었다. 하이테크 건축 4인방으로 불리는 고급 건축가들이 기술을 이용해서 자국의 문화적 특성을 표현하기 위해 대표 양식 사조로 만들어냈다. 이것이 1980년대 들어 영미권의 다국적 기업이 이끌어가는 후기 자본주의 혹은 소비 자본주의를 대표하는 양식 사조로 간택되면서 이들 기업의 자본 침투와 세트로 세계 여러 나라에 강요된 것이다.

만약 우리도 1960년대부터 산업이나 과학에서 기술을 개발하듯 선구적 · 실험적 시도에 의해 이 양식을 개척했다면 기술의 첨단화를 의미하는 것으로 받아들여도 좋을 것이다. 그러나 다국적 기업에 자본 시장과 금융

시장을 개방하면서 그에 따른 문화 종속의 개념으로 그 옷자락을 붙들고 따라 들어온 하이테크 건축을 보고 우리도 첨단 선진국의 반열에 올라섰다고 좋아하는 것은 무척 안일한 판단이다. 그보다는 「시일야방성대곡」에 버금가는 분노와 반성을 토해냈어야 옳을 일이다. 왜냐하면 그 이후에 우리가 겪은 IMF 경제위기와 국제 금융위기라는 두 번의 위기가 그 대답을 제시하고 있기 때문이다.

하이테크 건축의 '공예다움'이 의미하는 것 |

그렇다면 하이테크 건축이 왜 앵글로색슨족의 문화 아이콘인가. 우선 일차적으로 하이테크 건축이 영국에서 처음 시작되었고 초기 형성 과정에서 영국과 미국의 산업자본과 금융자본의 도움을 받아 실제 건물로 지어지며 정착했다는 사실을 들 수 있다. 이런 정황 증거에 더해 구체적 내용을 봐도 그렇다. 하이테크 건축의 기본 개념을 '산업-건축 부재의 공예다운 처리를 통한 기술 이미지의 표현'이라고 정의할 수 있는데 이 속에 단서가 있다. 건축을 공예답게 처리하는 경향은 영국의 전통인데 산업혁명 이후에 새롭게 등장하기 시작한 신건축 운동에 이런 전통을 실어내려는 노력이 뒤늦게 맺은 결실이 하이테크 건축이다.

그 결정판은 앞에 언급한 수정궁이었다. 수정궁은 이미 100여 년 전에 하이테크 건축의 기본 구성을 지금과 너무 흡사한 모습으로 완성도 높게 제시했다. 그러나 19세기 후반부터 20세기 전반부까지의 산업자본주의와 제국주의 경쟁 시기를 거치면서 경제성이 떨어진다는 이유로 창고에 보관되어 긴 잠을 자게 된다. 이 시기에는 독일 건축가 미스 반데어로에가 제시한 아주 간단명료한 철골 건축 모델이 경제성이라는 최대 장점을 등에 업고 시대를 대표하는 기술 양식으로 간택되었다.

다시 시간이 흘러 1960년대에 들어와 영미권에서 후기 자본주의가 시작되면서 그에 필요한 새로운 기술 양식이 필요해졌다. 이번에는 결코 독일에 밀리고 싶지 않았던 영미권에서 재빠르게 움직였다. 영국의 하이테크 건축 4인방은 자신들의 조상이 100여 년 전에 수정궁에서 제시했던 너무나 아름다운 앵글로색슨족의 기술 양식을 떠올렸다. 자국의 공예 전통을 현대적으로 되살려 영국을 대표하는 문화예술품으로 제시한 양식이었는데 프랑스의 에펠탑에게서 카운터펀치를 맞고 다시 독일의 생산성 논리에 밀려 근대 역사의 뒤안길로 사라진 아픈 역사의 주인공이었다.

이들은 창고 문을 열고 긴 잠에 빠져 있던 수정궁을 흔들어 깨워 세상으로 끌고 나왔다. 수정궁의 기술 양식은 100여 년의 시간이 흘렀다고는 믿을 수 없을 정도로 조금만 손질하고 치장하면 바로 써먹을 수 있을 정도로 여전히 첨단 이미지를 뽐내고 있었다. 이들의 예상과 노력은 적중해서 10여 년의 실험기와 준비기를 거쳐 하이테크 건축을 후기 자본주의를 대표하는 양식으로 등극시켰으며 다국적 자본의 고장 영미권은 물론이려니와 다국적 자본이 휩쓸고 다니는 전 세계에 건축 파트너 형식으로 전파되며 전성을 누리게 된다.

하이테크 건축은 이처럼 서구 선진국들 사이에서 국가적 전통을 매개로 벌어졌던 치열한 문화 전쟁의 산물이다. 절대로 가치중립적이거나 지구 보편적 양식이 아니며, 첨단 선진국에 진입했음을 증명하는 훈장은 더더욱 아니다. 산업혁명에서 모더니즘에 이르는 기술 이상을 완성시키며 이끌어온 앵글로색슨 문화권의 자축 파티 같은 것이다. 산업혁명 이후 약 2세기 동안 서구 선진국 사이에는 첨단 기술 경쟁 못지않게 기술을 매개로 한 문화 주도권 싸움이 치열하게 전개되어 왔다. 기계문명이라는 중립 매개로 포장했을 뿐 한 꺼풀만 벗겨내면 현대 문명을 대표하는 기술 이미지를 자국의 전통적 상징체계로 결정지으려는 치열한 전쟁이 있었다. 하이테크 건축은 그 지루한 전쟁이 다국적 자본을 앞세운 영미권의 승리로 끝났음을 선포하는 선언 같은 것이었다.

공사 현장에서 쓰는 기술과 조형 양식으로 나타나는 기술이 같을 수는 없는 노릇 아닌가. '닦고 조이고 기름 치며' 열심히 일해서 산업 기술 분야에서 세계 강대국의 대열에만 들면 모든 것이 다 될 줄만 알았지만 사실 기술이라는 매체가 갖는 문화적 가치는 이보다는 훨씬 미묘하고 복잡다단한 구석이 많다. 이것을 알기 때문에 서국 열강은 산업혁명과 함께 곧바로 기술 이미지를 문화 예술적으로 표현하는 전쟁에 돌입해서 긴 시간을 힘들게 싸워온 것이다. 하이테크 건축의 외관에 나타난 세계 보편 어휘의 이면에는 이처럼 앵글로색슨족의 치열한 문화 침투 논리가 숨어 있다.

문화 종속을 심화시킬 수 있는 하이테크 건축 |

이런 점에서 1980년대 이후 유럽 대륙에서 다양한 가지를 치기 시작한 하이테크 건축의 다원주의 경향에 주목할 필요가 있다. 1950~1960년대에 영국과 미국에서 처음 시도된 하이테크 건축이 기본 구성을 완성시킨 뒤 다음 단계의 운용기에 접어들었다. 여기에 대해 프랑스와 독일을 중심으로 한 유럽 대륙이 대응하는 경향을 보면, 이렇게 한번 완성된 하이테크 건축의 기본 구성을 초기 조건적 보편 매체로 인정하는 가정 위에 그것을 자국의 전통에 맞게 변형 각색해서 활용하면서 하이테크 건축을 다원주의로

15-8 포스틸 빌딩

분화시키고 있는 것이다.

하이테크 건축의 종주국인 영국도 이런 경향에 동참해서 1980년대 이후에는 자국의 전통을 더욱 많이 실어내려는 쪽으로 변화하고 있다. 1기 하이테크 건축에서는 자국의 전통을 속에 감추고 가급적 지구 보편적 양식으로 포장해내는 데 주력했다면 이것이 완성되고 지구를 평정한 다음에 운용되는 2기에서는 노골적으로 자국의 전통을 실어내는 쪽으로 바뀐 것이다.

이것이 진정한 선진국의 자세이다. 산업 기술 분야의 첨단 경쟁을 이끌어가는 나라는 그에 걸맞은 문화 예술적 역량도 함께 갖추어야 한다. 인간의 문명이란 것이, 아니 더 근본적으로 인간이란 것이 절대 기술이나 돈만으로는 살지 못한다. 팍팍하고 살벌한 첨단 기술 경쟁에서 살아남은 다음에는 그런 기술을 정서적으로 순화, 중화, 승화한 문화 예술 운동을 원하게 되어 있다. 첨단 기술 경쟁 과정에서 지치고 망가진 정신과 마음을 치유하고 쉬게 해야 하기 때문이다. 이를 위해서는 기술 이미지에 각국의 고유한 국민 정서와 전통문화를 실어내는 기술 양식을 창출해야 한다. 그래야만 치유와 휴식이 가능하다. 그렇지 못할 경우 그 나라의 국민은 기술 경쟁에서 갉아먹은 정신과 마음을 부여잡고 비참한 대가를 치르며 기술 디스토피아에 빠지게 된다. 이것이 우리의 지금 현실은 아닐는지. 이것이 약식 하이테크 건축이 얼치기 비정형 뒤틀기와 손잡고 부동산 개발에 부역한 대가는 아닐는지. 이를테면, 영국 국민이 자국의 건축 양식인 하이테크 건축을 보고 자신들의 기술력과 문화전통 모두에 뿌듯해하며 즐기고 있을 즈음, 우리는 이 이방 양식을 다국적자본과 함께 직수입해서 좇다가 그 대가를 치르고 있는 것이다.

하이테크 건축은 이처럼 기술 이미지를 근간으로 한 국제적 보편 가치의 추구가 적어도 건축에서는 민족 단위마다 다르게 나타날 수밖에 없다는 양면적 의미를 갖는다. 이미 1960년대에 국제주의 양식을 수입해서 국제적 보편 수준으로 구사하는 문제를 놓고 한번 겪은 문제이다. 국제주의 양식에서 하이테크 건축에 이르는 기술 양식의 흐름은 국제적 보편성을 주장, 구현함과 동시에 항상 반反국제적 보편성의 비판에 노출될 수밖에 없는 아이러니를 숙명처럼 가지고 있는 것이다.

하이테크 건축이 진정한 건축의 발전인가 |

이런 양면성은 기술 문명의 해석을 둘러싼 후기산업사회의 복합적 상황을 설명해주는 단초 같은 것일 수 있다. 혹은 기술 이미지를 앞세운 앵글로색슨족의 문화 침투 전략이 갖는 한계를 고발해주는 다원주의 시대의 자연스러운 자정自淨 기능일 수도 있다. 무엇이라도 좋다. 문제는 하이테크 건축이 후기산업시대의 상대주의적 기술관 위에 진행되고 있음에도 우리는 아직도 하이테크 건축을 전기산업시대의 절대주의적 신봉의 대상으로 받아들이고 있다는 점이다.

2000년대 들어 한국 현대건축의 흐름은 급격히 대형 부동산 개발로 획일화되고 있다. 해운대, 송도, 용산, 잠실 등 초대형 개발 사업을 필두로 대도시 부심권은 예외 없이 고층 건물, 아파트, 상업 공간 등을 앞세워 개발되고 있다. 약식 하이테크 건축은 대량생산과 단가 낮추기라는 지상 과제에 맞춰 이런저런 방식으로 변조되어 맹활약하고 있다. 이런 현상에 대해서는 콘크리트와 철골의 삭막한 박스가 성장해서 얼굴에 수염도 좀 나고 주름도 좀 잡힌 것 이상의 의미를 부여하기 힘들 것 같다.

15-9 산업은행 · 산업금융그룹 사옥 DPG 디테일

15-10 아트레온 실내 기둥 DPG 디테일
15-11 포스코 사옥 DPG 디테일

자본과 산업 기술의 논리는 여전히, 아니 훨씬 강화되어 건축을 결정짓는 유일 기준으로 작동하고 있다. 이는 문화 선진국이 하이테크 건축을 문화 전통과 접목시켜 예술운동으로 승화하고 있는 '국제적 · 세계적' 흐름과도 어긋난다. 국제 보편적 가치를 가정으로 성립되어야 할 하이테크 건축이 겉껍데기만 모방될 뿐 근본 정신에서는 오히려 반국제적, 반보편적으로 가고 있는 것이다.

우리는 하이테크 건축의 이런 변질된 추종 현상에 대해서 몇 가지 고민을 자문해보아야 한다. 하이테크 건축이 내세운 보편성을 서구화된 표준화가 아닌 지역적 보편화의 경향으로 추구해야 한다는 교훈이 맞는지

틀리는지, 하이테크 건축마저 각 지역 단위들 사이에 나타나는 기술 해석의 차이를 표현해야 하는 것인지, 아니면 이제 그만 그 지긋지긋한 지역성 논쟁에서 해방되어 우리도 한 번쯤 밝고 '팬시' 한 유리 건물을 가져볼 수 있는 기회로 하이테크 건축을 이해할 것인지, 서구에서의 하이테크 건축은 지난 이백 년간 이들이 집요하게 매달려온 기술 문명에 대한 양면적인 입장 표명과 다름없을진대 지난 20세기 한국 현대사의 질곡에서 우리가 겪어온 고민의 내용에 이것이 맞는지 아니면 더 이상 그것이 맞는지를 따지는 따위의 자폐적 질곡을 훌훌 벗어버리고 자신 있게 개방적인 입장을 취할 것인지 등등이다.

사실 초중고 과정을 서구화된 교육을 받으며 보낸 우리에게는 서구 문명에 대한 보편적 친밀감과 동시에 어쩔 수 없는 간극이 함께 존재하는 것이 사실이다. 기술 문명이라는 가장 보편적이면서도 그렇기 때문에 가장 교묘한 문화 침투 수단으로 악용될 수 있는 양면성을 갖는 매체에 대해 우리가 확실한 가치 판단의 기준을 세워야 하는 것도 이 때문이다. 이 문제는 자칫 일제에 대한 역사적 정리를 미제未濟로 남긴 우를 종류만 바꿔서 반복하는 것이 될 수 있다.

일제는 수십 년간 우리 국민의 생사여탈권을 쥔 현실적 실체로 존재했고 우리 할아버지 세대는 그런 일본인에게 교육을 받고 일본 말을 쓰고 일본인을 스승으로 섬기면서 나라를 운용해왔다. 이런 우리의 할아버지를 친일파로 볼 것인지 아니면 근대화의 기틀을 닦은 선각자로 볼 것인지에 대해 우리는 납득할 정도의 역사적 정리를 하지 못했고 그 대가를 20세기 후반부의 독재와 부패와 혼돈으로 치렀다. 문화란 늘 그런 것이다. 가장 이상적일 수 있으면서도 단 한 번도 가장 현실적이지 않을 때가 없는 것이 바로 문화이다.

문화가 한번 현실을 선점하고 나면 금세 산업이 되고 정치가 되고 경제가 되며 개인의 월급봉투가 되어버린다. 이상적 대안에 대한 비판이 논의를 풍성하게 해줄 수는 있을지언정 이렇게 한번 등장한 문화를 현실적으로 대체하는 것은 불가능하다. 문화 가치에 대해 가장 중립적인 것처럼 보이는 하이테크 건축이 사실은 문화의 양면성을 가장 잘 드러내는 전형에 해당되는 예는 아닐지. 그렇기 때문에 하이테크 건축과 관련된 많은 질문에 대해 진지하고 심도 있게 고민하고 논의한 뒤 굳건한 자기 확신 위에서 명확한 방향을 정해서 조타수로 삼아야 한다. 그렇지 못할 경우 우리는 지난 50년 간 맨몸으로 힘들게 이룬 부를 또 한 번 국적불명의 외래 양식에 바치는 우를 범하게 될 것이다.

16.

대형 공간과 참아야만 하는 존재의 가벼움

16. 대형 공간과 참아야만 하는 존재의 가벼움

후기 자본주의에 따라 급격하게 재편된 한국 현대건축 |

1990년대 중반을 넘기면서 한국 사회는 부분적으로나마 후기 자본주의의 특징을 뚜렷이 보여주는 변화의 시기를 맞기 시작했으며 2000년대 중반을 넘기면서는 후기 자본주의 시대로 깊숙이 진입한 것으로 보인다. 이런 변화는 건축에도 매우 직설적으로 반영되어 나타나고 있다. 사회 유행에 민감하게 반응하는 패션 경향이 강하게 나타나는 것이다. 건축은 사회 변화를 반영하는 속도가 매우 느린 장르인데 이런 전통적 구별을 무색하게 할 정도로 분명 최근 한국 현대건축은 패션이나 광고 변하듯 유행 속도가 무섭게 빨라지고 있다.

이것을 후기 자본주의의 특징적 현상 가운데 하나로 본다면 그만큼 자본과 소비의 논리가 건축을 지배하게 되었다는 뜻이 된다. 건축은 동원되는 인력과 산업 기술 그리고 필요한 비용 등이 매우 크기 때문에 늘 권력의 지배 아래 진행되어왔는데 후기 자본주의 시대에 들어와서 그 권력

16-1 DMC 디지털 매직스페이스
16-2 명동 눈 스퀘어

의 주인이 자본과 소비가 결합한 '소비자본'이 된 것이다. 권력 주체의 성향은 그대로 건축에 반영될 수밖에 없어서 소비자본의 속성인 패션 경향이 건축을 이끌게 된 것이다. 긍정적으로 보면 조그만 사회 변화에 섬세하고 민감하게 반응해서 건축 디자인 요소로 활용하는, 즉 이런 사회 변화를 좀 더 디자인에 집중해서 풀어내려던 다원주의로 나타나기도 했다. 1990년대에 폭발적으로 등장한 다양한 사조의 실험 운동이 그것이었다.

그러나 IMF 경제위기를 겪으면서 거품 사라지듯 이런 흐름이 사라졌고 곧이어 외국의 다국적 기업과 투기자본의 지배를 받으면서 한국 건축은 대규모 부동산 개발 중심으로 완전히 쏠려버렸다. 이른바 '작품 한다'는 고급 주류 건축가들은 그동안 자신들만의 독창적 양식을 창출하지 못하다가 자본과의 싸움에서 패하면서 변방으로 밀려나버렸다. 2000년대 들어 한국 현대건축은 약식 하이테크 건축이 골격을 짜고 투명한 유리로 표피를 덮으며 형태를 약간 뒤트는 세 가지 패션 경향이 주도하게 되었다. 자본과 소비의 논리가 본격적으로 개입하기 시작한 것이다.

개발 사업을 벌이는 자본 주체의 입장에서 보면 이 이상의 디자인은 필요하지 않을 것이다. 이들은 자신들의 건물을 '건축 작품' 이 아닌 '상품' 으로 생각한다. 그렇기 때문에 그 공간의 목적은 오로지 들어간 공사비에 대비해서 얼마나 더 많은 매상을 올리느냐의 한 가지로 모아질 뿐이다. 그동안 진지한 창작적 실험을 축적한 밑천이 없는 한국 건축계는 이런 소비자본의 요구에 변변히 대응 한 번 하지 못하고 바로 봉사하는 단계로 접어들었다. 소비자본의 논리에 따라 한국 건축계는 급하게 재편되었다.

패션풍의 산업 이미지와 부드러운 기술 이미지 |

디자인 경향은 앞에 말한 '약식 하이테크 건축이 골격을 짜고 투명한 유리로 표피를 덮으며 형태를 약간 뒤트는' 한 가지로 집중되었다. 이런 현상은 양식사의 관점에서 보면 산업 이미지가 시대적 보편성을 갖는 포괄적 매체가 된 것으로 해석할 수 있다. 산업 이미지가 패션 경향으로 포장되어 적어도 표면적으로는 편차가 큰 다양한 모습으로 나타나면서 후기산업사회의 다원주의 상황을 포괄해내는 역할을 하는 것처럼 보이게 되었다. 앞

6-3 아트레온

장에서 살펴본 약식 하이테크 건축이 가장 대표적인 현상이다.

여기에 더해 연질의 의장재가 주재료로 등장했다. 성기 자본주의 시대 때는 산업 이미지를 경질의 구조 부재를 이용해서 표현했다. 더 많은 공산품을 생산해내는 역군의 이미지를 표현하는 것이 유행이자 시대의 의무였다. 후기 자본주의 시대에는 앞 시기에 축적된 생산을 바탕으로 다원주의적 시대 고민을 산업 이미지로 표현해내는 기교적 산업관이 요구된다. 다양한 연질의 산업 재료를 이용해서 산업 이미지를 패션풍으로 부드럽게 표현하는 경향이 유행하게 된 것이다. 구조 부재 자체의 처리에서도 구조적 효율성이나 강인한 산업 역군의 이미지를 자랑하던 성기 자본주의

6-4 의화 빌딩

경향에서 탈피하여 구조 부재를 양식적 기교의 대상으로 다룬다.

이에 수반되는 추가 현상으로 기술 자체에 대한 건축적 집착이 많이 쇠퇴하는 점을 들 수 있다. 이 또한 후기 자본주의 시대에 기술 전반에서 나타나는 일반적 현상의 하나이다. 기술은 양극단의 방향으로 운용된다. 전문 분야에서는 고도의 첨단 경쟁이 그 어느 때보다 점점 치열해지는 반면 일반 사회에서 기술은 점점 쉽고 부담 없는 패션 같은 유행의 대상으로 다가온다. 기술은 더 이상 중장비나 첨단 무기 같은 부담스러운 존재가 아니라 주머니 속에서 만지작거릴 수 있는 생활 소품으로 친숙해진다.

건축에서도 양극 현상이 동일하게 나타나고 있다. 일부 특수 공법이 요구되는 시설에서는 첨단 경쟁이 여전히 가장 중요한 결정 요소로 작용하고 있다. 반면 이것을 제외한 대부분의 건물에서 기술의 가치는 첨단성이 아니라 의장적 표현성으로 정의된다. 최근 한국 현대건축의 경향도 여기에 속한다. 기술은 그 자체로서 독립적 가치를 표현하기보다 패션화되고 연성화된 산업 이미지의 한 종류로 다루어지고 있다.

이와 같은 경향이 종합적으로 작용하면서 산업 이미지는 대중 상업문화, 팝 이미지, 형태주의, 후기 모더니즘, 대형 상업 공간 같은 후기 자본주의의 시대 상황을 담아내는 포괄적 매체로 나타나고 있다. 한국 현대건축에서는 다양한 하부 사조가 형성되지 못했기 때문에 산업 이미지 한 가지가 이것들을 모두 떠맡는 올라운드 플레이를 벌이게 된 것이다. 산업 이미지는 이제 한 가지로 고정된 고형적 구조체가 아니라 주어진 상황에 따라 융통성 있게 모습을 바꾸며 포괄해내는 의장적 표현체의 기능을 갖게 되었다. 이것은 곧 한국 현대건축에서 산업 이미지가 후기 자본주의 시대의 여러 담론을 아우르는 시대적 보편성을 갖게 되었음을 의미한다.

대형 공간의 등장과 연성화된 산업 이미지 |

'약식 하이테크 건축이 골격을 짜고 투명한 유리로 표피를 덮으며 형태를 약간 뒤트는' , 혹은 산업 이미지가 시대적 포괄체가 된 현상의 효과가 가장 두드러지게 드러나는 곳이 대형 공간이다. 고급 건축가들이 예술작품으로 추구하는 중소 건물에서도 이런 현상은 거스를 수 없는 시대의 유행 현상으로 나타나긴 하지만 그 효과는 훨씬 적다. 일단 규모의 미학에서 볼 때 이런 경향은 어느 스케일 이상이 되어야 건축적 · 조형적 효과를 낼 수

16-5 임마누엘 교회
16-6 포스코 사옥

있다. '작품 하는' 건축가들이 이런 경향에 온전히 자신의 작품을 내맡기지 않고 다른 경향과 섞어내기 때문에 효과가 반감하기도 한다.

어쨌든 이런 경향은 대형 공간의 등장과 짝을 이룬다. 부동산 개발의 관점에서 대형 공간을 상업적으로 포장해내기에 가장 적합한 처리 기법이기 때문이다. '상업적'이라 함은 '너무나 삭막하거나 초라하지 않게 최소한의 조형적 자극은 확보하면서 투자 대비 이윤 비율을 극대화' 하기에 적합하다는 뜻이다. 후기 자본주의에 접어들면서 상업 공간은 무조건 싸게 짓는 것이 능사가 아니게 되었다. 소득 수준이 높아졌기 때문에 최소한의 수준을 유지해야 사람들이 돈을 쓰러 온다. 너무 '구질구질' 하면 유인 효과가 없다.

16-7 어번 하이브 빌딩과 지하도 입구
16-8 국민대학교

그러나 무작정 비싸게만 지을 수는 없다. 가능한 한 적게 쓰면서 최대의 자극과 유인 효과를 얻어내야 한다. 일단 현란한 장식이 동원된다. 일차원적이고 가장 즉각적 효과는 아무래도 장식을 사용한 자극이기 때문이다. 여기서부터 한국 현대건축은 가장 불리한 상황으로 내몰린다. 앞에서 이야기했듯이, 한국 건축가들이 한국적 모티브로 한국인의 정서에 맞는 한국만의 장식 양식을 창출하지 못했기 때문에 네오 아르데코 계열의 서양 소비 양식이 그 자리를 독식하며 우리의 소비 환경에 범람하게 되었다.

실제로 한국을 대표한다는 대형 설계사무소들이 하는 일 가운데 중요한 부분이 외국 설계사무소들이 이런 소비 양식으로 설계한 상업 공간의 뒤치다꺼리를 해주는 일이다. 점잖게 말하면 국내 파트너인데 실상은 하청에 가깝다.

장식 다음으로 생각할 수 있는 방향이 패션화되고 연성화된 산업 이미지와 기술 이미지를 사용하는 경향이다. '약식 하이테크 건축이 골격을 짜고 투명한 유리로 표피를 덮으며 형태를 약간 뒤트는' 것이 구체적 내용이다. 그 효과는 시대를 대표하는 큰 흐름이라는 관점에서 파악할 수 있다. 근검절약과 저축과 생산성이 국가의 운명을 틀어쥐던 성기 자본주의 시대에 이렇게 지었으면 낭비 사치 경향이라고 제재당했거나 무당집이라고 놀림받았을 것이다.

이제 시대가 바뀌어 방송과 인터넷, 심지어 길거리 간판까지 이런 방향으로 바뀌었기 때문에 사람들은 자연스럽게 소비 공간에서도 같은 분위기를 기대하게 된다. 소비자본이 이를 놓칠 리 만무하다. 재빨리 이런 흐름에 동조하게 되고 이를 위해 충실하게 봉사할 대형 설계사무소는 언제든지 '24시간 가동 준비'를 끝내놓고 덤핑까지 치면서 서로 내가 하겠다고 아우성이다.

그렇게 해서 탄생한 것이 우리 주위의 조형 환경을 빠르게 천하통일해가고 있는 '약식 하이테크 건축이 골격을 짜고 투명한 유리로 표피를 덮으며 형태를 약간 뒤트는' 경향이다. 지금은 동네 지하철 역세권이라는 곳에만 가도 이런 모양으로 화장한 상업 건물이 문지기처럼 버티고 서서 통과료를 갈취하듯 사람들의 주머니를 털어 돈을 쓰게 만든다. 하물며 전국구 반열에 올라 이름이라도 좀 난 상업 공간은 더 말할 필요조차 없다.

후기 자본주의와 대형 공간의 두 얼굴 I

후기 자본주의가 작동하는 방식을 볼 때 대형 공간은 피할 수 없는 현실이긴 하다. 우리보다 먼저 산업자본주의를 일으켰고 후기 자본주의에도 먼저 도달한 서구 선진국에서도 나타나는 현상이다. 공간의 크기는 어쩔 수 없이 산업화와 부의 축적을 가늠하는 척도가 된다. 성기 자본주의 시대에는 실내 공간을 가능한 한 낭비 없이 효율적으로 짜야 했지만 부가 축적된 후기 자본주의 시대에는 공간이 점점 장쾌해진다. 뻥 뚫린 큰 공간은 가슴을 시원하게 해줄 뿐 아니라 그 골격을 유리로 짜면 실내는 밝고 기분 좋은 빛으로 가득 찬다.

이런 공간은 분명 낮은 천장에 각 층이 촘촘하게 잘린 답답한 공간보다 쾌적할 수 있다. 장쾌하면서도 밝은 빛으로 가득 찬 대형 실내 공간은 그 자체가 자본주의가 매우 건강하고 긍정적인 경제체제라는 확신을 심어주는 역할을 한다. 이제 대형 공간은 이렇게 짜야 사람들이 물건을 사러 오며 임대나 분양도 잘 된다. 건물의 전 층을 빽빽하게 막아 바닥 면적을 늘리더라도 공간의 쾌적도가 떨어지면 건물의 전체적 경제성이 떨어지는 시대가 온 것이다. 이것은 부동산 개발이 안정기에 접어들고 산업자본주의의 성장이 멈춘 후기 자본주의의 특징 가운데 하나이다.

반드시 긍정적이지만은 않다. 처음 볼 때는 가슴이 시원하고 쾌적하다고 느끼지만 오래 있을 곳은 못 된다. 사람마다 다르겠지만 예를 들어 이런 공간 속에 한 시간 정도 있으면 정신이 멍해지고 짜증이 나거나 불안감과 소외감을 느끼는 등 정반대의 느낌이 들기 시작한다. 그렇기 때문에 새로 짓는 건물이 모두 이런 식으로 편중된다면 분명 큰 문제이다. 주변에 갈 만한 곳이 이런 건물밖에 없게 되면 사람들은 선택권을 박탈당하고 한

16-9 무역센터 전시동
16-10 서울역 신역사

가지 경험만을 강요당하게 된다.

우리 사회가 그렇다. 일단 경제적 측면에서 보았을 때 선진국에서는 대형 공간이 차지하는 비중이 그다지 높지 않다. 이는 자본주의의 건강도가 어느 정도 유지되고 있다는 말과 같은 뜻이다. 건축 디자인의 측면에서 보아도 마찬가지이다. 대형 공간은 건축 사조가 다원주의로 분화되면서 사람들에게 다양한 선택의 기회를 제공하는 현상의 하나로 등장하고 있다.

한국 사회는 새로 짓는 건물에서 대형 공간의 비중이 매우 높다. 기업은 기업대로, 일반 시민은 또 그들대로, 심지어 대학교나 각급 행정기관 등 공공성이 높은 조직마저도 지었다 하면 대형 공간이다. 기능과 사용 행태 등에 따라 여러 건물로 나누고 중간에 마당도 두는 등 섬세하게 접근해야 할 건물들인데 큰 유리 창고 같은 대형 공간 하나로 합해버린 다음 그 앞에 뒷짐 지고 서서 '에헴' 거리며 이제 우리도 부자라고 기뻐한다. 이 과정에서 필요 이상으로 크게 부풀려지는 건물도 부지기수다. 이런 식의 유리 창고는 어느 규모 이상이 되지 않으면 '폼' 이 나지 않기 때문에 디자인 방향을 이렇게 잡으면 가능한 한 크게 부풀리게 되어 있다. 최근에 예산 낭비와 에너지 효율 등으로 문제가 된, 사치스럽고 무의미하게 크게 지은 지자체 건물이 좋은 예이다.

대형 공간은 기본적으로 인간에 대해 친절할 수가 없다. 그렇기 때문에 운동장, 체육관, 콘서트 홀 등 어쩔 수 없는 특수 기능에 한정해야 한다. 최근 선진국에서는 대형 공간 중에서도 전시 시설, 교통 시설, 상업 시설 등 휴먼 스케일로 잘라서 재조합할 수 있는 가능성이 조금이라도 있는 건물은 자르는 추세이다. 예를 들어 허브 공항 개념의 대형 공항이나 수도급의 대도시 중앙 기차역 등은 어쩔 수 없이 대형 공간으로 짠다 해도 조금 작은 도시의 공항이나 기차역은 대형 유리 박스를 피하고 자연 재료를 사용한 휴먼 스케일로 지으려 한다. 대형 공간이 가져올 인간성 상실의 위험성을 잘 알기 때문이다. 그런데 우리는 거꾸로 가고 있다. 선진국의 중요한 척도 한 가지에서 이미 우리는 스스로 후진국의 길로 발걸음을 향하고 있는 것이다.

하물며 상업 공간은 더 말할 필요도 없다. 소비자본이 막대한 돈을 들여 대형 공간을 지은 이유는 단 한 가지, 들어간 돈보다 몇십 배 몇백 배 되는 이윤을 뽑겠다는 것이다. 그 속에서 인간은 돈으로만 환산된다. 이런 대형 공간 속에서 각 개인은 극심한 소외감에 시달린다. 사람의 머릿수는 곧 매상과 동의어이고 인간의 존재는 덧없어진다. 이 문제에 대해서 나는 다른 책에서 언급했으므로 여기서 반복하지는 않겠다. 여기에서는 이런 대형 공간을 짜는 연성화된 산업 이미지를 어떻게 해석할 것인지에 대해서 얘기하고자 한다.

연성화되는 대형 공간 |

대형 공간은 어떤 면에서는 비정상적인 건축물일 수 있다. 그렇게 큰 건물은 일상생활과는 거리가 먼 비상한 경우에만 필요한 것이기 때문이다. 각 시대는 그런 대형 건축물을 만든 나름대로의 '비상한' 이유가 있었다. 후기 자본주의 시대에는 경제적 이유가 제일 크다. 성기 자본주의 때 생산을 통한 부의 축적이 끝난 상태에서 그 부를 후기 자본주의 개념으로 운용하는 과정에서 나타난 산물이라는 뜻이다. 소비자본이 집적集積되는 통로이며 이를 바탕으로 더 큰 부를 뽑아내는 자본의 창고이다. 상업 공간의 경우 특히 그렇다.

건축은 어느 시대이건 대형 공간의 '비상한' 목적의 효과를 극대화하는 방향으로 건물을 구축했다. 후기 자본주의 시대에는 대형 공간이 자본의 융성을 위해 봉사한다. 자본이 결코 추하거나 위험한 것이 아니라 밝고 건강하며 심지어 친숙한 것으로까지 보이게 한다. 이를 바탕으로 사람들을 안심시키고 나아가 지루하고 평범한 일상에서 탈출한 것 같은 환상에 빠지게 해서 소비를 촉진시킨다. 처음에는 이른바 '지름신이 강림하사' 충동구매를 하지만 궁극적 목적은 가능한 한 많은 사람을 이런 소비 중독에 빠지게 해서 이곳에 주기적으로 오지 않으면 허탈한 공허감과 원인 모를 불안감에 시달리게 만드는 것이다. 그리고 그 주기를 점점 빠르게 해서 출근하듯 드나들게 만드는 것이다.

이런 효과를 내기 위해 건물은 '팬시' 해지고 '패션화' 된다. 연성화다. 기술을 눈에 친숙한 패션과 유사한 기법으로 구사한다. 대형 공간은 기술을 기교적으로 활용하는 장이 된다. 구체적 기법은 공예다운 각색이며 그 목적은 패션다운 친숙함이다. 기술을 공예답게 활용해서 패션 같은 분위기를 얻어내자는 것이다. 금속 재료를 이용해서 약식 하이테크 건축으로 골격을 짜고 그 위를 유리로 덮는 구성이 제일 좋은 방식이다. 하이테크 골격을 짜는 과정에서 공예다운 구법을 구사할 수 있고 유리의 투명도를 활용해서 세련된 첨단 이미지를 만들어낼 수 있기 때문이다. 하이테크 건축은 금속을 주재료로 사용해서 부재를 가능한 한 얇게 만들어 사용하기 때문에 유리의 효과를 극대화하기에 좋은 구성 방식이다.

기술을 이렇게 대하는 태도는 후기 자본주의 사회에서 비단 건축에만 국한된 현상은 아니다. 1980년대를 거치면서 기술은 단계적으로 얇고 가벼워져왔다. 말 그대로 '경박' 해진 것이다. 성기 자본주의 시대에 기술의 이미지인 '중후' 에 대비되는 개념이다. 후기 자본주의의 이런 경향을 이끈 것은 '첨단' 개념이었다. 첨단이라는 말에는 세계 제일 혹은 세계 최초라는 기록 측면의 기술성도 있지만 패션이나 디자인 개념도 중요한 부분을 차지한다. 세계 최첨단 전투기와 생활 속 IT 제품이 날렵한 디자인이라는 공통분모를 통해 동일한 이미지로 판단되는 시대가 된 것이다.

건축도 마찬가지이다. 후기 자본주의 건축에서 기술은 힘센 중공업의 이미지를 벗어던지고 말 그대로 '경박' 한 모습으로 탈바꿈한다. 기술은 더 이상 튼튼한 두 다리를 땅에 뿌리박은 둔탁한 거인의 모습이 아니다. 말랑말랑하고 부드러운 직물과 같이 덧없고 가벼운 모습으로 변해 있다. 성실하게 땅을 파는 공사 현장의 수고는 더 이상 기술의 미덕이 아니다. 그런 수고스러움이 남아 있는 건물은 이제 부담일 뿐이다. 그보다는 가변적이며 일회적이고 모든 경우에 융통 가능한 순발력을 보여줘야 한다.

골격을 짜는 기술이 가볍고 경쾌하다는 말은 궁극적으로 이것이 만들어내는 공간 자체가 가볍고 경쾌하다는 뜻이다. 후기 자본주의 시대에 새로운 기술이 지향하는 종착점은 '경박한 거대 공간' 일 것이다. 이것은 어떤 면에서는 인류 건축사에서 기술에 부가된 기본 사명이라는 매우 근본적인 문제일 수 있다. 처음에는 공간을 거대하게 만들었다가 다음 단계에서 거대 공간을 공중에 떠 있는 것처럼 가볍고 경쾌하게 만드는 것이 건축에서 굳이 힘들게 기술을 부리는 목적이었다.

산업자본주의의 승리를 찬양하는 대형 공간 |

이렇게 만들어지는 거대 공간은 분명 가볍고 경쾌하다. 그리고 친숙하다. 땅에 묶인 육신의 무게를 벗어 던진 느낌이다. 1990년대 이후 사회 각 분

16-11 서초 삼성타운
16-12 종로타워

야에서 공통적으로 나타나는 IT 열풍과 패션화 경향이라는 큰 흐름의 일환으로 볼 수 있다. 물질을 고체 덩어리가 아닌 유체의 흐름으로 정의하려는 새로운 세계관이다. 눈에 보이지 않는 비물질성에 의해 물질의 상태가 결정되려 하고 있다. 외관은 심오한 상징성이 표현되던 '장場'에서 벗어나

즉흥적 감흥과 일회성 유희가 일어나는 즐기는 '로路'로 바뀌었다. 깊이 뿌리내려 어렵게 천착穿鑿함으로써 존재 의미를 획득하려던 수고는 가고 없다. 모든 것이 미끄러지고 산발하는 현실만이 있을 뿐이다. 경로가 미리 정해져 있고 문화의 의미는 그 경로를 얼마나 깊고 진지하게 경험하는지에 의해서 결정되던 시대는 갔다. 이제 문화의 의미는 그 경로를 얼마나 빨리 오가는가에 의해, 그리고 이것을 통해 궁극적으로 정해진 경로를 분쇄하는 일에 의해 결정되게 되었다. 분명히 친숙해졌다.

그렇다면 과연 '경박함'의 궁극적 목적은 무엇인가. 일단은 친숙함이 얻어졌다. 구조 시스템이 친숙하게 보일 수 있다는 사실은 분명 중요한 변환이자 발전일 수 있다. 그러나 친숙함은 중간 과정일 뿐이다. 친숙해지려는 목적이 있을 것이다. 아니 그보다 먼저 진정으로 친숙함이 얻어졌는지부터 물어봐야 할 것이다. 만약에 얻어졌다 치자. 그렇다면 그런 친숙함은 무엇을 목적으로 하는가. 왜 대형 공간은 친숙해지려고 하는가.

대형 공간에는 막대한 돈과 정성이 들어간다. 이것을 쏟아부었을 때에는 그만큼 막대한 목적을 갖는 법이다. 특히 대형 공간을 만들기 위해 한 시대의 건축적 역량이 총집결된 경우에는 더욱 그러하다. 후기 자본주의의 대형 공간도 마찬가지이다. 이것이 제시하는 친숙함은 일차적 목적일 뿐이다. 다음 단계의 궁극적 목적, 즉 현실적 목적을 한 번 더 갖는다. 기술의 승리를 찬양하고 후기 자본주의의 소비 구조를 탄탄히 하려는 것이 그것이다. 이것은 산업혁명이 완성되었음을 선포하는 의식이며 나아가 산업자본주의의 승리를 찬양하는 의식이다.

산업혁명 이후 기술은 자본주의 체제를 성립시키고 완성시키는 핵심 매개였다. 산업자본주의인 것이다. 연성화되고 패션화된 대형 공간은 이것이 완성되면서 그다음 단계인 후기 자본주의로 진입했음을 알리는 선포

의식이다. 자본은 멈추지 않고 쉬지도 않으며 후퇴는 더더욱 하지 않는다. 그런 선포식의 이면에는 자본의 축적과 재생산에 더욱 박차를 가하겠다는 자본주의의 자기 결의가 공고히 숨어 있다. 후기 자본주의인 것이다.

산업혁명의 미션인 산업자본주의를 완성시킨 사회에는 다음 단계의 더 큰 미션이 기다린다. 후기 자본주의의 미션이다. 사람들을 영원히 자본의 사슬에 묶어두는 미션이다. 건축은 이에 유용한 수단이다. 이렇게 큰 공간을 받쳐내는 구조 골격이 이렇게 가볍고 경쾌한 모습일 수 있다는 사실에 사람들이 소스라치게 혹은 소름끼치도록 놀라게 만드는 것, 그래서 이런 기적을 만들어낸 자본의 위력을 찬양하고 그것에 굴복하게 만드는 것, 궁극적으로는 이런 위대한 자본이 '천세 천세 만만세' 융성하도록 돕고 봉사해서 일조하도록 만드는 것만이 기술의 유일한 역할이다.

기술은 이제 산업이나 경제가 아니다. 환상이거나 아니면 최소한 패션이다. 기술은 투명해야 하며 현란한 유채색이 동반되어야 한다. 바람에 팔랑거릴 수도 있어야 한다. 옷고름처럼 나풀거리는 가볍고 경쾌한 이미지를 풍겨야 한다. 기술에 요구되는 역할은 우리를 보호해주는 알라딘 램프의 거인이 아니라 즉흥적 감흥을 자아내는 곡마단 광대에 가까워졌다. 가상현실에 해당되는 건축적 장면이다.

이를 위해 구조 부재는 부품화된다. 패션화되고 연성화되기 위해서는 어쩔 수 없이 부품화되어야 한다. 건물과 공간은 이제 '부품의 개수'로 환산된다. 이것을 결정하는 기준은 오로지 부품의 생산단가와 공사비, 여기서 뽑아낼 수 있는 예상 이윤뿐이다. 이를 위해 컴퓨터를 동원해서 꽤 길고 복잡하며 따라서 아주 객관적이고 정밀한 것처럼 보이는 프로그램을 짜서 돌리지만 정작 프로그램 메뉴 속에 사람은 빠져 있다.

밝고 투명한 대형 공간 속에서 참을 수 없는 존재의 가벼움 Ⅰ

사람이 빠지고 기술과 자본이 직접 거래하는 전대미문의 문명 체계이다. 우리는 이것을 첨단이라 부른다. 사람은 거래를 성사시키는 중간 연결 업자일 뿐이다. 첨단이기 때문이다. 미래를 향한 발전을 가로막는 것은 우愚일 뿐이다. 사람은 첨단 거래를 성사시켜 자본의 축적을 더욱 융성하게 하는 소비 도구로 전락한다. 그 대가로 이삼백만 원쯤 하는 초봉을 받게 되면 온 동네 사람과 친척을 모아놓고 너무나 좋아 목 놓아 울며 잔치를 벌인다. 그 대신 기술은 일취월장 발전해서 사람을 더욱 꼼짝 못하게 옭아매며 자본의 첨병이라는 자신의 역할을 스스로 배당하고 실행하는 단계로까지 격상된다. 급기야 사람의 정신과 마음까지도 살 수 있다고 스스로 공언하는 단계로까지 진입한다. 가볍고 투명한 대형 공간은 건축이 이런 후기

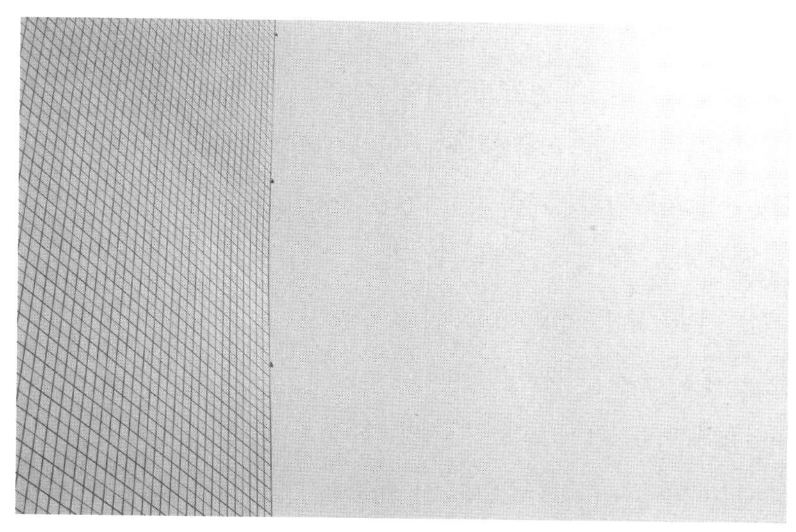

16-13 대한생명 63빌딩

자본주의의 기술 논리에 맞춰 새 단장한 최신 버전이다.

문제는 이런 대형 공간이 사람의 본성과 존재 의미에 맞는가 하는 것이다. 연성화된 대형 공간 속에서 사람들은 육신다움substantiality을 잃고 비육신적 존재가 되어버린다. 이런 공간 속에서 사람이 할 수 있는 것은 숨을 후 하고 내뿜어 그 밝고 투명함에 견주어보는 것뿐이다. 물질을 이토록 비물질적으로 탈바꿈시켜놓은 기술의 매직 파워에 "오 놀라워" 해야 한다. 물론 이때의 경탄 뒤에는 끝을 알 수 없는 불쾌함과 압박감이 따라붙지만 그것을 애써 감추고 태연해할 수 있어야 후기 자본주의의 진정한 글로벌 시티즌이 될 자격이 주어진다.

이런 공간 속에서 몇 시간쯤 끄떡없이 견딜 수 있는 말 뒷다리 같은 질긴 신경 체제로 무장해야 진정한 글로벌 시티즌으로 인정받는 사회가 되었다. 그렇게 머무는 몇 시간 동안 쉼 없이 써댈 수 있는 자본력까지 갖추면 자본으로 쌓은 천국에 들어갈 수 있는 특급 시민이 된다. 이 정도쯤은 가볍게 웃어넘길 수 있어야 세계화된 세계를 지키는 성스러운 전사의 타이틀을 유지할 수 있다. 현기증과 메스꺼움은 비겁자의 몫일 뿐이다. 기술의 현란한 발전 속도를 놓친 무능력자의 꾀병일 뿐이다.

다 좋다. 그런데 이상하게 나는 이런 대형 공간 속에서 오래 머물고 싶은 마음이 없다. 나 역시 이런 공간에 들어가면 처음에는 그 투명한 유리 골격과 밝고 경쾌한 대형 공간을 보고 상쾌함을 느낀다. 하지만 그 상쾌함은 온갖 화학물질을 섞어 만든 콜라 한 잔 마실 때의 거짓 상쾌함 이상은 되기 힘들다. 콜라처럼 야비한 중독증이 수반되는 것까지도 닮았다. 이것마저 비겁자와 낙오자의 자기변명일 뿐인 것일까. 호흡은 지나치게 조심스러워지고 맥박은 불안해진다. 부정하기 힘들다. 이런 사람에게 쏟아질 손가락질과 경멸이 어떤 것일지 알건만, 내게 붙여질 딱지 또한 어떤 것일지 알건만 시치미 떼며 스스로를 속일 용기는 더욱 작아져만 간다. 기계 냉방으로 무장한 한여름에는 더 그렇다. 그 시원함은 곧 낯선 차가움으로 제 본성을 드러낸다. 어디 나무 그늘에라도 앉아서 살갗까지 한 줄기 바람을 끌어들인 후 내 속을 내가 자세히 들여다보고 싶은 자기 성찰의 욕구가 커져갈 뿐이다. 과연 이런 내가 미래를 책임지지 못할 낙오자일까 하는 물음은 참으로 오래 숙고해봐야 할 문제인 것만 같다.

이런 공간을 배경으로 찍은 CF가 온 세상을 뒤덮고 사람들에게 소비를 강요하고 있다. 그런 CF 속에서 기술은 너무도 우아하고 세련되며 편리한 모습으로 그려진다. CF를 찍는 공간의 이미지와 완벽하게 중첩된다. 이제 이런 비물질화된 세계가 하나의 실제 현실이라도 되는 것처럼 일상의 배경 자리를 차지해버렸다. 그러나 그 속에서 선전되는 내용이란 걸 보자. 찰나적인 것들뿐이다. 가상현실은 말 그대로 가상일 뿐이다. 시뮬라크르simulacre에 의한 환상과 이미지가 본질과 실체를 대신하는 현상이다. 비육신적 현실이 육신다움을 대체한다. 모든 존재는 참을 수 없이 가벼워졌다. 하지만 그것 또한 참아내야 하는 것이 엄연한 현실이 되었다. 후기 자본주의인 것이다.

도판 목록